中央党校专家深层次解读

挑战和机遇并存的民营经济

张占斌 樊继达 黄锟 汪彬 等◎著

中共中央党校出版社

图书在版编目（CIP）数据

中央党校专家深层次解读挑战和机遇并存的民营经济 / 张占斌等著. -- 北京：中共中央党校出版社，2024.5
ISBN 978-7-5035-7685-0

Ⅰ.①中⋯ Ⅱ.①张⋯ Ⅲ.①民营经济—经济发展—研究—中国 Ⅳ.① F121.23

中国国家版本馆 CIP 数据核字 (2024) 第 027138 号

中央党校专家深层次解读挑战和机遇并存的民营经济

策划统筹	任丽娜
责任编辑	马琳婷　桑月月
责任印制	陈梦楠
责任校对	魏学静
出版发行	中共中央党校出版社
地　　址	北京市海淀区长春桥路 6 号
电　　话	（010）68922815（总编室）　（010）68922233（发行部）
传　　真	（010）68922814
经　　销	全国新华书店
印　　刷	中煤（北京）印务有限公司
开　　本	710 毫米 × 1000 毫米　1/16
字　　数	209 千字
印　　张	20.25
版　　次	2024 年 5 月第 1 版　2024 年 5 月第 1 次印刷
定　　价	68.00 元

微 信 ID：中共中央党校出版社　　邮　箱：zydxcbs2018@163.com

版权所有·侵权必究

如有印装质量问题，请与本社发行部联系调换

前言 PREFACE

民营经济是推进中国式现代化的生力军，是高质量发展的重要基础，是推动我国全面建成社会主义现代化强国、实现第二个百年奋斗目标的重要力量。2023年7月，中共中央、国务院发布了《关于促进民营经济发展壮大的意见》(以下简称《意见》)，充分肯定了民营经济的重要地位和作用，回应了民营企业的重点关切问题，针对民营企业的痛点难点，系统部署了"民营经济31条"政策举措，优化民营经济发展环境，促进民营经济做大做优做强，推动民营经济高质量发展。为深入贯彻习近平总书记重要指示精神，落实党中央、国务院决策部署，国家发展改革委于同年7月出台了《关于进一步抓好抓实促进民间投资工作努力调动民间投资积极性的通知》(以下简称《通知》)，进一步深化、实化、细化部署"民间投资17条"政策措施，持续增强民间投资意愿和能力，努力调动民间投资积极性，推动民间投资高质量发展。另外，同年9月，中央编办正式批复在国家发展改革委内部设立民营经济发展局，作为促进民营经济发展壮大的专门机构，加强相关领域政策统筹协调，推动各项重大举措早落地、早见效。同时，很多省份也密集出台促进民营经济发展政策措施，始终坚持"两个毫不动摇""三个没有变"，始终把民营企业和民营企业家当作自己人，抢抓机遇、提振信心、优化环境，加快推动各地民营经济高质量发展。

新时代新征程，促进民营经济发展壮大，要以习近平新时代中国特色社会主义思想为指导，深入贯彻党的二十大精神，坚持稳中求进工作总基调，完整、准确、全面贯彻新发展理念，加快构建新发展格局，着力推动高质量发展，坚持社会主义市场经济改革方向，坚持"两个毫不动摇"，加快营造市场化、法治化、国际化一流营商环境，优化民营经济发展环境，依法保护民营企业产权和企业家权益，全面构建亲清政商关系，使各种所有制经济依法平等使用生产要素、公平参与市场竞争、同等受到法律保护，引导民营企业通过自身改革发展、合规经营、转型升级不断提升发展质量，促进民营经济做大做优做强，在全面建设社会主义现代化国家新征程中作出积极贡献，在中华民族伟大复兴历史进程中肩负起更大使命、承担起更重责任、发挥出更大作用。对此，本书以"挑战和机遇并存的民营经济"为主题，深刻认识坚持"两个毫不动摇""三个没有变"的方针政策，深刻认识民营经济的重要地位和作用，深刻认识促进

"两个健康"、推动民营经济高质量发展的重要要求，从民营经济的重要地位和作用、机遇与挑战、民营资本问题、共同富裕问题、发展环境优化、政策支持力度、高质量发展、社会氛围营造、民营人士成长、浙江经验启示等10个方面入手展开系统梳理与探析，进一步增强推动民营经济高质量发展的使命感责任感，为做好民营经济工作奠定理论基础和实践指导。

新中国成立以来，中国共产党对民营经济的政策经历了从否定到肯定、从限制利用到鼓励支持的演进过程；民营经济发展也历经沧桑巨变，呈现由无到有、由小到大、由弱到强的发展转变，成为推动中国式现代化建设的重要力量。数据统计，民营经济贡献了50%以上的税收，60%以上的国内生产总值，70%以上的技术创新成果，80%以上的城镇劳动就业，90%以上的企业数量。党的十八大以来，党中央对民营经济发展和民营企业家成长给予高度重视，多次强调"非公有制经济在我国经济社会发展中的地位和作用没有变！我们毫不动摇鼓励、支持、引导非公有制经济发展的方针政策没有变！我们致力于为非公有制经济发展营造良好环境和提供更多机会的方针政策没有变！"[1]同时，明确指出"我国民营经济只能壮大、不能弱化，不仅不能'离场'，而且要走向更加广阔的舞台"[2]。进入中国特色社会主义新时代，民营经济高质量发展，既面临着新旧矛

---

[1] 习近平：《在民营企业座谈会上的讲话》，人民出版社2018年版，第6页。
[2] 习近平：《在民营企业座谈会上的讲话》，人民出版社2018年版，第7页。

盾转化、比较优势重构、结构性冲击、转型动力重塑、发展环境不健全五重挑战，同时也面临着进入高收入国家行列、"一带一路"对外开放、新一轮全面深化改革、高质量新型城镇化等方面的发展机遇。

对此，我们要做好"促进民营经济发展壮大"的几个方面工作。一是要正确看待认识民营经济的资本问题，明确民营资本作为非公有资本的重要内容，是社会主义市场经济中不可或缺的一部分；同时，注重激发包括非公有资本在内的各类资本活力，使之始终服从和服务于人民和国家利益。二是要正确看待认识民营经济共同富裕问题，充分发挥民营经济在推动高质量发展中的巨大潜力，使之在以共同富裕为特征的中国式现代化新征程中作出更大贡献。三是要持续优化民营经济的发展环境，以构建高水平社会主义市场经济体制为抓手，持续优化稳定公平透明可预期的发展环境，健全对各类所有制经济平等保护的法治环境。四是要加大对民营经济的政策支持力度，从政策制定、政策执行、政策协调、政策宣传等全过程入手，推动民营经济的稳定增长和结构优化，重点纾解其促进创新、扩大就业、解决融资难题等问题。五是着力推动民营经济实现高质量发展，引导民营企业践行新发展理念，完善中国特色现代企业制度，大力支持其提升科技创新能力。六是引导和支持民营经济履行社会责任，展现良好形象，更好与舆论互动，营造正确认识、充分尊重、积极关心民营经济的良好社会氛围。七是促进民营经济人士健康成长,通过加强思想政治引领,引导民营企业和民营企业家正确理解党中央关于"两个毫不动摇""两个健康"的方针政策,消除顾虑,放下包袱,大胆发展。

目录
▶ CONTENTS

第一章　民营经济是推进中国式现代化的生力军 / 001
　　第一节　民营经济发展历史的沧桑巨变 / 001
　　第二节　民营经济的性质、地位和作用 / 013
　　第三节　民营经济对中国式现代化的贡献 / 023

第二章　新时代民营经济发展面临的挑战与机遇 / 031
　　第一节　民营经济发展面临的内部挑战 / 031
　　第二节　民营经济发展面临的内部困境 / 058
　　第三节　民营经济发展面临的机遇 / 062

第三章　如何正确看待认识民营经济的资本问题 / 069
　　第一节　资本概念内涵及其基本属性 / 070
　　第二节　正确认识民营资本发展壮大 / 080
　　第三节　依法规范和引导民营资本健康发展 / 091

第四章　如何认识民营经济共同富裕问题 / 102
　　第一节　民营经济是实现共同富裕的重要力量 / 102
　　第二节　充分认识民营经济在新时代新征程中的重要地位
　　　　　　和作用 / 108

第三节　民营经济健康发展扎实推动共同富裕 / 113

第五章　持续优化民营经济发展环境 / 120
第一节　构建高水平社会主义市场经济体制 / 120
第二节　持续优化稳定公平透明可预期的发展环境 / 133
第三节　健全对各类所有制经济平等保护的法治环境 / 147

第六章　加大对民营经济的政策支持力度 / 154
第一节　加大对民营经济的政策支持力度意义重大 / 154
第二节　精准制定实施各类支持政策 / 156
第三节　完善政策执行方式 / 164
第四节　加强政策协调性 / 168
第五节　及时回应关切利益诉求 / 173

第七章　着力推动民营经济实现高质量发展 / 179
第一节　引导民营企业践行新发展理念 / 179
第二节　引导民营企业完善中国特色现代企业制度 / 191
第三节　支持民营企业提升科技创新能力 / 201

第八章　持续营造关心促进民营经济发展壮大社会氛围 / 211
第一节　引导社会客观正确全面认识民营经济和民营经济人士 / 211
第二节　培育尊重民营经济创新创业的舆论环境 / 222
第三节　支持民营企业更好履行社会责任 / 234

第九章 促进民营经济人士健康成长 / 245

第一节 健全民营经济人士思想政治建设机制 / 245

第二节 引导民营经济人士弘扬企业家精神 / 255

第三节 加强民营经济代表人士队伍建设 / 266

第十章 民营经济大省的使命担当
　　　　——浙江民营经济发展经验启示 / 276

第一节 浙江民营经济基本情况 / 277

第二节 浙江民营经济发展历程 / 289

第三节 浙江民营经济发展经验及启示 / 301

后　记 / 308

第一章
民营经济是推进中国式现代化的生力军

民营经济作为社会主义市场经济的重要组成部分,是中国式现代化建设的重要力量。新时代新征程,要推动民营经济高质量发展,促进民营经济发展壮大,充分发挥民营经济在中国式现代化建设中的重要作用。

第一节　民营经济发展历史的沧桑巨变

我国民营经济的发展历程与中国共产党对民营经济的政策密切相关。从总体上看,我国民营经济的发展经历了一个由无到有、由小到大、由弱到强的发展过程。与之对应,中国共产党对民营经济的政策也经历了从否定到肯定、从限制利用到鼓励支持的演进过程。我国民营经济的发展进程和政策演进经历了四个历史时期。

一、新民主主义革命时期的初步探索

新民主主义革命时期,中国共产党尚处在初建阶段,思想

上、理论上、组织上都很不成熟，反映到对待民营经济的态度和政策上，也必然经历反复性和探索性。

中国共产党从成立到大革命失败，尚处于幼年时期，自身马克思主义理论水平还不成熟，对中国革命的实际情况还未来得及进行深入分析和研究。大革命失败后，民族资本主义纷纷投靠蒋介石集团。这些情况使我们党对资本主义工商业的认识出现了偏差和误区，在这一时期总体来说执行了一条剥夺资本的"左"倾路线。[①]党的一大确立了直接进行社会主义革命的路线，主张消灭"资本家私有制"。随着革命斗争形势的发展变化，党的二大虽然把资产阶级民主派看成"民主主义的联合战线"的重要组成部分，但认为工人与资本家之间的利益矛盾是不可调和的，要求同资本家作不调和的斗争，在工人运动中采取了过于激进的、不利于民族工商业发展的政策。党的三大和四大对资产阶级两面性有了初步认识，但对如何领导他们进行革命并与他们进行必要斗争还缺乏准备。[②]

大革命失败后，党的五大、八七会议和中共中央临时政治局扩大会议等重大会议，对形势估计得过于严重，未能正确区分民族资产阶级与小资产阶级、上层民族资产阶级与中下层民族资产阶级、已经投靠国民党反动集团的资产阶级和处于动摇彷

---

① 中共中央党史研究室：《中国共产党历史》第1卷（1921—1949）（上册），中共党史出版社2011年版，第68页。

② 郭伦德：《中国共产党的民营经济政策发展历程研究》，《中央社会主义学院学报》2023年第3期。

第一章　民营经济是推进中国式现代化的生力军

徨的资产阶级，错误地认为中国资产阶级"各种成分，甚至其中最急进的分子，都已完全走入了反革命的营垒，而成为反革命之最积极的动力之一"①。会议要求对资产阶级采取全面进攻的策略，对民族资本主义经济采取近乎消灭的政策，甚至主张没收资本家的企业和财产，并以此为手段去争取中国革命的非资本主义前途。

土地革命战争时期，我们党逐步转变了对资产阶级和私营经济的消灭政策，开始在工农割据、武装斗争中艰难地探索发展私营经济。毛泽东、张闻天等提出了一系列通过鼓励私人工商业发展苏维埃经济的正确主张，井冈山根据地确定了对小商小贩等私营业者的经济保护政策，通过降低税率鼓励私营商业发展。但随后在共产国际和王明"左"倾路线的错误指导下，我们党对民族资产阶级采取了"关门主义"政策，使得红军和苏区经济遭遇极大困难。1935年遵义会议后，随着毛泽东在中共中央和红军中领导地位的确立，我们党对私营工商业政策才根本转变。1935年11月25日，中华苏维埃共和国中央政府西北办事处颁布了《关于发展苏区工商业的布告》，允许苏区内外正当的大小资本家投资各种工业，号召工商业者们大胆安心在苏区里经营工商业，确保大小商人有充分的营业自由，取消一切工商业的捐税。1935年12月，瓦窑堡会议通过的《中央关于目前政治形势与党

---

① 中央档案馆编：《中共中央文件选集》第3册，中共中央党校出版社1989年版，第327页。

的任务的决议》提出，"一切为帝国主义及中国反革命所打击的城乡小资本工商业，苏维埃尽自己的政策与权力所及去保护他们"[1]，"苏维埃人民共和国用比较过去宽大的政策对待民族工商业资本家。在双方有利的条件下，欢迎他们到苏维埃人民共和国领土内投资，开设工厂与商店，保护他们生命财产之安全，尽可能的减低租税条件，以发展中国的经济"，"并欢迎华侨资本家到苏区发展工商业"[2]。红军长征到达陕北后，党中央这一政策思想得以付诸实践。至此，中国共产党领导民族工商业发展的方针政策初步形成。

抗日战争时期，我们党在政治上建立广泛的抗日民族统一战线，在经济上"实行一个调节各阶级经济利益的民主集中的经济政策"。尤其是深入总结以往经验教训，正确制定并执行了保护民族工商业、团结民族工商业者的政策，明确了"实事求是地发展民营经济"的要求，并把私营经济作为新民主主义经济的重要组成部分。这一时期，我们党鼓励外地工商业者来陕甘宁边区投资经办工商业，出台了《陕甘宁边区奖助实业投资暂行条例》，提出了"发展农工商业、调节劳资关系、实行合理税收"政策。"奖励私营企业，保护私有财产，欢迎外地投资，实行自由贸易"还被写入《陕甘宁边区施政纲领》。外地资本家和一些爱国华侨

---

[1] 中央档案馆编：《中共中央文件选集》第10册，中共中央党校出版社1991年版，第610页。

[2] 中央档案馆编：《中共中央文件选集》第10册，中共中央党校出版社1991年版，第612页。

纷纷到边区开办实业、发展工业，促进了边区经济繁荣，支持了全国抗战。1944年，边区私营工业发展到最高峰，其中，私营工厂、作坊有很大发展。例如，私营纺织厂进一步发展到50家，工人总数增加到310名；私人小手工业作坊仅三边、陇东、绥德三地统计就有1425家，工人3000名左右。[1]

解放战争时期，我们党把保护民族工商业确定为新民主主义革命的三大经济纲领之一，保护民族工商业和团结民族工商界的政策在实践中日趋完善。1947年12月，毛泽东在《目前形势和我们的任务》报告中指出："新民主主义革命所要消灭的对象，只是封建主义和垄断资本主义，只是地主阶级和官僚资产阶级（大资产阶级），而不是一般地消灭资本主义，不是消灭上层小资产阶级和中等资产阶级。由于中国经济的落后性，广大的上层小资产阶级和中等资产阶级所代表的资本主义经济，即使革命在全国胜利以后，在一个长时期内，还是必须允许它们存在；并且按照国民经济的分工，还需要它们中一切有益于国民经济的部分有一个发展；它们在整个国民经济中，还是不可缺少的一部分。"[2] 在报告中，毛泽东不仅把"保护民族工商业"列为新民主主义革命三大经济纲领之一，而且把"独立小工商业者的经济和小的、中等的私人资本经济"确定为新中国三大经济构成之一。他强调指

---

[1] 陕甘宁边区财政经济史编写组、陕西省档案馆编：《抗日战争时期陕甘宁边区财政经济史料摘编》，陕西人民出版社1981年版，第287页。

[2] 《毛泽东选集》第4卷，人民出版社1991年版，第1254—1255页。

出:"新民主主义国民经济的指导方针,必须紧紧地追随着发展生产、繁荣经济、公私兼顾、劳资两利这个总目标。一切离开这个总目标的方针、政策、办法,都是错误的。"[1]党的七届二中全会把私人资本主义、个体经济、国家资本主义和国营经济、合作社经济一道,确立为新民主主义的五种主要经济成分。具有临时宪法作用的《中国人民政治协商会议共同纲领》明确规定,"保护工人、农民、小资产阶级和民族资产阶级的经济利益及其私有财产"[2]。这些都为新中国成立后的经济建设奠定了重要的理论和政策基础。在党的领导下,民族工商业得到了一定程度的发展。据统计,新中国成立前,全国共有私营工商业12.3万户,职工164万人;生产总值68亿元,占全国工业总产值的63.2%,为新中国成立和发展提供了重要的物质基础。[3]

二、社会主义革命和建设时期的曲折发展

新中国成立初期,与当时巩固新生的人民政权和迅速恢复国民经济的形势任务相适应,我们党确立并执行了"公私兼顾,劳资两利,城乡互助,内外交流"的"四面八方"经济建设总方针,

---

[1] 《毛泽东选集》第4卷,人民出版社1991年版,第1256页。
[2] 《建党以来重要文献选编(1921~1949)》第26册,中央文献出版社2011年版,第759页。
[3] 《中华全国工商业联合会简史》编写组:《中华全国工商业联合会简史》,中华工商联合出版社2017年版,第4页。

实行在国营经济领导下多种经济成分并存的制度。在这一总方针的指引下，党从理顺公私关系、劳资关系、产销关系入手，合理调整工商业，在团结民族资产阶级、工商业者和保护其利益上进行了新的探索。1950年，政务院颁布了《私营企业暂行条例》，以行政法规的形式给民族工商业者吃了一颗定心丸，极大地调动了私营工商业者经营的积极性，私营工商业不仅迅速恢复到新中国成立前的水平，而且迎来了新发展。1953年，毛泽东在中央政治局会议上第一次明确提出了党在过渡时期的总路线。同年6月，中共中央根据中央统战部的调查，起草了《关于利用、限制、改造资本主义工商业的意见》，确立了对资本主义工商业"利用、限制、改造"的方针。社会主义改造基本完成后，毛泽东提出"可以消灭了资本主义，又搞资本主义"[1]的思想。陈云提出"三个主体、三个补充"的社会主义经济模式，强调"国家经营和集体经营是工商业的主体，但是附有一定数量的个体经营""绝大部分服务行业和许多制造行业不应该合并"。[2] 但由于各方面原因，这些思想没有付诸实践。1958年后，所有制领域逐步形成了"一大、二公、三纯"的格局，私营经济趋于消亡。

---

[1]《毛泽东文集》第7卷，人民出版社1999年版，第170页。
[2]《陈云文选》第3卷，人民出版社1995年版，第13、7页。

三、改革开放和社会主义现代化建设新时期的恢复和快速发展

1978年党的十一届三中全会召开，开辟了改革开放新纪元，我们党纠正过去对待非公有制经济"左"的做法，我国民营经济发展迎来转机。民营经济发展首先在农村取得突破，安徽小岗村拉开了家庭联产承包责任制改革大幕，广大农村出现大量个体经济，多劳多得让广大农民愿意在生产中投入更多的时间和精力，农业生产改头换面，产量大幅提高。同时，在城市就业压力下，"地摊经济"和小商品生产经营者等个体经济也纷纷涌现，方便了广大市民生活。党因势利导，1981年，党的十一届六中全会指出，"一定范围的劳动者个体经济是公有制经济的必要补充"。此后，个体经济不断做大做强，部分业绩突出者逐渐有了资金结余，开始雇用闲散劳动力为其工作，私营经济逐步发展。个体私营经济的出现和发展符合我国国情，大大发展了社会生产力，提高了人民生活水平。1987年，党的十三大指出，"私营经济是公有制经济必要的和有益的补充"。1988年我们党将允许私营经济发展写入宪法，随后制定了《中华人民共和国私营企业暂行条例》。从"资本主义尾巴"到"社会主义公有制经济必要的和有益的补充"，党逐步认识到民营经济发展的必要性和合理性，确立了民营经济的合法地位。在这个阶段，民营经济从被限制到被承认、合法，并得到快速恢复发展。

但是，由于对所有制的认识尚未成熟，在发展非公有制经济上，党内外在思想理论上发生过激烈争论，在方针政策上经历了多次反复。1992年邓小平南方谈话后，党的十四大确立了社会主义市场经济体制的改革目标，党的十五大确立了社会主义初级阶段基本经济制度，党的十六大首次提出坚持"两个毫不动摇"，党的十七大进一步提出"两个平等"，民营经济获得了稳定的制度保障和有力的政策支持，为民营经济持续发展打开了广阔空间，民营经济向更广阔领域快速发展。从1992年到2012年，在一系列政策引导下，全国兴起新一轮创业兴业和发展民营经济的热潮，联想、华为等知名大型民营企业在这个时期起步并发展壮大。截至2012年底，全国登记注册的个体工商户为4059.27万户，从业人员8629万人；全国登记注册的私营企业为1085.72万户，从业人员1.13亿人，占据国民经济半壁江山。[1]

四、党的十八大以来的高质量发展

党的十八大以来，国际形势和国内发展环境发生深刻变化，我国民营经济面临严峻挑战，进入到转型升级的高质量发展阶段。[2] 从国际看，世界经济增长放缓，狭隘民族主义盛行，美国以

---

[1] 数据来源：《中国统计年鉴（2013）》。
[2] 徐乐江：《党领导民营经济发展和工商联工作的重大成就和历史经验》，《学习时报》2021年12月6日。

一己之私频繁制造贸易摩擦，经济逆全球化思潮暗流涌动，新冠疫情也对世界经济产生负面影响；从国内看，我国劳动力价格低廉、资源丰富的优势逐渐消失，贸易摩擦对出口造成重大影响，靠增加投资和扩大出口拉动经济高速增长已经不可持续，科技创新和制度创新日益成为经济发展的新动能。在这些深刻变化影响下，我国民营经济的发展迫切需要转型升级，由原来的劳动力价格低廉等成本优势，向依靠科技创新、掌握核心技术的高质量发展转变。在这个阶段，党多次重申坚持基本经济制度，坚持"两个毫不动摇"，强调"三个没有变"，通过全面深化改革，先后出台了多项政策和制度来鼓励、支持、引导民营经济的发展。党的十八大报告提出，保证各种所有制经济依法平等使用生产要素、公平参与市场竞争、同等受到法律保护。党的十八届三中全会提出，公有制经济和非公有制经济都是社会主义市场经济的重要组成部分。党的十八届三中、四中、五中全会分别就保护非公有制经济财产权、清理有违公平的法律法规条款、鼓励民营经济依法进入更多领域等各方面作出明确要求。党的十九大把"两个毫不动摇"写入新时代坚持和发展中国特色社会主义的基本方略。党的十九届四中全会对基本经济制度作出新概括。党的二十大报告再次强调指出："构建高水平社会主义市场经济体制。坚持和完善社会主义基本经济制度，毫不动摇巩固和发展公有制经济，毫不动摇鼓励、支持、引导非公有制经济发展。"这些都为民营经济加快高质量发展提供了制度保障和方向指引。在此背景之下,自党的十八大以来,民营经济的高质量发展主要体现在以下三个方面。

一是民营经济领域治理体系日趋完备,党对民营经济的领导全面加强和完善。改革开放以来,特别是党的十八大以来,我们党不断探索领导民营经济的有效方式和途径,推动民营经济领域治理体系不断健全和规范。在决策机制方面,各级党委政府建立了促进民营经济和中小企业发展的领导机制,政府有关部门建立了涉企政策制定征询民营企业和商会代表意见制度,民营经济领域决策科学性和施策有效性显著增强。在法治保障方面,制定和修订相关法律法规,加大反垄断、反不正当竞争执法力度,依法支持、保护、规范民营经济发展的能力水平不断提升。在统战工作方面,出台《关于加强新时代民营经济统战工作的意见》,召开全国民营经济统战工作会议;依托各级党委统战工作领导小组建立民营经济统战工作协调机制,完善政企沟通协商制度,丰富和完善了党领导民营经济的实现方式。在党的建设方面,持续扎实推进党的组织和党的工作在民营企业与商会组织中的全覆盖,积极探索发挥党组织作用和新型公司治理、现代商会治理有机融合的有效方式,为加强党对民营经济的领导提供了坚实的组织基础和政治保障。

二是民营经济发展水平和作用贡献大幅跃升,为坚持和发展中国特色社会主义提供了重要经济基础。改革开放40多年来,我国民营经济从小到大、从弱到强,不断发展壮大,贡献了50%以上的税收，60%以上的国内生产总值，70%以上的技术创新成果，80%以上的城镇劳动就业，90%以上的企业数量。[①]党的十八大以来，广大民营企业践行新发展理念，主动参与供给侧结构性改革和国家重大战略实施，助力统筹新冠疫情防控和经济社会发展，在总体规模和实力实现新跨越的同时，加快转入高质量发展轨道。这充分展示了民营经济发展的水平和质量，充分说明了民营经济为我国经济社会发展所作出的重要贡献，充分证明了民营经济已经成为我们党团结带领全国人民实现"两个一百年"奋斗目标和中华民族伟大复兴中国梦的重要力量，成为坚持和发展中国特色社会主义的重要经济基础。

三是民营经济人士队伍持续壮大、素质不断提高，成为我们党长期执政的重要依靠力量。2022年，我国私营企业出资人和个体工商户已超1.5亿人，相比2012年的5190万人，年均增长超过12%。[②]在新时代的伟大实践中，广大民营经济人士听党话、感党恩、跟党走的自觉意识不断增强，现代经营管理水平不断提高，积极响应国家号召，扎实构建和谐劳动关系，深度参与精准扶贫、乡村振兴，积极参与社会公益慈善事业，协同参与社会治理，为全面建成小康社会作出了重要贡献。民营企业家用实际行动证明了"自己人"论断的科学性、正确性，民营经济人士始终是我们党长期执政必须团结和依靠的重要力量。

---

① 参见习近平：《在民营企业座谈会上的讲话》，人民出版社2018年版，第4—5页。
② 数据来源：《中国统计年鉴（2013）》。

第二节 民营经济的性质、地位和作用

一、民营经济的性质

改革开放以来，党和国家重要文件以及领导人重要讲话，在不同场合和地方，分别使用过"多种所有制经济""私营企业""非公有制经济""民营经济"等用语和概念。

首先，正确认识民营经济的基本性质，需要准确理解和把握上述用语和概念的相互关系。从马克思主义政治经济学基本理论和我国经济发展实际情况看，改革开放以来逐步形成的我国经济结构主要由公有制经济和非公有制经济两大部分组成。其中，国有经济、集体经济是公有制经济的主要组成部分。由于存在各种混合所有制经济，因此，公有制经济不仅指国有独资和集体独资经济，而且包括各种混合所有制经济中的国有资本和集体资本所代表的国有经济和集体经济成分。不仅如此，在国有资本和集体资本参与的混合所有制经济中，由国有资本或集体资本控股的混合所有制经济同时也具有公有制经济的性质。与公有制经济相对应，非公有制经济在改革开放之后得到迅速发展，其中，个体经济和私营经济是非公有制经济的主要组成部分，同时，由于港、澳、台资和外国资本基本上都是以私有制为基础的资本，由它们独立经营或者控股的混合所有制经济也都属于我国境内的非公有制经济。在非公有制经济中，个体经济属于小私有经济。私营经

济主要是指私人资本以及雇佣工人的人数达到一定规模之上的经济形式，从性质上说，它与公有制经济不同，是非公有制经济；与小私有制经济不同，它具有资本主义经济性质。

其次，正确认识我国民营经济的基本性质，需要认清在我国非公有制经济的发展过程中，私营经济逐步转变为民营经济的特征。大体说来，改革开放初期，我国非公有制经济的发展主要表现为个体经济以及由个体经济发展而来的私营经济的数量和规模的扩大。党的十四大之后，随着我国社会主义市场经济体制的建立和发展，股份制这种现代企业组织形式在国有企业和私营企业中得到广泛建立，那些建立股份制的私营经济越来越具有民营经济的性质。从民营经济的主要基础来说，它仍然是以私人资本为主体的，但是依据马克思的股份资本和股份公司理论，股份公司和股份资本与纯粹的私人企业和私人资本是不同的，马克思称之为"社会企业"和"社会资本"，这正是党和国家重要文件及领导人讲话中更多使用"民营经济""民营企业""民营企业家"等用语和概念的根本依据。还应该看到，随着我国混合所有制经济和资本市场的发展，一些采用股份制的民营企业发展为上市公司，从而更多具有社会企业和民营经济的性质。因此，把我国现存的大部分民营经济仍然看作纯粹的私营经济或者私人资本主义经济是不符合实际的。在发展实践中，从个体经济成长为私营经济，再发展为民营经济，是我国非公有制经济发展的重要表现和发展趋势。

最后，正确认识我国民营经济的性质，需要从我国社会主义初级阶段基本经济制度出发，深刻理解民营经济与公有制经济的关系。马克思曾经指出："在一切社会形式中都有一种一定的生产决定其他一切生产的地位和影响，因而它的关系也决定其他一切关系的地位和影响。这是一种普照的光，它掩盖了一切其他色彩，改变着它们的特点。"①我国实行的是公有制为主体多种所有制经济共同发展的所有制制度，占主体地位的公有制就是社会主义社会的"普照的光"，它决定着社会主义社会的性质，并决定着其他所有制经济成分的地位和影响。正是依据马克思主义政治经济学的基本理论和方法，党的十八大以来，习近平总书记多次重申坚持基本经济制度，坚持"两个毫不动摇"。习近平总书记深刻指出："基本经济制度是我们必须长期坚持的制度。民营经济是我国经济制度的内在要素，民营企业和民营企业家是我们自己人。""我们强调把公有制经济巩固好、发展好，同鼓励、支持、引导非公有制经济发展不是对立的，而是有机统一的。公有制经济、非公有制经济应该相辅相成、相得益彰，而不是相互排斥、相互抵消。""我国基本经济制度写入了宪法、党章，这是不会变的，也是不能变的。任何否定、怀疑、动摇我国基本经济制度的言行都不符合党和国家方针政策，都不要听、不要信！"②在全面建设社会主义现代化强国的新征程上，必须坚持完善社会主

---

① 《马克思恩格斯选集》第2卷，人民出版社2012年版，第707页。
② 习近平：《在民营企业座谈会上的讲话》，人民出版社2018年版，第5—7页。

义初级阶段基本经济制度，毫不动摇地巩固和发展公有制经济，毫不动摇地鼓励、支持和引导包括民营经济在内的非公有制经济发展。

二、民营经济的根本地位

公有制为主体、多种所有制经济共同发展的基本经济制度，是中国特色社会主义制度的重要组成部分，也是完善社会主义市场经济体制的必然要求。改革开放以来，民营经济已经成为推动发展不可或缺的力量，成为创业就业的主要领域、技术创新的重要主体、国家税收的重要来源，在我国社会主义市场经济发展、农村富余劳动力转移、国际市场开拓等方面发挥了重要作用。我国民营经济的基本性质，决定了民营经济是我国社会主义基本经济制度的内在要素，这是民营经济在我国经济社会中的根本地位。[1]

党的十一届三中全会以来，我国所有制制度、分配制度、经济体制的系统性改革和完善，始终是改革开放的主线和重点。经过十几年的改革开放，至20世纪90年代初，我国已经初步形成了公有制为主体多种所有制经济共同发展、按劳分配为主体多种分配方式并存的所有制制度和分配制度新格局，同时，市场机制

---

[1] 邱海平:《实现民营经济健康发展、高质量发展——深入学习习近平总书记关于发展民营经济的重要论述》,《人民论坛》2023年第7期。

的作用不断扩大和增强。党的十四大进一步明确提出了建立社会主义市场经济体制的改革目标。党的十六大指出："根据解放和发展生产力的要求，坚持和完善公有制为主体、多种所有制经济共同发展的基本经济制度。""个体、私营等各种形式的非公有制经济是社会主义市场经济的重要组成部分，对充分调动社会各方面的积极性、加快生产力发展具有重要作用。"从而与传统理论中的"社会主义经济制度"相区别，并把"多种所有制经济共同发展"纳入"基本经济制度"的范畴，从而确立了非公有制经济及其发展在国家制度和经济社会发展中的重要地位；提出了"按劳分配为主、多种分配方式并存的分配制度"，从而确立了除按劳分配之外的其他分配方式在分配制度中的重要地位。这些新理论的提出，是中国特色社会主义政治经济学的形成与发展的重要标志，有力地指导了中国特色社会主义经济发展实践。党的十九届四中全会第一次把"公有制为主体、多种所有制经济共同发展""按劳分配为主体、多种分配方式并存""社会主义市场经济体制"都确立为"社会主义基本经济制度"，这是社会主义经济制度理论的又一次升华。我国改革开放之所以能够创造人类史上的发展奇迹，根本原因之一就在于我国在所有制制度、分配制度和经济体制上实现了一系列重大创新，创建了中国特色社会主义基本经济制度，并使之成为中国特色社会主义的重要标志。无疑，在我国所有制制度、分配制度和经济体制的变革中，非公有制经济特别是民营经济的壮大发展在其中占有十分重要的、不可或缺的地位。

我国民营经济的基本性质及其在我国社会主义基本经济制度中的重要角色，决定了民营经济在我国经济社会发展中的重要地位。在2018年11月1日召开的民营企业座谈会上，习近平总书记全面概括和总结了我国民营经济在我国经济社会发展中的地位和贡献："40年来，我国民营经济从小到大、从弱到强，不断发展壮大。截至2017年底，我国民营企业数量超过2700万家，个体工商户超过6500万户，注册资本超过165万亿元。概括起来说，民营经济具有'五六七八九'的特征，即贡献了50%以上的税收，60%以上的国内生产总值，70%以上的技术创新成果，80%以上的城镇劳动就业，90%以上的企业数量。在世界500强企业中，我国民营企业由2010年的1家增加到2018年的28家。"[1]民营经济在推动经济社会发展的过程中发挥了重要作用。习近平总书记指出："长期以来，广大民营企业家以敢为人先的创新意识、锲而不舍的奋斗精神，组织带领千百万劳动者奋发努力、艰苦创业、不断创新。我国经济发展能够创造中国奇迹，民营经济功不可没！"[2]同时，无论是国有企业还是民营企业，都应肩负起社会责任。为此，应全面认识民营经济和民营企业家在我国经济社会发展中的重要地位及其在各个方面发挥的重要作用，牢固确立"民营企业和民营企业家是我们自己人"的基本认识。民营企业家既

---

[1] 习近平：《在民营企业座谈会上的讲话》，人民出版社2018年版，第4—5页。
[2] 习近平：《在民营企业座谈会上的讲话》，人民出版社2018年版，第5页。

要心怀家国情怀,践行以人民为中心的发展思想,先富带后富、促进共同富裕;还要以高度的社会责任感使命感积极参与公益慈善事业。此外,民营企业家应秉承"商以诚为德,人以信为本"的理念,筑牢依法合规经营底线,弘扬优秀企业家精神,做爱国敬业、守法经营、创业创新、回报社会的典范,从而为民营经济健康发展、高质量发展开辟更加广阔的空间。

然而,虽然民营经济是我国社会主义经济制度的内在要素,在我国经济社会发展中具有重要地位,但我们不能混淆两个基本问题:一个是指所有制结构中的地位,哪种所有制是主体、哪种所有制是补充,就这个问题来说,民营经济始终是处于补充地位,这关系到社会制度的性质,不能有一点含糊;另一个是指参与社会主义市场经济运行的行为主体的比重,就这个问题来说,民营经济确实占了相当大的比重,成了社会主义市场经济的重要组成部分。与这两个基本问题相关的还有另外一个问题,即,在市场经济的运行过程中,不同所有制经济的确是平等的,市场规则适用于一切市场主体,不能对某一种所有制经济采用一种市场规则,而对另一种所有制经济采用别的市场规则。市场经济讲的是平等竞争。所以,我们必须要明确,虽然民营经济是经济制度的内在要素,但在经济运行、经济体制和所有制结构中的地位是不同的,即在经济体制中民营经济的市场主体与公有制经济的市场主体的地位是平等的,在经济运行中甚至民营经济的比重还超过了公有制经济,但在所有制结构中民营经济的地位依然处于补充的、从属的地位。

三、民营经济的双重作用

在社会主义初级阶段,民营经济的作用是双重的,对待民营经济的政策也应是双重的。

在社会主义初级阶段,由于总体上生产力水平不高,民营经济的存在和发展是符合生产力发展需要的,但民营经济的性质又是双重的,所以在我国民营经济的作用具有两重性:一方面,民营经济与其他非公有制经济一起,对我国国民经济的发展具有积极意义,在提供就业、缴纳税收、增加产品供给、满足人民需要等方面都发挥重大作用;另一方面,民营经济生产的目的是追逐剩余价值,对工人存在剥削,也存在无序扩张、野蛮生长的问题。这就是说,民营经济既有积极作用,也有消极作用。

正因为民营经济在社会主义初级阶段的作用具有两重性,所以我们对待民营经济的政策也应有两重性。一方面由于民营经济对国民经济的发展具有积极作用,所以我们要鼓励、支持它发展;另一方面由于民营经济对国民经济的发展具有消极作用,所以我们不能听任它无序扩张、野蛮生长,而要注意加以引导,限制它的消极作用,实现各种所有制经济和谐、包容的共同发展。《宪法》第十一条规定:"国家鼓励、支持和引导非公有制经济的发展,并对非公有制经济依法实行监督和管理。"鼓励、支持和引导的政策是一个完整的整体，不能把它割裂开来，只讲一面，不讲另一面。然而在现实生活中，无论在理论上还是在实际工作中，一些人往往只重视民营经济积极的一面，只强调制定各种优惠政策，鼓励和支持民营经济的发展，忽视它消极的一面，不提引导、监督和管理。这种片面性，显然不利于国民经济的健康发展，也不利于巩固和发展中国特色社会主义事业。在现阶段多种所有制共同发展的条件下，我们除了要鼓励、支持民营经济发展之外，必须加强对民营经济的积极引导、监督和管理。我们既需要保持政策的长期稳定，打消人们对发展民营经济不必要的担心和顾虑；又需要约束其消极作用，促进民营经济健康发展、高质量发展。

实际上，贯彻"两个毫不动摇"方针的目标应该包括两个：一是不断巩固和增强公有制的主体地位，二是充分发挥非公有制经济的积极作用。在我国民营经济发展过程中，确实存在权钱交易腐败行为、制售假冒伪劣产品坑害消费者、违法拖欠克扣甚至逃付员工工资以及其他侵犯员工合法权益等问题，对于民营经济的健康发展和国家社会的稳定都十分不利。正是因为存在这些问题，所以社会上时不时有人发表一些否定、怀疑民营经济的言论，比如，有的人提出所谓"民营经济离场论"，说民营经济已经完成使命，要退出历史舞台；有的人提出所谓"新公私合营论"，把现在的混合所有制改革曲解为新一轮"公私合营"；有的人说加强企业党建和工会工作是要对民营企业进行控制，等等。习近平总书记明确指出："这些说法是完全错误的，不符合党的大政方针。"

同时强调:"非公有制经济在我国经济社会发展中的地位和作用没有变!我们毫不动摇鼓励、支持、引导非公有制经济发展的方针政策没有变!我们致力于为非公有制经济发展营造良好环境和提供更多机会的方针政策没有变!"[1]

对于民营经济发展中存在的一些消极现象,需要通过进一步加强党的领导和纪律、完善国家法律和社会监督机制、深化体制改革等一系列根本性措施加以有效遏制和消除。同时,坚持社会公平正义原则,加强对民营企业家的教育和引导,大力倡导民营经济人士加强自我学习、自我教育、自我提升;大力激励民营企业家珍视自身的社会形象,热爱祖国、热爱人民、热爱中国共产党,践行社会主义核心价值观,弘扬企业家精神,做爱国敬业、守法经营、创业创新、回报社会的典范;大力营造民营企业家讲正气、走正道,聚精会神办企业、遵纪守法搞经营,在合法合规中提高企业竞争能力的健康氛围。进一步发挥好民营经济的积极作用、克服和消除其消极作用,既是党和国家的责任,也是全社会的责任,更是民营企业人士自身的责任。从国家治理体系和治理能力现代化的总目标出发,不断健全和创新鼓励、支持和引导民营经济健康发展的制度体制机制体系,确保民营经济始终沿着正确的方向和道路发展。

---

[1] 习近平:《在民营企业座谈会上的讲话》,人民出版社2018年版,第6页。

第三节　民营经济对中国式现代化的贡献

以中国式现代化推进中华民族伟大复兴是我们党的中心工作。中国式现代化是中国共产党领导的社会主义现代化，是人口规模巨大的现代化、全体人民共同富裕的现代化、物质文明和精神文明相协调的现代化、人与自然和谐共生的现代化、走和平发展道路的现代化，具有鲜明的中国特色。中国式现代化的五个鲜明特色与民营经济密切相关，实现五个现代化离不开民营经济高质量发展。[①]

一、民营经济高质量发展是实现人口规模巨大现代化的重要力量

迄今为止，全球实现现代化的国家和地区人口约为10亿。世界上已实现现代化的国家中，除美国之外，几乎都是小国或中等规模的国家。美国是当今世界最大的发达国家，也仅3亿多人，不及中国14亿多人口的1/4。作为一个拥有14亿多人口的发展中国家，中国比目前进入现代化行列的西方国家的总人口数还多，在这样一个世界上从未有过的超大人口规模的国家实现现代化，是一个世界性和世纪性的难题。

---

① 刘波：《发挥民营经济在中国式现代化建设中的重要作用》，《求知》2023年第7期。

人口规模不同，现代化的任务就不同，其艰巨性、复杂性就不同，发展途径和推进方式也必然具有自己的特点。实现14亿多人口的现代化，必须凝聚全国各族人民的磅礴伟力。习近平总书记指出，民营经济是我们党长期执政、团结带领全国人民实现"两个一百年"奋斗目标和中华民族伟大复兴中国梦的重要力量。在中国式现代化建设的各个环节中，经济建设是中心，为实现中华民族伟大复兴提供坚实的物质基础。而在我国从事各种生产经营活动的经济主体中，民营企业占据了绝大多数，新增就业人口中80%以上也集中在民营经济，民营经济凝聚起全国各族人民实现中国式现代化建设的磅礴伟力。此外，科学技术是现代化建设的关键，以美国为首的西方资本主义国家为了遏制我国发展，在核心技术、关键领域进行"卡脖子"式打压，我们必须坚持科技自立自强，充分发挥全国人民的聪明才智，大力进行科技创新，才能摆脱受制于人的困难局面。民营经济提供了七成以上的技术创新成果，大力发展民营经济有利于提升我国科技自主创新能力，有利于提升我国科技实力和综合国力，有利于中国式现代化建设的顺利推进。

二、民营经济高质量发展是实现全体人民共同富裕的重要途径

欧美资本主义现代化本质是"资本为王"的现代化，它能

够解决富裕问题，但这个富裕只是一少部分人的富裕，而不是大家的共同富裕，多数人还是贫穷的，两极分化严重。这种情况并不会随着西方现代化的发展而消除，反而有扩大之势。中国式现代化是全体人民共同富裕的现代化，共同富裕路上，一个不能掉队。党的十八大以来，中国共产党更加重视全体人民共同富裕，实施脱贫攻坚战，历史性地解决了绝对贫困问题，为实现共同富裕奠定了良好的基础。进入新发展阶段，我国全面开启了建设社会主义现代化国家的新征程，对实现全体人民共同富裕作出了新的战略安排——到2035年全体人民共同富裕取得更为明显的实质性进展，到21世纪中叶全体人民共同富裕基本实现。

实现全体人民共同富裕，前提是要保证劳动力能够充分就业，并且在发展中不断提升劳动者的收入水平，特别是提高低收入者的收入水平，让他们进入中等收入群体，有效缩减收入差距，最终实现共同富裕。首先，从就业情况看，我国大多数劳动者都在民营经济领域就业，每年新增就业人口的绝大多数也集中在民营经济，发展壮大民营经济是充分就业的保证。其次，从收入水平看，大多数低收入群体集中在民营经济，主要是民营中小微型企业和个体户。只有推动民营企业和民营经济高质量发展，才能真正扩大中等收入人群，减小低收入人群比例。最后，共同富裕真正体现在人们收入水平提升后的获得感和幸福感，需要有相应的物质产品和服务来满足人民日益增长的美好生活需要，而民营经济是最贴近老百姓的经济，大力发展民营经济可以为人民群众提供提高生活质量所需要的产品和服务，使全体人民共享中国式现代化的发展成果。

三、民营经济高质量发展是促进物质文明和精神文明互相协调的重要基础

我国的现代化，不仅包括物质文明的现代化，还包括精神文明的现代化，促进物的全面丰富和人的全面发展。习近平总书记指出："一个没有精神力量的民族难以自立自强，一项没有文化支撑的事业难以持续长久。"[1]精神力量是一个国家和民族最为深沉厚重的力量。党的十八大以来，以习近平同志为核心的党中央把精神文明建设贯穿改革开放和现代化全过程、渗透社会生活各方面，全面展开精神文明建设各项工作，取得了巨大成就。实践已经证明并将继续证明，只有物质文明建设和精神文明建设都搞好，国家物质力量和精神力量都增强，全国各族人民物质生活和精神生活都改善，中国的社会主义现代化事业才能顺利向前推进。

民营经济高质量发展为物质文明和精神文明互相协调提供了重要基础。从物质生产上看，民营经济总量占国内生产总值的60%以上，为推进中国式现代化奠定了物质基础。改革开放之

---

[1]《习近平谈治国理政》，外文出版社2014年版，第52页。

初，人们生活物质匮乏，在党的领导下，农村实行家庭联产承包责任制，城市中个体工商户、私营企业纷纷涌现并蓬勃发展，民营经济的发展极大地调动了人们的劳动积极性，迅速改变了物质匮乏的局面，人民逐渐过上了小康甚至富足的生活。当前人们对物质产品的需求已经从"有没有"向"好不好"转变，民营经济要进一步进行技术创新、工艺创新、模式创新等各方面创新活动，生产满足人民美好生活需要的高质量产品。在精神文明创造方面，民营经济也能发挥巨大作用。人民群众既是物质财富的创造者，也是精神财富的创造者，特别是在当今网络信息发达的年代，几乎人人都可以随时发现并记录身边的好人好事，创作喜闻乐见的作品。广大文艺工作者也只有扎根于人民群众，贴近人民生活，才能创作出引起人民群众深度共鸣的好作品，在满足人民群众精神需求的同时提供积极向上的精神力量。而广大民营企业家爱国敬业、守法经营、创业创新、回报社会，坚持弘扬以爱国、创新、诚信、社会责任和国际视野为主要内涵的优秀企业家精神，是引导资本健康发展、促进物质文明和精神文明互相协调的重要基础。

四、民营经济高质量发展是促进人与自然和谐共生的重要抓手

人与自然的关系问题，是人类现代化必须理性应对的重大问

题。我国现代化注重同步推进物质文明建设和生态文明建设，走生产发展、生活富裕、生态良好的文明发展道路。我国的现代化，是绿色发展、低碳发展、可持续发展的现代化，是人与自然和谐共生的现代化，不是征服自然的现代化，不是破坏和污染环境的现代化，不是无节制消耗资源的现代化，否则资源环境的压力不可承受。坚持人与自然和谐共生的理念，走绿色发展道路，建设社会主义生态文明，这是中国式现代化区别于西方现代化的显著特点之一，也是党的十八大以来我们党领导全国人民建设中国特色社会主义得出的重要结论。

改革开放以来，我国国有经济、民营经济和外资经济都迅猛发展，生产力水平不断提高。与此同时，靠劳动力、资源等要素投入的粗放型增长方式也带来资源耗竭、环境污染等不良后果，人与自然和谐共生的关系受到严重威胁。特别是我国民营经济在绿色发展方面起步较晚、层次较低，缺乏良好的社会引导，民营企业对绿色发展的认识尚有差距，无论从生产角度还是从消费角度，绿色发展的观念都还不成熟。同时，民营经济因为市场主体数量多、规模小、技术水平落后、经济承受能力差，在实现绿色转型、共建生态文明方面存在的问题更为普遍和严重，历来在治理整顿环境污染问题时关停并转的绝大多数都是民营中小企业。因此，共建生态文明，促进人与自然和谐共生，实现民营经济向绿色发展转型是重要抓手。

五、民营经济高质量发展是走和平发展道路的重要途径

与欧美资本主义等国家的现代化不同，中国式现代化新道路不靠发动战争、不靠殖民掠夺、不靠欺负弱小国家，而是坚持走和平发展的道路，依靠的是人民群众的勤劳创造。新中国成立以来，我们始终高举和平发展的旗帜，坚持和平共处五项原则，奉行独立自主的和平外交政策，向世界作出了永远不称霸、永远不扩张的庄严承诺。党的十八大以来，习近平总书记以高远的视野、宽广的胸襟，鲜明提出推动构建人类命运共同体、建设新型国际关系、共建"一带一路"等重要理念和重大倡议，始终做世界和平的建设者、全球发展的贡献者、国际秩序的维护者、公共产品的提供者，努力以现代化建设的新成果为世界作出更大贡献。

改革开放以来，党对社会主义本质的认识不断深化，准确判断我国所处的历史方位，制定出台促进民营经济发展的政策方针，制约民营经济发展的束缚被一扫而空，我国民营经济蓬勃发展，劳动人民的生产积极性得到极大调动，社会生产力迅猛发展，建设中国式现代化有了坚实的物质基础。同时，建设中国式现代化需要和平稳定的国际环境，民营企业是中国外贸的重要主体，是中国企业走出去的最大群体，也是中国在境外参与当地市场平等竞争的最大群体。中国民营企业要成为展示中国和平发

展的重要使者，在参与国际市场竞争的过程中，充分体现和平发展、合规发展、和谐发展。民营经济能够凝聚全国人民的磅礴伟力，创造和平稳定的国际环境，发展民营经济是中国式现代化走和平发展道路的重要途径。

第二章
新时代民营经济发展面临的挑战与机遇

民营经济作为我国社会主义市场经济的重要组成部分，在社会主义现代化建设中起到了至关重要的作用。改革开放40多年来，我国所取得的经济成就与民营企业的发展息息相关。民营经济不断发展壮大，在推动经济发展、改善民生、促进创新、深化改革、扩大开放等方面都发挥了不可替代的重要作用。进入中国特色社会主义新时代，需要全面审视和分析国内外环境的变化，进而科学把握民营经济发展面临的机遇和挑战。

第一节　民营经济发展面临的内部挑战

当前，世界百年未有之大变局加速演进，正在经历大重组、大分化、大调整，逆全球化使得全球产业链面临断链脱钩的风险。国内发展环境也出现许多新的变化，中国经济正处于要素驱动向创新驱动的转型阶段，民营经济高质量发展面临新旧矛盾转化、比较优势重构、结构性冲击、转型动力重塑、发展环境不健全五重挑战。

一、新旧矛盾转化：民营经济难以适应新发展格局

"短缺经济"向"过剩经济"转变。党的十九大报告指出"我国经济已由高速增长阶段转向高质量发展阶段"，同时指出我国"社会主要矛盾已经转化为人民日益增长的美好生活需要和不平衡不充分的发展之间的矛盾"。对于我国改革开放初期处于"短缺经济"时期而言，发展生产力，解决温饱是重中之重的问题。此阶段，国民经济快速增长，民营企业在我国不同的经济领域、行业、区域取得了举世瞩目的成就。我国社会主要矛盾转化，社会经济发展问题由生产力不足转化为发展的不平衡不充分矛盾，"以量为先"的粗放式的国民经济发展模式已经不适应现阶段我国经济高质量发展的要求。在我国民营经济较为集中的制造业领域内，产业结构不合理，以及随着市场的饱和逐渐陷入"过剩经济"的危机，问题从单一维度的"做大蛋糕"扩展为"做大与分好蛋糕并重"的二元维度。[①] 当前，我国民营经济在战略性新兴产业和高端制造业领域鲜有涉足，产业核心缺乏竞争力，民营经济发展主要依靠要素投入，投资拉动，并且依赖环境资源，无法摆脱传统发展模式的"路径依赖"。因此，由于民营经济发展进程中缺乏产业核心技术的创新，民营经济的传统发展模式同"新旧动能"转化的高质量发展之间的矛盾，使得民营经济市场主体在转型升级中

[①] 参见任晓猛、钱滔、潘士远等：《新时代推进民营经济高质量发展：问题、思路与举措》，《管理世界》2022年第8期。

面临较大的压力。

二、比较优势重构：民营经济国际竞争力面临严峻挑战

伴随着国际分工体系的发展，制造业在各国也呈现出新的发展趋势。国际间的分工与合作通过跨国公司呈现出一体化的趋势，其生产体系延伸到全球范围内，并依据产品的特点将生产环节中的成本和比较优势，合理分配到不同的国家。在生产环节中，中国廉价的劳动力和资源的比较优势，以加工贸易的方式被民营经济大量承接，一度成为"世界工厂"。近年来，随着经济社会的不断发展，人口红利的消失与经济发展水平的提升共同引致了中国劳动力成本的持续上涨，劳动力资源面临日益紧张趋势，劳动力红利消失殆尽。尤其是新《劳动合同法》的颁布与实施使民营经济用工成本大幅提升。

尽管随着劳动力要素市场化改革的不断深化，破除了劳动力自由流动的地域限制，人口红利的释放迅速促进了劳动密集型产业的发展，成为民营经济发展的重要推动力，特别是20世纪80年代初，劳动力市场化改革初期，农村大量剩余劳动力转移到城镇，为国民经济的快速增长提供了支撑，但是，随着农村剩余劳动力不断减少，刘易斯拐点显现以及我国的劳动年龄人口占总人口比重不断下降，劳动力成本上升，老幼抚养比例上升，劳动力

要素无法再为国民经济的发展创造有利的条件。在此背景下，国内劳动力、土地等生产要素价格不断上涨，大市场优势和高成本劣势并存，加之国内外市场环境和供应链条件发生了深刻变化，全球产业链供应链正在重塑，"近岸化""友岸化"现象逐渐增多，以对外直接投资助力转型升级已经成为部分制造业企业不得不面临的新选择。纵观全球，东南亚由于其地理位置、劳动力成本、资源能源、政策支持等优势，已经成为中国制造业企业投资的重要目的地。[①]不少低端产业已经转移到要素成本更低的国家，全球加工贸易产业链上出现了区域性的微调整现象。总体而言，中国民营经济基于低成本的要素比较优势在丧失。

三、结构性冲击：民营经济生产、分配、流通、消费环节存在梗阻

由于经济高速增长阶段不断累积的结构性矛盾，叠加进入高质量发展阶段后出现了一系列新情况、新问题，民营经济正面临着结构性冲击风险频发的经济社会现象。[②]具体来看，新时期民营经济高质量发展面临的结构性冲击主要表现在以下四个环节。

---

① 薛安伟：《中国制造业企业向东南亚投资的新动机、新机遇与新挑战》，《国际经济评论》2024年第1期。

② 林雪芬、陈仪：《新时代民营经济高质量发展的结构性冲击与风险防范》，《新视野》2020年第4期。

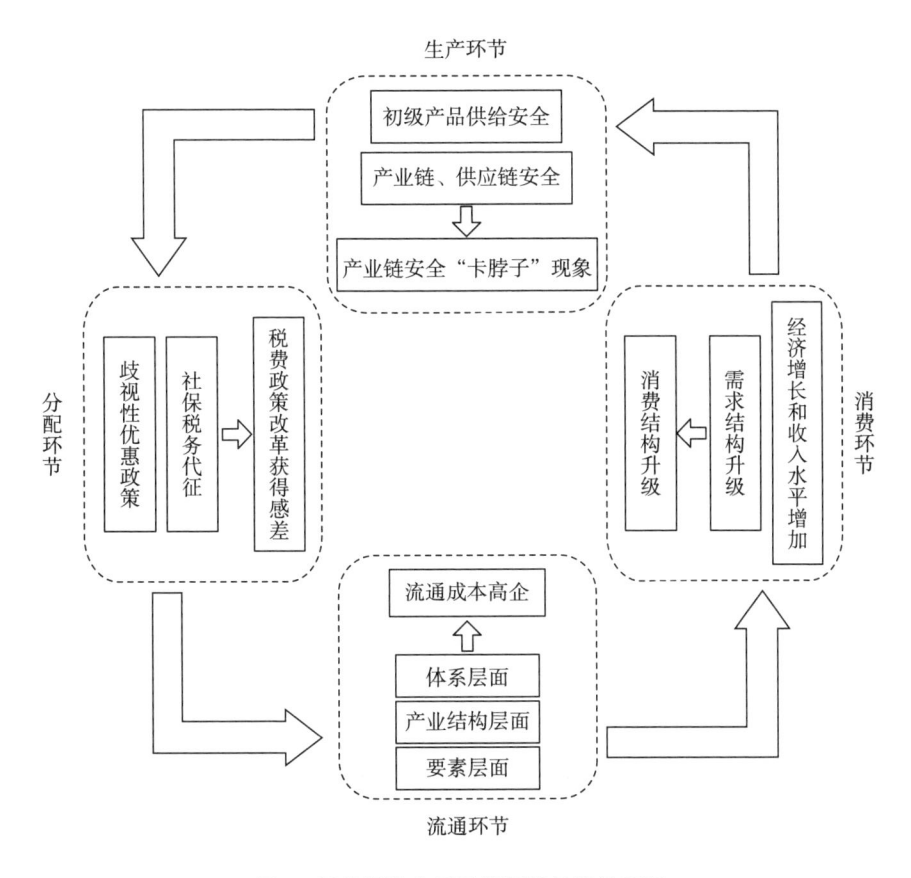

图1 民营经济高质量发展的结构性梗阻

（一）生产环节，产业链安全"卡脖子"现象

习近平总书记指出，"对我们这样一个大国来说，保障好初级产品供给是一个重大的战略性问题"[①]。初级产品在产业链和供应链中具有举足轻重的地位，国民经济持续健康稳定发展离不开初级产品的供给保障，确保初级产品供给安全，对于维持国民经

---

① 《习近平著作选读》第2卷，人民出版社2023年版，第577页。

济运行秩序，保证国家经济运行安全，具有全局性重大战略意义，因而必须正确认识和把握这一重大实践问题。

我国民营经济发展过程中存在初级产品供给面临多重约束的局面。首先，关键初级产品重要性日渐凸显，部分矿产品对外依存度过高，存在"紧平衡压力"。尽管我国地大物博，矿产资源品种比较丰富，但是我国部分优质矿产品储量较少，矿业市场体系建设较为落后，一些矿产品的开采供应严重滞后于工业消费增长速度，同时，铁矿、铜矿、锰矿、镍矿对外依存度均超过80%，铬矿接近100%，铝土矿对外依存度超过50%，初级产品存在"大头在外"的供给特征。[①]此外，对特定国家矿产品依赖度过高，如我国的提矿石进口主要集中于澳大利亚和巴西两个国家的四大矿业公司，连续多年占据我国进口铁矿石总量的80%以上[②]，初级产品无法实现供给端的自主可控，安全稳定供应能力存在一定的风险和压力。其次，初级产品供应链存在"卡脖子"的风险。随着新一轮科技革命的到来和产业变革的发展，发达国家经济体对稀有矿种资源的争夺日益白热化，关键矿产初级产品供给保障成为大国博弈的"新战场"。中国作为世界工业大国，要想进一步掌握未来发展的主动权，提高初级产品的供给保障能力，构建全球自然资源初级产品供给新格局，显得尤为重要。最后，我国在国

[①] 人民日报评论部：《正确认识和把握初级产品供给保障》，《人民日报》2022年2月9日。

[②] 《初级产品保供，为经济肌体"固本培元"》，《光明日报》2022年5月27日。

际市场的掌控初级产品定价的话语权较弱，尚未被既有的国际交易网络所接纳，尽管中国是世界上最大的工业国家，扮演着"超级买家"的角色，但中国并没有获得与其进口能力相称的定价能力，在既有的国际规则下，我国初级产品的定价权严重缺失。[①]

（二）分配环节，税费政策改革获得感差

美国供给学派经济学家拉弗提出"拉弗曲线"的概念，认为税收收入与税率呈倒U形关系，即当税率高过一定点后，税收总额将不会随着税率的增加而增加，反之，企业的经营成本增加，投资减少，税基缩小，从而导致政府的税收收入总额减少。[②]减税降费不仅能降低企业成本，又能促进企业创新。经济观察网所公布的数据显示，2012—2021年我国民营企业税收年均增长8.3%，占全国税收的比重，2012年为49.7%，2021年为59.6%，占比提高近10个百分点（见表1）。民营企业已经成为国家税收来源的最大主体。此外，我国现行的企业所得税制仍实行内外两套税法，对外资企业优惠多，税负轻，对内资企业优惠少，税负重；同属内资企业，却对大型国有企业优惠多，对中小民营企业优惠较少。即便是现行企业所得税制规定，对利润较低的企业可实行优惠税率，但优惠税率仍然过高，使得不少应予扶持的中小民营企

[①] 曹立：《确保初级产品供给安全》，《红旗文稿》2022年第14期。
[②] 马海涛、朱梦珂：《助力我国经济高质量发展的减税降费政策：演变路径、成因特点与未来走向》，《国际税收》2022年第5期。

业得不到扶持照顾。

表1 2012—2021年按企业类型分税收数据

年份	全国税收收入 收入额（亿元）	国有及国有控股 收入额（亿元）	占比（%）	外资企业 收入额（亿元）	占比（%）	民营企业 收入额（亿元）	占比（%）
2012	110740	33997	30.7	21753	19.6	54990	49.7
2013	119943	36445	30.4	22992	19.2	60506	50.5
2014	129541	39835	30.8	24925	19.2	64782	50.0
2015	136021	43186	31.7	24763	18.2	68073	50.1
2012—2015年均增速	7.1	8.3	—	4.4	—	7.4	—
2016	140499	43052	30.6	25613	18.2	71834	51.1
2017	155735	44472	28.6	29201	18.8	82062	52.7
2018	169957	43163	25.4	30328	17.8	96466	56.8
2019	172102	42639	24.8	28596	16.6	100868	58.6
2020	166000	40327	24.3	26625	16.0	99047	59.7
2021	188737	46586	24.7	29704	15.7	112447	59.6
2015—2021年均增速	6.1	3.6	—	3.5	—	8.3	—
2012—2021年均增速	6.1	3.6	—	3.5	—	8.3	—

数据来源：经济观察网。

近年来，党中央、国务院出台了系列助企纾困政策举措，其中减税降费成为重中之重。习近平总书记在2020年7月21日召开的企业家座谈会上指出，要加大政策支持力度，激发市场主体活力，使广大市场主体不仅能够正常生存，而且能够实现更大发展。

2016—2021年，全国累计新增减税降费超过8.6万亿元。2022年政府实施新的组合式税费支持政策，坚持减税与退税并举，预计全年退减税约2.64万亿元，其中留抵退税约1.64万亿元。大规模减税降费的实施有效降低了企业客观税负。国家税务总局统计数据显示，2016—2019年，重点税源企业每百元营业收入税费负担分别下降1.6%、1.2%、1.9%和6.9%，2020年全国10万户重点税源企业销售收入税费负担率同比下降约8%。[1] 2023年，全国新增减税降费及退税缓费22289.9亿元，其中制造业、中小微企业以及民营经济等受益明显。分经济类型看，民营经济纳税人受益明显，新增减税降费及退税缓费16864.6亿元，占比75.7%。[2]然而，在肯定减税降费取得显著成效的同时，如何巩固拓展减税降费成效成为业界和学界关注的热点。

2022年4月召开的国务院减轻企业负担部际联席会议要求，要落实落细已出台减税降费政策措施，坚持问题导向，加强调查研究，进一步了解企业的成本负担和政策诉求，做到情况清、问题明、措施准、成效实。《中华人民共和国国民经济和社会发展第十四个五年规划和2035年远景目标纲要》针对制造业明确提出："实施制造业降本减负行动……巩固拓展减税降费成果，降低企业生产经营成本，提升制造业根植性和竞争力。"毋庸置疑，

---

[1] 贾卫丽、李普亮：《我国巩固拓展减税降费成效的对策研究——基于企业税负压力的视角》，《地方财政研究》2022年第10期。

[2]《2023年中国减税降费民营经济等受益明显》，国家税务总局官网，2024年1月26日。

减税降费的初衷在于降低企业税费负担，缓解企业税负压力，帮助企业渡过难关，助力企业扩大投资、加快创新和转型升级，进而走上高质量发展之路。但一个不容忽视的事实是，在大规模减税降费背景下，经济下行使地方政府财政压力日益增大，企业依然感到"税负过重"，仍有部分市场主体对于减税的获得感不强，企业对减税降费的政策诉求仍旧十分强烈。北京大学光华管理学院牵头组成的"中国企业创新创业调查联盟"基于对广东、浙江、河南、辽宁、甘肃、上海和北京20150家样本企业的追踪访问发现，呼吁减税的企业占比38.9%，减税仍是企业家最核心的需求[①]。根据2020年全国工商联"万家民营企业评营商环境"的调查数据，不同类型企业的税费负担变化情况如图2所示，从中可以看到2020年的税费负担下降10%以下（含10%）、没变化甚至不减反增的情况，所有企业占47%，中小企业占46%，大企业高达53%。总的来看，减税降费政策确实降低了部分企业的税费成本，减轻了税费负担，但大部分企业并没有享受到税费减免的红利，税费减免政策不具备普惠性。

根据图3所示，所有企业对税费减免政策的平均满意度是3.55，大企业对税费减免的平均满意度是3.84，中小企业只有3.5。根据满分是7分来看，企业对减税降费政策的满意度不高，这与图1企业普遍反映获得感低的现象是一致的。同时中

---

① 数据来源：《中国中小微企业创新创业的新特点暨2021年中国创新企业调查报告》。

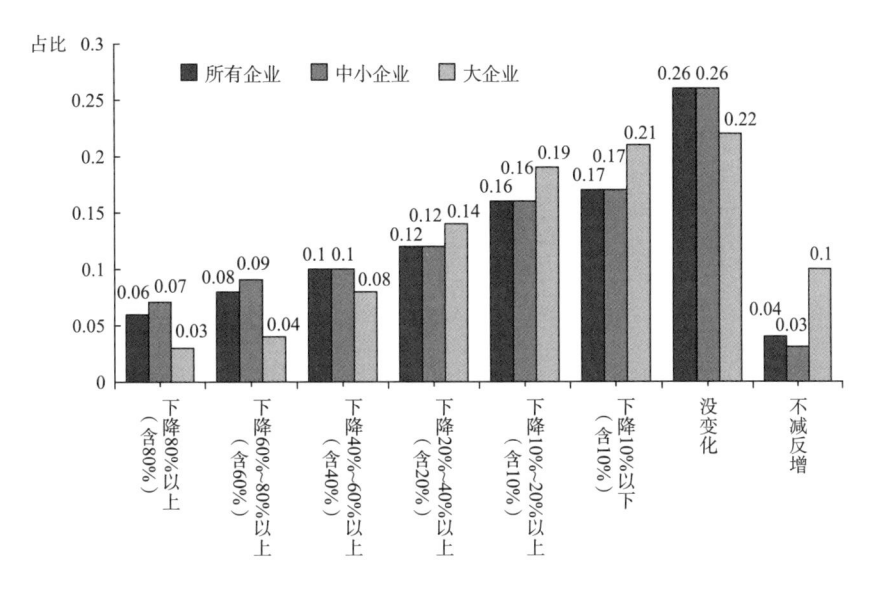

图2 2020年不同类型企业税费负担变化

数据来源：2020年全国工商联"万家民营企业评营商环境"的调查数据。

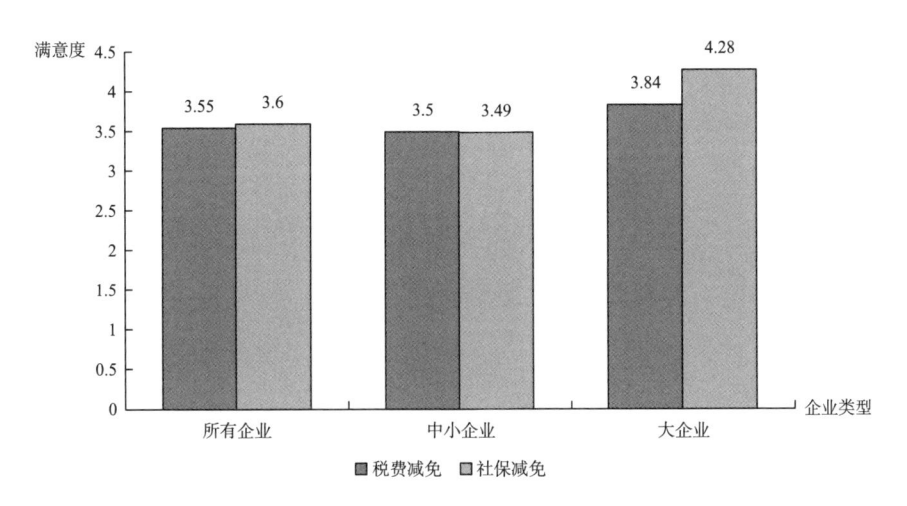

图3 不同类型民营企业税费减免满意度

数据来源：2020年全国工商联"万家民营企业评营商环境"的调查数据。

小企业的减税降费满意度低于大企业，这是因为中小企业和大企业成本构成和利润率不同，减税降费政策的效果也就不同，减税降费对大企业的影响效果要好于中小企业。比如，对于所得税政策，虽然小微企业的所得税率一降再降，但是对小微企业的所得税影响有限，主要是因为小微企业利润本来就低，或者没有利润，即便税率再降，减少的企业所得税金额也不会很大。

在企业综合税费构成中，我国企业的社会保险费缴费占盈利水平的比重在2019年时为46.2%，虽然这一数值已较2013年的49.8%有所下降，但社会保险费缴费依然是我国企业税费负担重的关键原因，这势必会直接影响企业的现金流状况，对企业的生产经营和投资决策产生不利影响。[①]社保缴费与税收一样，由国家机关统一管理，定期强制征收，形成固定的现金流支出，是企业成本的组成部分。社保缴费与税收的区别在于，社会保障体系以保障劳动者基本生活为基础，不仅会影响企业行为，而且会影响民营经济的发展。社保降费作为减税降费一揽子政策中的重要一环，能够有效减轻企业负担。社保改由税务部门统一征收，意味着过去多数民营企业采用的以"不按时缴纳""不足额缴纳"社保来压缩用人成本的方式已无操作空间。从图2可以看出，各类企业对社保降费的整体满意度不是很高（0分是没有享受政策，

---

① 马海涛、朱梦珂：《助力我国经济高质量发展的减税降费政策：演变路径、成因特点与未来走向》，《国际税收》2022年第5期。

1分表示满意但是满意度不高，7分表示最满意），所有企业对社保减免政策的整体满意度为3.6，其中中小企业对社保减免政策的满意度只有3.49，大企业对社保减免返还的满意度是4.28。总体而言，社保减免民营企业获得感较差。基于此，2019年4月1日，国务院办公厅印发《降低社会保险费率综合方案》，规定自2019年5月1日起降低城镇职工基本养老保险（包括企业和机关事业单位基本养老保险）单位缴费比例，继续阶段性降低失业保险、工伤保险费率，调整社保缴费基数政策等，为民营企业减负，让企业轻装上阵，应对宏观经济下行压力。

（三）流通环节，物流成本高企

流通环节作为衔接民营经济供需的重要桥梁，在国民经济中发挥着基础性和先导性作用。[①]高效的物流体系能够在更大范围把生产和消费联系起来，推动国内国际分工深化以及国内国际双循环相互促进，通过国内价值链、产业链参与全球经济治理，实现国内国外两个市场两种资源的有效配置。流通环节是否顺畅关乎民营经济能否实现高质量发展、供需能否实现动态平衡等现实问题。尽管流通体系日趋完善，但存在流通成本高企、流通不畅等诸多问题，这给畅通国民经济循环带来了极大挑战。造成这一问题的主要原因集中在以下方面。

---

① 龚雪：《供给侧结构性改革下物流成本降低的路径》，《甘肃社会科学》2019年第5期。

从体系层面观察。综合运输体系需要进一步完善、不同运输体系之间存在衔接不畅、协调运输能力不足的问题可以看出，现有运输体系存在结构不合理的问题；物流服务体系尚不健全，物流网络中"干、支、末"之间存在很多薄弱环节，与物流枢纽、物流园区、物流中心、配送中心、终端网点构成的网络体系不完善；公共物流基础设施、社会化的物流基础设施、企业自营基础设施之间比例不合理。物流业空间分布呈现"东高西低""城市发达，农村滞后"的格局；物流资源整合不充分，各类资源呈现缺乏与浪费并存的现象；集约化的现代流通体系尚未形成，传统流通方式"批发—零售"模式依然占据主流，物流成本高企；供应链管理体系缺乏，难以形成互惠共赢、资源共享的有效协同的合作机制，难以形成产业链纵向间、上下游企业间流程和功能的整合优化，无法形成高效协同的供应链、产业链、价值链；物流标准体系不健全，中国在物流领域内标准化工作较为滞后，不同部门分管的物流相关环节存在体系部门条块分割现象，基础设备缺乏统一规范，物流体系标准之间存在衔接困难等问题，使得搬倒、分拣、包装等环节难以有效协同衔接。

从产业结构层面观察。我国的产业结构特征与能源结构特征客观上决定了单位GDP所需要的物流成本费用较大这一现实情况。根据《2023年物流企业营商环境调查报告》相关数据（如图4所示），43.24%的物流企业认为需求总体不足，各产业物流需求不均衡。我国民营经济在第二产业占据着重要的地位，它是推动国民经济发展的重要力量，其产品供给往往是实物形态，从供给端到消费端离不开流通环节的各个部分，工业物流在全社会物流中占据绝对主导地位，物流成本支出较高；我国经济发展区域间存在失衡、资源禀赋差异大等弊端，导致工业空间布局不合理，存在产销区域分离，物流流转跨度大、距离长、范围广的问题，增加了物流成本。

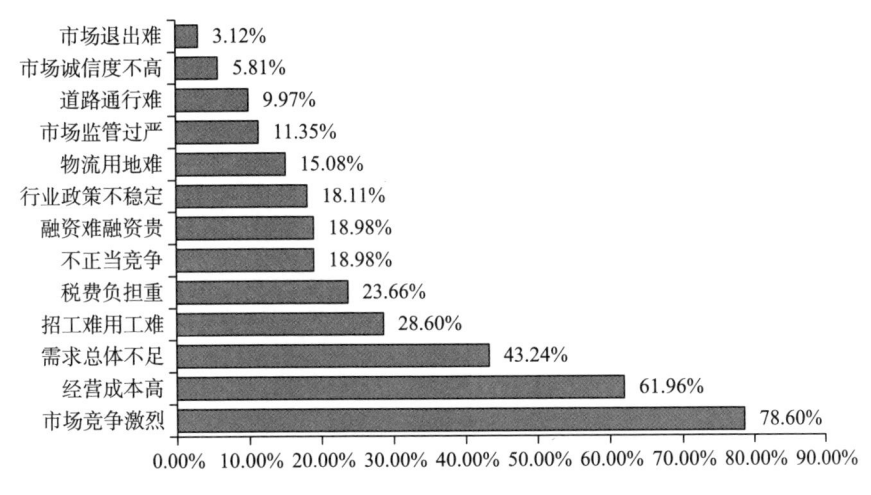

困难类型	占比
市场退出难	3.12%
市场诚信度不高	5.81%
道路通行难	9.97%
市场监管过严	11.35%
物流用地难	15.08%
行业政策不稳定	18.11%
融资难融资贵	18.98%
不正当竞争	18.98%
税费负担重	23.66%
招工难用工难	28.60%
需求总体不足	43.24%
经营成本高	61.96%
市场竞争激烈	78.60%

图4　物流企业面临主要困难分布情况

数据来源：《2023年物流企业营商环境调查报告》。

从要素层面观察。从图4可以看出，61.96%的物流企业认为企业经营成本高。这主要有以下四点原因。一是物流业从业人员薪酬上涨带动了劳动密集型的物流企业运营成本上升，28.60%的企业面临招工难、用工难问题。城镇化导致的土地资源较为紧缺，15.08%的企业认为土地价格高企导致物流企业用地成本较高。同时物流业存在经济效益低、回报周期长等问题，地方政府对物流用地指标的限制和附加条件又导致企业用地难、用地贵。[①] 二是燃油成本支出占运输总成本的40%~60%，燃油价格的波动直接关系到物流企业的经济效益，近年来随着国内油价的不断上涨，燃油支出费用不断增加，致使许多物流企业利润出现大幅度下降。三是23.66%的物流企业认为通行税费成本偏高，主要体现在路桥费用偏高，以干线运输中的路桥成本为例，占据了整个企业运输成本的20%以上，严重挤占了企业的利润空间。与此同时，高速运输通常采用计重标准收费，且不同地区之间的计价标准不同。四是城市限行不仅降低了物流配送效率，而且对货车的限制在时间、区域范围上逐渐增多，导致配送成本增加。

从体制机制层面看。物流市场机制不健全，统一开放、公平竞争、有序规范的市场体系尚未形成，18.98%的物流企业主要困难为面临不正当经营，5.81%的物流企业主要困难为面临市场诚信度不高。区域间的行政分割，导致物流企业生产经营的要素无法自由流动，缺乏总体规划统筹发展的整体思路。"大物流"管理体制不完善，企业生产跨部门、地区、行业的特点要求实现物流行业发展的协同治理。当前，中央层面统筹协调了发展改革、商务、交通、铁路、民航、工信、公安、财政、海关、工商、税务、质检等部门，但仍然存在条块分割、缺乏协调等问题，对资源整合与优势互补的一体化运作形成了体制上的障碍，难以形成凝聚力。

---

① 龚雪：《供给侧结构性改革下物流成本降低的路径》，《甘肃社会科学》2019年第5期。

(四)消费环节,消费结构升级

党的十九大报告明确指出,"我国社会主要矛盾已经转化为人民日益增长的美好生活需要和不平衡不充分的发展之间的矛盾",其中"日益增长的美好生活需要"表示的是居民的消费结构不断升级,"不平衡不充分的发展"则描述的是供给端产业结构不平衡、资源利用不充分之间的矛盾。消费结构升级导致的供需错配可以看作这一主要矛盾的集中体现,我们可以从供需错配的角度对这一社会主要矛盾进行更深入的解读。

伴随着经济的增长和收入水平的提高,消费和供给之间呈现出消费结构升级与供给质量低端化之间的矛盾,即供给与需求结构不匹配,导致有效供给不足。在此背景下,若供给结构不及时调整优化,不仅不利于扩大内需,同时也不利于民营经济新旧动能转化发展,促进国民经济的高质量发展。同短期居民消费特征相对稳定的情况不同,长期情况下居民的消费结构是处于不断升级和发展的。当供给端提供的产品和服务无法满足居民提升的消费需求结构时,将会导致有效供给不足,扩大内需提升居民消费将会受到抑制。[①]居民需求结构发生较大变化时,供给端是否能及时有效地适配需求结构,对于消费长期合理的增长发挥着关键性的作用。

---

① 王勇:《产业转型升级、居民消费结构与高质量发展》,《南昌大学学报(人文社会科学版)》2023年第3期。

当前，民营企业自主创新能力较弱，过度依赖国外创新链、价值链、供应链，对企业发展和市场开拓具有明显的抑制效应，长此以往，将直接导致产品的"低端锁定"，造成内需外溢和外需不足的现象。[①]一方面，由于缺乏对核心技术的掌控，产品的低附加值与当前比较优势丧失导致的要素、原材料成本攀升产生的巨大矛盾，使得民营企业不仅无法在国际市场上占有一席之地，而且在面对国内市场优质的国际品牌时也难以占据一定的市场份额，并最终形成产能过剩的局面。另一方面，民营企业由于缺乏创新能力，低端产品越来越难以适应国内需求升级的需要。当前，中国已经进入中等收入国家行列，随着人均居民收入水平的提高，消费需求水平也在不断地提升，消费结构发生了显著的变化，居民对于商品的关注点从"量"的特征向"质"的特征转变。我国正处于消费社会转型的重要时期，即从第二次消费升级转向第三次消费升级（见表2）。居民消费从温饱型到小康型再到享受型，逐渐进入一个追求高质量生活的阶段。居民对汽车、住房、旅游、文教娱乐等消费品的需求不断增加。为了满足人民群众对高质量生活的向往，供给侧就必须进行一次彻底的结构改革。因此，企业必须强化产品和服务质量，提高供给质量，民营经济应抓住新一轮产业升级和科技革命的机遇，转换发展动能，提升市场竞争力，满足人民群众高质量的需求。然而，就现实而言，我

---

① 任保平、付雅梅：《系统性深化供给侧结构性改革的路径探讨》，《贵州社会科学》2017年第11期。

国的现代服务业、高端制造业起步相对较晚,市场主体普遍具有小散乱的特征。民营企业产品和服务供给同质化、低端化,供给相对过剩,高端产品和服务供给较为短缺。这种供需错配的情况难以从根本上满足居民日益增长的物质文化需求,也使得民营经济高质量发展中难以实现资本循环完成"惊险的跳跃"。不可否认,供需错配将加剧国内高端需求外溢,不利于实现民营经济发展中供需两侧相互引领的良性循环。

表2 中国三次消费升级情况

	第一次	第二次	第三次
时间跨度	20世纪60年代至80年代末	20世纪90年代初至90年代末	21世纪初以来
代表商品	自行车、手表、缝纫机	彩电、电冰箱、洗衣机	汽车、住房、电子产品、旅行
消费模式	温饱型	由温饱型向小康型转变	享受型
消费级别	百元级	千元级	万元级、十万元级
持续时间	30多年	10年左右	数十年甚至百年

资料来源:作者根据《流通创新促进品质消费发展研究》(中国社会科学出版社2021年版)一书整理。

四、转型动力重塑:民营经济可持续发展压力加速显现

进入新发展阶段,国内外环境发生深刻的变化,倒逼中国寻求新的增长模式。2020年5月14日,中央政治局常委会首次

提出，"深化供给侧结构性改革，充分发挥我国超大规模市场优势和内需潜力，构建国内国际双循环相互促进的新发展格局"，同年9月22日，中国在第75届联合国大会上提出"双碳"目标。面对国家发展战略的调整，民营经济转型过程中政策性压力陡增，无法适应供需双侧改革，以上种种情况表明我国正处于经济转型升级的极化期，经济转型升级重塑新的增长动力已经迫在眉睫。

一方面，构建双循环新发展格局本质上是经济发展模式的重大转变，其目的是推动创新发展、优化供给结构，培育完整的内需，实现全国统一大市场，增强国内国际两个市场、两种资源的协调联动，是应对外部环境恶化，实现经济可持续发展的战略部署。从宏观维度看，在国际竞争中我国能否实现科技引领创新发展，是中国经济发展和未来竞争的关键。从微观维度看，创新赋能民营企业新旧动能转化发展，是民营经济高质量发展的重点所在。与传统要素型驱动以及依靠政策红利驱动相比，创新发展型驱动是通过新技术、新产品、新的经营模式实现企业自我革新。需要注意的是，转型动力重塑实现创新型发展是一个时代命题，同时也是一个长期性的战略。但是，当前民营经济转型动力重塑面临众多制约因素。一是国际形势之"围"，科技领域制高点争夺，技术领先国家采取严苛的手段，禁止国际循环系统中关键技术向中国转移，阻碍了企业的创新交流，提高了企业在重点产业领域内关键核心技术的创新成本。二是资源封锁之"困"，在双循环发展格局下，我国企业游离于全球顶尖科技研发的话语体系之外，面临科技发达国家资源封锁、断供威胁和技术壁垒，导致我国部分产业链关键环节受制于人的情形。先进技术引进时常常遭遇技术转移管控、垄断等情况，只能获得低附加值的技术和工艺。三是路径依赖之"惰"，我国企业创新策略通常采用的是模仿创新，致使自主创新能力缺乏。在传统创新路径依赖的情况下，企业无法敏锐捕捉先进技术发展方向，难以实现"换道超车"。

另一方面，"双碳"目标的实现过程就是一次更高标准、更高水平的供给侧结构性调整。尽管"双碳"目标有利于为民营经济重塑转型提供动力，但也面临一些挑战。首先，"双碳"目标实现的时间紧迫性与民营企业转型升级见效相对缓慢之间存在矛盾。碳密集型企业转型升级压力较大，清洁型能源替代化石燃料促使企业停工停产不符合实际，企业的转型升级成为主要出路，但是节能降耗、低碳技术的研发并不是一朝一夕完成的，企业转型任重道远。相较于企业转型升级，"双碳"目标的实现在时间上是刚性不可调整的。其次，"双碳"目标下环保常态化导致民营经济中上游原料产品价格上涨，严重侵蚀下游企业利润空间，短期内不利于民营经济健康发展。具体而言，环保压力下，将进一步提高压缩中上游企业中高污染、高排放企业的力度，这种行政性干预致使中上游企业产品供给紧张，结果就是中上游产品价格上涨，下游企业投入成本上升，利润被削减。虽然从理论上而言下游企业可以将成本转嫁给消费者，但受制于国家对通货膨胀的控制和买方市场，下游企业只能承担大部分成本。

五、发展环境不健全：现有环境难以匹配民营经济高质量发展要求

（一）公共服务体系不完善

民营企业发展过程中面临的困境其根源是多元的，这些困难和制约不仅仅是政府功能发挥不充分所导致，同时也有市场环境发育不健全产生的负面影响。这些困境的破局就需要在政府的支持和指导下，通过建立各级综合性的服务机构，兼顾市场与公平的原则，整合社会资源，以实现中小企业的发展。尽管我国社会服务发展迅速，但与民营经济特别是中小微企业的服务需求相比还存在着不小差距。[1]现阶段民营企业公共服务体系是配合国有企业成长而建立起来的，导致公共服务模式与民营企业的发展模式难以有效契合。企业运营所涉及的公共服务事项通常牵扯多个行政部门，民营企业不仅缺乏足够的能力对接各种行政部门，而且由于中小企业公共服务体系建设薄弱，民营企业面临政企信息不对称、信息搜寻成本高、政策匹配难、政府沟通不畅等问题，导致制度性交易成本较高。

---

[1] 罗知：《支持民营经济发展壮大的对策建议》，《人民论坛》2023年第15期。

（二）人文社会环境的偏见

民营经济是中国式现代化的生力军，促进民营经济发展离不开和谐宽松的人文社会环境。当前，网络上充斥着"民营经济退场论""资本家要挂路灯"等歪理邪说。个别大型民营企业曝出的经营问题被媒体过度解读为"资本外逃"的新闻，进一步加剧了民众的焦虑和不安全感。在这种背景下，人文社会环境促进民营经济发展壮大的氛围不够浓厚，导致这一现象形成的原因主要有以下三点：一是社会人文环境不佳。网络舆情使得民营企业因负面评价而处于劣势地位，从而丧失投资、公平交易的机会。二是传统观念影响根深蒂固。受传统观念的影响，民众对民营企业家"为富不仁""无商不奸"的偏见仍然存在，对民营企业看不上、看不起、看不惯……这些观念亟待纠正。三是所有制的歧视和偏见。民营企业中的员工缺乏归属感，大部分人就业首先考虑的是政府机关、事业单位和国有企业，这严重打击了民营企业家的创业热情和投资信心。

（三）政策客体难以因策而惠

企业的壮大离不开适宜的土壤，而适宜的生存土壤依赖于惠企政策的支持。为促进民营经济健康稳定发展，中央政府围绕民营企业较为关注的领域出台了一系列惠企政策。良好的政策如果无法落实，企业就无法获利，政策效果也就难以发挥。当前，惠企政策供给的精准性有待提升，惠企力度不足，政策落地实施困难等现象，与民营企业的现实需求和预期难以契合，民营企业对政府颁布的相关政策获得感不强。尤其是地方的惠企政策存在门槛高、限制多的现象，中小企业难以从中获得政策红利。[①]一方面，地方政府对于企业的服务，取决于企业纳税的多寡，部分地区政府以税收定服务，对缴纳大户企业与中小规模企业采取双重服务标准。另一方面，除了普惠性的政策外，中小企业期望从创新创业、金融服务、技术升级等专项优惠政策中获得支持。但是，专项优惠政策往往政策起点高、政策倾向性明显，这就导致企业在政策导向下处于不平等地位，总是"摸不到，够不着"。较高的门槛及严苛的申报条件，使得专项优惠政策集中在少数国有企业和具有一定规模的大企业、大集团手中，而中小企业因达不到申请标准，无法享受这些政策红利。此外，一些地方的惠企政策存在政策制定随意性大、可预期性弱，政策缺乏稳定性和持续性，惠企政策申报程序复杂、操作成本高，甚至存在"寻租成本"等现象。这些现象严重动摇了民营经济发展的根基，必然在一定程度上制约民营经济的发展。

（四）法治保障问题突出

党的二十大报告提出"优化民营企业发展环境，依法保护

---

① 参见王欣：《新时代推动民营企业高质量发展：制度演进、现实刻画和未来进路》，《产业经济评论》2022年第4期。

民营企业产权和企业家权益，促进民营经济发展壮大"，我国基本形成了《中华人民共和国民法典》《中华人民共和国反垄断法》《优化营商环境条例》以及地方法规、规章为主的保障民营经济发展的完备法治体系。民营经济发展的法治环境整体上不断向好的方向发展，但依然存在一些问题。首先，民营经济发展偏重于政策手段，相对轻视法治建设，一方面，民营经济发展历史较为短暂，现有法律覆盖面不足，法律对不同经济成分的企业平等保护原则体现得不够充分。另一方面，关于保障民营经济发展的一些法律条款散见于其他法律法规中，大多数还停留在政策层面，这直接导致民营经济法治保障的权威性的刚性不够。其次，受传统思想观念的影响，一些司法人员戴有色眼镜看待民营企业，存在"重公轻私"的思想，在民企和国企经济纠纷案件中不能做到一视同仁，秉公处理，司法实践中出现不公正的判罚，致使民营企业合法权益无法得到有效保护。最后，在行政执法方面，部分公职人员依法行政的观念淡薄，存在"法律失灵""执法走样"的现象，在行使执法权力时忽视立法的本意，根据自身的理解执法，甚至完全漠视法律的存在。

（五）融资环境难以契合民营经济需求

金融是实体经济的血液，是优化民营企业资源配置、阻碍民营经济高质量发展的重要抓手。近年来，全面、准确、完整地贯彻新发展理念，支持民营经济发展的力度不断增强，虽然对于民营经济创新发展、扩大开放等方面发挥着积极的作用，但金融业对民营经济的支持仍然存在金融供给和金融生态不匹配、不适应等问题。具体而言，首先，金融"竞争中性"原则难以落实，民营经济发展融资可得性和可及性不足，难以获得金融支持，金融资源依然是优先配置给国有所有制经济，与国有企业相比民营企业融资更难、更少、更贵，在资本市场相较国有企业上市、发债也更难。其次，民营企业和金融机构之间存在严重的信息不对称，造成银行"惜贷"，民营企业尚未建立起完善的财务会计制度，财务信息完全是内部化的，财务报表很少有会计师事务所进行审计。经营信息、财务状况不透明的情况下，民营企业难以向金融机构提供真实权威的信用水平信息，造成银行"不敢贷""不愿贷""不能贷"。[①]再次，综合性的社会信用体系存在信息归集共享能力弱、征信信息平台部门分割等现象，如税务部门、监管部门及司法部门无法共同推动"银税互动""银商合作"等综合性的社会信用调查平台建设。致使金融机构对民营企业的资信调查存在不全面、主观性强等问题。[②]最后，金融机构金融服务创新能力不足，集中体现在金融服务难以满足互联网企业的融资需求，多数互联网企业不具备实体资产，无法形成有形抵押物，满足不了大型国有金融服务机构的信贷模式。此外，大型国有金融服务

[①] 赵丽：《"十四五"时期我国民营经济高质量发展面临的问题与应对策略》，《中州学刊》2022年第2期。

[②] 程军：《金融助推民营经济高质量发展》，《中国金融》2019年第8期。

机构偏好于提供"风险低、规模大、周期长"的金融服务，相较中小企业金融需求存在"风险高、规模小、周期短"的情况，其创新动力略显不足。

（六）营商环境总体评价较差

党的十八大以来，我国高度重视营商环境的建设，营商环境不断优化，全球排名从2012年的91位提高至2020年的31位。但同时也应该注意到，同国际社会横向比较，我国营商环境不仅落后于发达经济体，同时也落后于许多发展中国家，营商环境的优化还存在诸多问题。一是在营商软环境方面。地方政府内部条块分割，部门横向间衔接不畅，企业办事流程冗长、手续繁琐、效率低下。具体来看，不同部门申请材料标准和格式要求不同，导致同一事项材料反复提交；行政审批过程中部门执行并联审批、容缺受理、限时办结等制度的主动性不强；行政审批改革意味着利益的调整和博弈，打破原来的权力格局，要求政府部门取消、下放、转移行政审批事项，职能部门间热衷于争审批权、行政权、处罚权。[①]二是制度性交易成本方面。我国存在市场分割、不正当竞争屡禁不止等情况，严重削弱了市场在资源配置中占主导地位的作用，体制性交易成本高昂。另外，民营企业经常面临乱收费、乱罚款等行政执法问题；部分地方政府将检测、认证等业

---

① 童有好：《营造民营经济高质量发展环境的若干问题及对策》，《经济纵横》2019年第4期。

务委托给中介机构，服务费用偏高，等等。这些情况无疑推高了民营经济商务运营成本。三是市场环境不公平。尽管民营企业在竞争性领域内取得了长足的发展，能够同国际上位居前列的高新技术企业"掰掰手腕"，甚至在部分领域处于领先地位，但是在垄断性的行业领域内，民营企业面临着进入门槛高、存在明显"国有企业偏好"的情况；市场分割现象严重，导致部分地区的行业保护，地方政府为保护本地区发展较好的行业和领域，采取各种措施限制外来企业参与竞争，形成了区域间的经济封锁和行业保护，阻碍了生产要素的自由流动，民营经济发展空间受到挤压。

第二节　民营经济发展面临的内部困境

2023年7月，《中共中央　国务院关于促进民营经济发展壮大的意见》（以下简称《意见》）发布，为促进民营经济发展壮大进行了新的重大部署。《意见》明确指出民营经济是推进中国式现代化的生力军，是高质量发展的重要基础，是推动我国全面建成社会主义现代化强国、实现第二个百年奋斗目标的重要力量。当前，民营经济发展面临的内部困境需要引起高度重视。

一、民营经济面临人才流动陷阱

民营经济发展要想在全球产业链、供应链等关键核心技术环节取得突破性进展,必须依赖关键技术核心人才、产业领军人才、战略科学家等各种类型的高端人才组合而成的研发团队。[①]外资企业全面进军中国市场后,民营经济高新技术领域普遍面临人才流动陷阱和人才流失问题。一方面,外资企业具备雄厚的资本实力,具备支付高端人才及研发团队薪酬的能力,而企业间薪酬的巨大差异,成为外资企业吸引高端人才的重要优势,这就致使我国民营经济在高新技术领域发展中吸引和聚集各类高端人才处于劣势地位,难以培养民营企业促进自身发展的研发创新团队。另一方面,对于那些持续性巨额投入以满足自身创新需求的本土企业,普遍存在难以维持和提升自身研发团队能力和水平的困境。外资企业发挥自身的薪酬优势,聘请本土企业中的各类高端人才,产生民营企业人才向外资企业逆向流动的效应,正是这种人才逆向流动的机制阻碍了我国民营经济在高新技术领域的突破创新。

二、民营企业管理理念落后

民营经济的管理模式和生产组织方式较为落后,企业家对创新转型重视度不够,主业脱实向虚倾向较为显著,行为短期化,盲目追求短期经济效益的"短平快",在中观经济层面上形成了

---

① 张杰、陈容:《产业链视角下中国关键核心技术创新的突破路径与对策》,《南通大学学报(社会科学版)》2022年第2期。

各种形式的金融泡沫、房地产泡沫，导致"金融资本利率"超过"产业资本利率"，诱导产业资本向金融部门转移，在根本上削弱了以制造业为主的实体经济部门主导的内生型经济增长的基础，削弱了民营经济聚集产业资本、创新资本的能力，进一步刺激了虚拟经济泡沫化发展态势。在实力雄厚的民营企业中，短期机会主义和功利主义的经营理念较为普遍，存在资本的无序扩张现象。我国部分民营企业借助其垄断地位跨界经营，肆意扩张、牟取暴利。尤其是互联网平台企业通过信息技术赋能资本要素形成新的垄断，严重危害了国家经济健康运行，损害了消费者的利益。[1]我国民营经济大部分以中小企业为主，存在企业产权结构比较单一，企业管理制度不健全、管理不规范、管理模式单一等一系列问题。民营企业的发展高度依赖于企业家的个人能力，企业经营稳定性较差，存续时间普遍较短。[2]同时，中大型民营企业虽然建立了现代化的企业管理制度，但仍然会面临基于亲缘的家族管理与现代化企业治理之间的冲突，民营企业代际传承不畅的问题依然存在。[3]

---

[1] 胡兴旺、赵艳青：《新阶段民营企业高质量发展路径研究》，《财政科学》2022年第4期。

[2] 丁任重、孙根紧：《新时期我国民营经济的转型与发展》，《经济理论与经济管理》2011年第12期。

[3] 朱鹏华：《民营经济高质量发展的基础、挑战与路径》，《理论视野》2023年第4期。

三、民营企业原始创新能力不足

相较于基础性研发而言,民营企业更偏重于应用性研发,这是因为民营企业无法实现"持续性巨额资本投入→高价定价权→研发投入补偿→下一轮研发巨额资本投入"的良性创新循环机制,致使长远发展的内生动力不足,即使本土企业成功攻克某些领域的"卡脖子"问题后,高新技术持有公司对老一代产品的定价采取"低价策略",抽掉发展中国家企业利用本国或全球市场获得良性发展机制的"梯子"。甚至,当发达国家高科技企业受到"创新威胁"后,会断供各种关键设备、工艺、材料等,民营企业只能在西方经济体底层核心技术之上进行"有限创新",使得民营企业难以利用原始手段获取超额利润,避免被市场淘汰。

四、企业家精神有待进一步弘扬

改革开放以来,我国民营经济的迅猛发展造就了一批优秀的民营企业家。但是从民营经济健康发展的总体态势来看,缺乏企业家精神仍然是制约经济健康发展的重要因素之一。民营企业仍然存在弄虚作假、虚报资产等非法行为。有些上市企业大股东将企业作为自己谋取私利的"摇钱树",通过关联交易、担保等手段来侵犯上市公司的利益,实现利益输送,甚至存在骗贷和骗补的行为。在生态环保、安全生产等方面,有些企业家甚至违反法律法规采取掩饰隐瞒行为，造成严重的不良社会影响。[①]企业家精神需要进一步弘扬，特别是在管理素养、竞争意识、合规意识、市场意识、社会责任意识等层面。

第三节　民营经济发展面临的机遇

党的二十大报告提出："当前，世界百年未有之大变局加速演进，新一轮科技革命和产业变革深入发展，国际力量对比深刻调整，我国发展面临新的战略机遇。"[②]民营经济在新发展阶段面临不断发展变化的国内和国际环境，传统发展模式、条件、优势正在快速重构。因此，民营企业既要正确认识并把握新的战略机遇期，又要在当下的困难和机遇中创造新的机遇。

一、中国即将进入高收入国家行列带来的新机遇

民营经济应如何把握中国即将进入高收入国家行列的机遇？首先，要提升需求端消费意愿和能力。一方面，大力发展新型电商模式，丰富消费场景，提升消费体验，如以直播电商、短视频电商、社交电商、内容电商等形式，开展精准化营销，通过碎片

---

① 胡兴旺、赵艳青：《新阶段民营企业高质量发展路径研究》，《财政科学》2022年第4期。

② 《习近平著作选读》第1卷，人民出版社2023年版，第21页。

化、娱乐化、互动化、即时化等方式强化消费黏性,提升居民消费意愿。另一方面,加快企业数字化转型,充分发挥数字经济发展潜力大、覆盖广、创新创业活力强的优势,推动民营经济更高质量的就业创业,进而提升居民收入水平及其消费能力。其次,要以供给侧改革赋能消费升级。促进民营经济数字化转型,以创新配套要素配置、数字化系统整合等多方面有效协同联通为抓手,推动民营经济发展动力变革,为民营经济高质量发展提供新的内生动力。具体而言,中央政府要利用集中力量办大事的体制优势,强化顶层设计,统筹协调,加快推进科技体制改革;民营企业要抓住新一轮科技产业革命,利用数字化技术提升企业创新效率。强化企业产品和服务质量,满足消费高端化、个性化、多样化、绿色化的需求;保障消费者的合法权益,提高消费者对市场的信心和认可度,进而提高社会消费的质量和水平。

二、"一带一路"对外开放的战略机遇

"一带一路"倡议旨在推动亚洲、欧洲、非洲沿线国家之间的经济联系与合作,通过国家间的双边机制,利用区域合作平台,促进经济要素在区域间的自由流动,实现国家之间资源要素的高效流通和市场的深度合作,推动"一带一路"倡议沿线国家政策沟通、设施联通、贸易畅通、资金融通、民心相通,开展更高水平、更大范围、更深层次的合作,共同打造政治互信、经

济融合、文化包容的利益共同体、责任共同体和命运共同体。民营经济是"一带一路"的重要参与者和推动者，其遵循的理念、原则是其他经济形式无法满足的，通过利用自身的灵活性、创新性、开放性、包容性，开拓"一带一路"沿线国家的市场需求和合作空间。"一带一路"倡议为民营经济的转型升级提供了新的机遇，从国家层面将民营经济"带"到国际和区域合作发展的道路上，为民营经济提供了更为广阔的发展平台，民营经济在国家和国际视野下，其发展模式和发展空间将会被无限放大。民营经济应该充分利用"一带一路"框架下的政策支持和平台，进一步扩大开放，实施"走出去"的方案策略，培育具有国际视野的专业复合型人才，为企业"走出去"提供良好的人才支撑。积极开展对外投资、合作和贸易，不断探索新的市场需求和发展模式，不断完善产品和服务，提升企业品牌竞争力、影响力和国际化水平。民营经济应该抓住"中国制造"质量优势窗口期，为深度参与"一带一路"奠定坚实的品牌基础，因此应该推动质量变革，加快我国制造业产业的转型升级，构建全新的竞争优势。通过加大投入研发，引进和培养高素质人才，加强"产学研"建设，推动技术的创新和转化，提升产品和服务的附加值和竞争力。

三、新一轮全面深化改革的机遇

习近平总书记强调："改革是由问题倒逼而产生，又在不断

第二章　新时代民营经济发展面临的挑战与机遇

解决问题中而深化。"①面对新形势新矛盾新问题，2022年12月召开的中央经济工作会议明确提出"谋划新一轮全面深化改革"的重要任务，即通过对经济领域重点问题的突破，以点带面推动社会各个领域的改革，为推动高质量发展注入新的动力，新一轮全面深化改革将充分释放民营经济发展活力。

一是构建全国统一大市场，把握经济体制改革的契机。习近平总书记强调，"市场资源是我国的巨大优势，必须充分利用和发挥这个优势，不断巩固和增强这个优势"②，这就需要从战略高度加快推进统一大市场建设。一方面，大市场的建设不仅能够降低市场经济主体的交易成本，而且能够不断提升企业的价值创造和实现能力，从而形成强大稳定、畅通循环的国内基本盘。另一方面，构建全国统一大市场关键在于运用市场逻辑，充分释放市场活力，破除阻碍生产要素自由流动的限制，提高资源配置效率，让各类所有制企业能够充分参与市场竞争，将我国超大规模市场优势转变为国际竞争力。这不仅有利于突破关键领域"卡脖子""断链"等技术性难题，而且能够增强我国在全球产业链、供应链、创新链中的影响力，提升我国产业链在国际上的竞争力，使我国在全球资源配置中拥有更大的话语权。此外，推动国民经济高质量发展必须构建以公平竞争为核心的市场环境，既要强化企业的权利、机会、规则的平等，又要坚持"良性竞争"的

---

① 《习近平关于全面深化改革论述摘编》，中央文献出版社2014年版，第13页。
② 《习近平谈治国理政》第4卷，外文出版社2022年版，第177页。

原则。为此，应持续推动市场进一步放宽和规范准入标准，牢固树立"全国一张清单"的管理制度，切实维护市场准入负面清单制度的统一性、严肃性、权威性，确保民营经济主体依法有序进入清单之外的领域。

二是转变经济发展方式，把握加快建设创新型国家的契机。要把握产业升级的机遇。探索构建多元化的供给体系，支持民营经济聚焦传统产业提升技术创新，推动传统产业向高端、智能、绿色方向发展，实现比较优势再造；鼓励民营企业向新兴产业方向发展，加快实现民营经济的数字化赋能；加快民营企业生产组织模式变革，实现各领域产品中高端供给；要使政府和市场两只手共同促进要素合理流动，矫正不合理的要素配置。金融部门要创新金融服务，加大对民营经济的金融支持；强化知识产权的保护和应用，促进企业积极开展自主创新活动；打破户籍和地域限制，畅通人才流通渠道，为民营经济发展提供人才保障。

三是以深化"放管服"改革为突破口，把握优化营商环境的契机。我国在改善营商环境方面取得了明显成效，有效激发了市场主体活力和社会创造力。地方政府要认真贯彻中央关于"放管服"改革的精神，加强简政放权的力度，推动行政审批改革，实现行政审批流程规范化、精简化、便利化，减少行政审批流程中繁琐的环节和手续。深入推进"多审合一""多证合一"改革，并在此基础上对行政审批项目下放、整合，提升行政审批效率。积极推动"互联网＋政务服务"改革，让民营企业办事更顺畅。

通过构建现代化的政府、经济、市场治理体系破除经济发展中的体制机制障碍,以有效的制度供给和制度创新为民营经济带的发展保驾护航。

四、中国高质量新型城镇化的机遇

为推动落实《中共中央关于制定国民经济和社会发展第十四个五年规划和二〇三五年远景目标的建议》提出的新型城镇化的战略目标要求,2022年6月,国家发展和改革委员会印发的《"十四五"新型城镇化实施方案》具体明确了新型城镇化的目标任务和政策举措,以推进城镇化不断向高质量发展。"以人为本"的新型城镇化建设将统筹协调七个方面的转变,即实现了"以物为本"到"以人为本"的转变;中心工作由"速度"到"质量"的转变;驱动机制由"政府干预"到"发展规律"的转变;发展方式由"粗放型"到"集约型"的转变;城镇化布局由"不均衡"到"均衡"的转变;发展模式由"滞后或超前"到"适度"的转变。新型城镇化的七大转变将为民营经济高质量发展提供新的增长极。[①]

"以人为本"的新型城镇化的理论基础是:一方面,社会化的发展推进了具有现代意义的城市建立,促进了商品生产和流

[①] 赵麃、刘衍峰:《习近平关于新型城镇化建设的重要论述研究》,《经济学家》2023年第8期。

通。商品经济的发展进一步细化了社会分工，促进经济转型升级。城镇和产业的协同发展，市场规模的不断扩大，为商品在国内外两个市场上的流通提供了基础。另一方面，城镇化能够使得要素分配趋于合理，居民消费需求在城镇得到更好的满足。城市的聚集效应能够提高要素的使用效率，而劳动者通过消费不同部门的产品和服务能更好地实现劳动力再生产。因此，城镇化与生产、分配、交换、消费等环节密切相关，城镇化不仅关系到生产和消费一般过程，而且城市的持续扩张不断聚集企业和人口，将进一步引至企业的再生产和居民部门的再消费。如此循环往复，居民部门消费层次的提高将带动产业转型升级，在一定程度上为民营经济转型发展提供物质基础。新型城镇化的不断推进，将有效促进国内超大规模市场的形成，释放内需潜力，优化投资供给，稳定市场预期，助力国际循环。以有效的需求和优质的供给实现供需两侧双向升级。通过新型城镇化建设实现人口红利、产业红利、政策红利，为民营经济高质量发展赋能。[①]

[①] 焦方义、张东超、郑茜月：《论新型城镇化在构建新发展格局中的基础性作用——基于马克思产业资本循环理论分析》，《当代经济研究》2023年第8期。

第三章
如何正确看待认识民营经济的资本问题

资本是社会主义市场经济的重要生产要素。迈入新时代，习近平总书记高度重视资本问题，提出"要支持和引导资本规范健康发展"，强调"注重激发包括非公有资本在内的各类资本活力"[①]，使之始终服从和服务于人民和国家利益。民营资本作为非公有资本的重要内容，是社会主义市场经济中不可或缺的一部分，是驱动社会生产力发展、中国式现代化建设的重要力量。2023年7月，《中共中央 国务院关于促进民营经济发展壮大的意见》发布，强调"依法规范和引导民营资本健康发展"。新时代新征程，全面建设社会主义现代化强国，需要正确看待认识民营经济的资本问题，依法规范和引导民营资本健康发展，推动民营经济健康发展、高质量发展，使其在中华民族伟大复兴历史进程中肩负起更大使命、承担起更重责任、发挥出更大作用。

[①] 《习近平谈治国理政》第4卷，外文出版社2022年版，第212、219页。

第一节　资本概念内涵及其基本属性

什么是资本？资本的本质何在？马克思主义政治经济学与西方主流经济学有着不同的认识。在批判德国古典哲学、英国古典政治经济学、英法空想社会主义的过程中，马克思对"资本"概念的思考全面超越了前人的理论，由此形成了在资本问题上的创新性理解。相比于英国古典政治经济学单纯从"物的积累"的狭隘视域把握资本概念，马克思则是立足资本主义时代，从唯物史观的视角来把握资本的本质，将其理解为具体的社会关系，而其中最为根本的是生产关系。

一、资本的概念内涵与双重表现

（一）资本的内涵本质

资本是马克思主义政治经济学的基础概念和核心范畴。马克思曾经明确指出："资本不是物，而是一定的、社会的、属于一定历史社会形态的生产关系，后者体现在一个物上，并赋予这个物以独特的社会性质。"[①]学者们普遍认为，马克思的这段表述是对资本内涵和本质的重要概括。以马克思主义理论为基础，学者们对资本内涵和本质进行了具体分析。

[①]《马克思恩格斯文集》第7卷，人民出版社2009年版，第922页。

其一，较多的学者认为资本的内涵主要包含了相互联系的两个方面：一方面，资本是一种生产要素；另一方面，资本并不仅仅是生产要素，更重要的是一定的生产关系。[1][2]"这两种含义的资本内在地结合在一起：资本的本质是社会关系，载体则是生产要素；生产要素只有被纳入到社会关系之中才能成为资本。"[3]"资本是一种承载着历史性生产关系的、能带来价值增殖的商品生产要素。它以生产力的发展为基础，凭借制度（法律和道德）来维护市场经济当事方的权利、义务及信任关系。这是资本的共性。至于在不同社会制度规范下，资本的地位、作用及其所表现的人际关系性质等的不同，是其个性。"[4]

其二，有学者从广义和狭义对资本内涵进行了概括。"资本是一个具体的、历史范畴，其内涵有广义和狭义之分。狭义的资本是指社会属性意义上的资本，即资本主义生产关系或资本家对工人的剥削关系；广义的资本是指自然属性意义上的资本，即能够自行增殖的价值，其价值形态表现为资金，实物形态表现为资产。"[5]

---

[1] 丰子义：《全球化与资本的双重逻辑》，《北京大学学报（哲学社会科学版）》2009年第3期。

[2] 王宏波、曹睿：《公有资本范畴的生成逻辑、实践成就与时代价值》，《西安交通大学学报（社会科学版）》2021年第4期。

[3] 王巍：《马克思哲学视域下的资本逻辑及其批判》，《理论视野》2014年第1期。

[4] 陶富源：《用中国特色社会主义制度逻辑规范资本逻辑》，《哲学动态》2018年第4期。

[5] 庞庆明：《试析新时代中国特色社会主义下的公有资本与私人资本》，《教学与研究》2018年第10期。

其三，也有学者认为需要从多维度来理解资本内涵。比如，有学者认为需要"遵循从抽象到具体、从简单到复杂、从一般到特殊的路径，全面地、深刻地理解资本的多重内涵"，并提出资本包含四重含义：第一重意义上的资本，也是最抽象、最一般意义上的资本，就是一种价值，是能够使自己实现自行增殖的价值；第二重意义上的资本是指一种关系；第三重意义上的资本是指一种运动；第四重意义上的资本是指一种权利，即按照等量资本获得等量利润的规律或者原则，来实现自行增殖的本性的权利。① 也有学者提出"资本的内涵十分丰富，需要从形式到内容、从生产力属性和生产关系属性、从资本流量和存量、从历史进步性和暂时性等多维度去理解资本"②。

（二）资本的双重表现

按照马克思的观点，资本是能够带来剩余价值的价值，是集生产要素与生产关系的统一体，表现出一般物理形态和特殊生产关系这两种形态。从生产的一般过程来看，资本同其他生产要素一样，都是社会生产中不可或缺的要素；从普遍形态上来看，资本表现为物，一般以货币的形式呈现。但是资本不同于普通的货币，只有在劳动力转化为商品的前提下，货币才能转化为资本，

---

① 朱炳元：《马克思资本理论与社会主义市场经济》，《马克思主义研究》2008年第5期。

② 白雪秋：《资本的本质及其多重属性：马克思与西方主流经济学家的研究分歧之比较》，《湖北社会科学》2019年第5期。

而劳动力转化为商品却是在特定的社会条件下出现的。马克思透过资本的货币形态发现:"资本不是物,而是一定的、社会的、属于一定历史社会形态的生产关系,它体现在一个物上,并赋予这个物以特有的社会性质。资本不是物质的和生产出来的生产资料的总和。"① 这是对资本本质的深刻揭示。资本具有物(货币)的一般属性,本质上又是生产关系和生产的社会性质的反映。马克思这一独特见解,为正确理解资本开辟了一条新途径。

首先,作为一般的物,资本是一种生产要素。资本作为一种能带来剩余价值的价值,在商品经济条件下,作为资本的生产资料和劳动力,都是价值创造过程中所必不可少的条件。其中,用于购买劳动力的可变资本是价值创造的源泉,而作为生产资料的不变资本也是价值创造过程中不可或缺的劳动对象,两者按照一定比例恰当配置,生产活动才能顺利展开。一方面,生产活动没有活劳动的投入不行;另一方面,离开了生产资料这个物质条件,价值创造也是不可能实现的。所以,资本是商品生产所必需的生产要素,核心问题就是如何实现生产要素的合理配置。这一认识也是西方经济学的传统,他们一直把资本当作物质财富创造中的生产要素来对待。

其次,资本并不仅仅是生产要素,更重要的是它反映了一种社会关系。马克思曾经多次提到过,资本不是物,而是一定的

---

① 《马克思恩格斯全集》第25卷,人民出版社1974年版,第920页。

生产关系，但是资本又"体现在一个物上，并赋予这个物以特有的社会性质"。这个"特有的社会性质"就是资本主义社会性质，即以资本雇佣劳动为基础的社会性质。资本作为一种社会关系，它的本性就是最大限度地追求价值增殖，即通过占有雇佣劳动所创造的、超过他们劳动力价值之上的剩余价值。可见，资本虽然是物，但又不是一般的物，它的本质是一种特有的社会关系，这种社会关系的力量就是借助于物的力量来实现和发展的。

资本的双重表现决定资本具有双重作用：一重是借助于物的力量而产生的创造文明的作用，另一重则是从社会关系中产生的追求价值增殖的作用。在马克思的视域中，资本双重作用是内在结合在一起的，而不是分离开来的两种作用。资本的本质是社会关系，载体则是生产要素；生产要素只有被纳入社会关系之中才能成为资本。

二、资本的基本属性和双重作用

（一）资本的基本属性

资本有着一般性的特点和行为规律，从当前学者们的研究分析来看，资本主要包括以下特点。

其一，价值增殖性。资本的本性是对剩余价值的无止境追求。资本具有增殖性是理论界的共识，学者们主要从马克思主义资本理论出发深刻阐述了资本的增殖特点。

其二，资本运动性。资本只有不断运动才能增殖，资本正是通过单个生产过程的循环往复以及生产范围的不断扩大，在时间和空间两个维度上最大限度地攫取剩余价值，从而实现自身的不断增殖。围绕资本的运动性特点，学者们主要从资本的全球扩张即资本全球化[1]、资本运动过程的历史发展阶段、资本运动中采取的资本形态等多个方面进行了深刻分析。[2]

其三，资本社会性。马克思指出："黑人就是黑人。只有在一定的关系下，他才成为奴隶。纺纱机是纺棉花的机器。只有在一定的关系下，它才成为资本。脱离了这种关系，它也就不是资本了。"[3]学者们普遍认为，资本本质上是一种生产关系，具有社会性特点。

其四，资本竞争性。有学者从资本与资本的关系出发，来阐述资本在追求价值增殖的过程中相互之间所呈现的竞争性特点，这种竞争性是资本内在本性的必然表现。[4]

其五，资本历史性。资本阶段是商品经济发展的高级阶段，资本本身作为一个矛盾体，在肯定自己的同时也在不断地否定自己，通过发展自己走向了自己的对立面。学者们纷纷从资本的产

---

[1] 丰子义:《全球化与资本的双重逻辑》,《北京大学学报(哲学社会科学版)》2009年第3期。

[2] 朱炳元:《马克思资本理论与社会主义市场经济》,《马克思主义研究》2008年第5期。

[3] 《马克思恩格斯选集》第1卷,人民出版社2012年版,第340页。

[4] 周丹:《社会主义市场经济条件下的资本价值》,《中国社会科学》2021年第4期。

生发展、资本的内在矛盾[1]、资本积累的历史趋势[2]、资本的弹性和限度[3]分析了资本的发展趋势，揭示了资本的历史性。与此同时，有学者从资本的历史发展阶段来揭示资本的特点和行为规律，[4]也有学者从资本的二重性出发来揭示资本的根本特性。学者们认为，"在资本的逻辑中，它既能够借助物的力量塑造文明，又必然借由一定的生产关系追求价值增殖"[5]。因此，有学者认为，"从资本的形成背景与作用方式看，贯穿生产、分配、流通、消费、竞争等社会生产全部环节的二重性是资本的根本特性"[6]。

（二）资本的双重作用

一方面是创造文明的作用。马克思充分肯定了资本的伟大历史意义："资产阶级在历史上曾经起过非常革命的作用"[7]，这是从资产阶级推翻封建社会从而实现历史进步的角度而言的；"资产阶级在它的不到一百年的阶级统治中所创造的生产力，比过去一

---

[1] 王巍：《马克思视域下的资本逻辑批判》，人民出版社2006年版，第103页。
[2] 白雪秋：《资本的本质及其多重属性：马克思与西方主流经济学家的研究分歧之比较》，《湖北社会科学》2019年第5期。
[3] 张严：《从危机应对看资本逻辑的弹性及其限度》，《社会科学》2017年第10期。
[4] 董小君：《把握资本行为规律 防止资本无序扩张》，《光明日报》2021年12月21日。
[5] 代金平：《超越资本逻辑：社会主义基本经济制度的创新与发展》，《马克思主义研究》2021年第5期。
[6] 蔡之兵：《正确认识和把握资本的特点和行为规律》，《学习时报》2021年12月22日。
[7] 《马克思恩格斯选集》第1卷，人民出版社1995年版，第274页。

切世代创造的全部生产力还要多，还要大"①。资本主义"创造了完全不同于埃及金字塔、罗马水道和哥特式教堂的奇迹；它完成了完全不同于民族大迁徙和十字军征讨的远征"②。马克思充分肯定了资本所创造的文明成果，深刻揭示了资本创造文明的作用。

首先，资本给社会发展带来了三个"有利于"。马克思指出："资本的文明面之一是，它榨取剩余劳动的方式和条件，同以前的奴隶制、农奴制等形式相比，都更有利于生产力的发展，有利于社会关系的发展，有利于更高级的新形态的各种要素的创造。"③在资本主义社会里，"由于劳动是雇佣劳动，劳动的目的直接就是货币，所以一般财富就成为劳动的目的和对象。作为目的的货币在这里成了普遍勤劳的手段。生产一般财富，就是为了占有一般财富的代表。这样，真正的财富源泉就打开了"④。正是由于这一原因，资本主义才能迅速发展起来，人类的地域史才发展为世界史，第一大社会形态才发展为第二大社会形态。

其次，资本的文明面还表现在对世界市场的开拓和对旧生产方式的取代上。"创造世界市场的趋势已经直接包含在资本的概念本身中"。对于资本来讲，"任何界限都表现为必须克服的限制。首先，要使生产本身的每一个要素都从属于交换，要消灭直接的、不进入交换的使用价值的生产，也就是说，要用以资

---

① 《马克思恩格斯选集》第1卷，人民出版社1995年版，第277页。
② 《马克思恩格斯选集》第1卷，人民出版社1995年版，第275页。
③ 《马克思恩格斯全集》第25卷，人民出版社1974年版，第925—926页。
④ 《马克思恩格斯全集》第30卷，人民出版社1995年版，第176页。

本为基础的生产来代替以前的、从资本的观点来看是原始的生产方式"①。资本主义正是凭借着商业、货币而消灭着一切前资本主义社会。这一过程对于落后民族可能是痛苦的，但对于人类却是一种进步，因为在客观上导致了人与人之间的世界性联系，"过去那种地方的和民族的自给自足和闭关自守状态，被各民族的各方面的互相往来和各方面的互相依赖所代替了。物质的生产是如此，精神的生产也是如此。各民族的精神产品成了公共的财产。民族的片面性和局限性日益成为不可能"②。

另一方面是追求价值增殖的作用。马克思指出："资本只有一种生活本能，这就是增殖自身。"③从资本发展的历史和实践来看，无论是商业资本、生息资本、产业资本还是金融资本；无论是私有资本还是公有资本；无论是古老形式的资本还是现代形式的资本，它们都具有共同的一般的属性，这就是实现尽可能多的价值增殖。所以，资本是可以自行增殖的价值："资本本身总是表现为这种会直接自行增殖的价值。"④

通过对商品流通的两种形式的分析，马克思揭示了商品生产者对价值增殖的追求是没有止境的这一原理。马克思指出，商品流通有两种形式，"商品流通的直接形式是 W-G-W，商品转化为货币，货币再转化为商品，为买而卖。……另一形式 G-W-G，

---

① 《马克思恩格斯全集》第30卷，人民出版社1995年版，第388页。
② 《马克思恩格斯选集》第1卷，人民出版社1995年版，第276页。
③ 马克思：《资本论》第1卷，人民出版社1975年版，第260页。
④ 马克思：《资本论》第3卷，人民出版社1975年版，第679页。

货币转化为商品,商品再转化为货币,为卖而买"①。从流通的目的来看,W–G–W的目的是使用价值。G–W–G的目的是交换价值,不仅要从流通中取出原来投入的货币,而且要取出多于原来投入的货币,因此,"这个过程的完整形式是G–W–G'。其中的G'=G+ΔG,即等于原预付货币额加上一个增殖额"②。"在为卖而买的过程中,开端和终结是一样的,都是货币,都是交换价值,单是由于这一点,这种运动就已经是没有止境的了"③。

按资本价值增殖的条件和源泉来看,马克思将资本分为不变资本,即原料和劳动工具;可变资本,即可以同活的劳动能力相交换的生活资料。价值增殖的条件是不变资本,价值增殖的源泉是可变资本,是劳动力的劳动。马克思在论述剩余价值怎样生产时说:"资本只有同劳动力交换,只有引起雇佣劳动的产生,才能增加。""如果资本不剥削劳动力,资本就会灭亡,而要剥削劳动力,资本就得购买劳动力。"④马克思关于不变资本和可变资本的划分,说明了资本的不同部分在价值增殖中的不同作用,证明了剩余价值来源于可变资本,来源于对工人的剥削。这一理论对于了解资本家对工人的剥削程度也有重要意义。

当然,资本价值增殖的本性决定了,如果社会不对之加以限制,必然会产生负面效应。正如马克思在《资本论》中所引用的

---

① 马克思:《资本论》第1卷,人民出版社1975年版,第168页。
② 马克思:《资本论》第1卷,人民出版社1975年版,第172页。
③ 马克思:《资本论》第1卷,人民出版社1975年版,第173页。
④ 《马克思恩格斯选集》第1卷,人民出版社1995年版,第348页。

一段名言："资本害怕没有利润或利润太少,就像自然界害怕真空一样。一旦有适当的利润,资本就胆大起来。如果有10%的利润,它就保证到处被使用;有20%的利润,它就活跃起来;有50%的利润,它就铤而走险;为了100%的利润,它就敢践踏一切人间法律;有300%的利润,它就敢犯任何罪行,甚至冒绞首的危险。"[①]在马克思看来,资本必须不顾市场限制进入各个领域,扩大生产规模,非此不能保证自身的存在。由此引发的比例失调、消费不足、利润率下降等导致生产的无政府状态,使资本处于"恶性循环"即周期性的经济危机中。经济危机必然激化社会矛盾和冲突,使社会日益两极分化:一极表现为资产者的财富积累,另一极则表现为无产阶级方面的贫困、受折磨、受奴役的积累。总之,资本在实现价值增殖的过程中会不断导致经济危机和贫富两极分化,引发社会矛盾。

第二节　正确认识民营资本发展壮大

在社会主义市场经济条件下,资本并无"主义"之分,但有公有资本和非公有资本之分,二者均是实现高质量发展的重要基础,也是推进中国式现代化的重要力量。作为非公有资本的重要组成部分,民营资本是民营经济内在的资本形态,经过40多年的

---

① 《马克思恩格斯选集》第2卷,人民出版社2012年版,第297页。

改革开放发展，在坚持基本经济制度不动摇、坚持"两个毫不动摇"的制度基础上，得到了极大的活力激发和发展壮大，成为推动我国社会经济发展的重要生产要素。支持民营经济发展，是党中央的一贯方针。党的十八大以来，党中央对民营经济发展和民营企业家成长给予高度重视，强调"我国民营经济只能壮大、不能弱化，不仅不能'离场'，而且要走向更加广阔的舞台"，提出"促进民营经济发展壮大"。新时代新征程，我们要坚持"两个毫不动摇"，正确认识民营资本发展壮大，促进民营经济健康发展、高质量发展，从而为构建新发展格局注入强劲动力、蓬勃活力，为中国式现代化提供有力支撑。

一、正确认识民营资本的地位作用和本质特性

党的十九届四中全会创造性地将我国的基本经济制度概括为：公有制为主体、多种所有制经济共同发展，按劳分配为主体、多种分配方式并存，社会主义市场经济体制。社会主义市场经济是一个伟大创造，社会主义市场经济中有各种形态的资本。公有制为主体、多种所有制经济共同发展，决定了社会主义市场经济中必然以公有资本为主体、多种资本共同发展。就其主要矛盾而言，社会主义市场经济的各种形态的资本，主要表现为公有资本和私有资本。从所有制角度而言，资本在社会主义市场经济条件下呈现多种类型：一是公有资本，包括国有资本、集体资

本；另一是非公有资本，包括民营资本、外国资本、混合资本。[①]

（一）民营资本是推动社会主义市场经济发展的重要力量

民营资本是社会主义市场经济发展的重要成果，是推动社会主义市场经济发展的重要力量。改革开放以来，我国民营资本从小到大、从弱到强，不断发展壮大，有力地推动着经济社会发展。民营资本的历史贡献不可磨灭，民营资本的地位作用不容置疑，为我国经济创造了持续高速增长的奇迹。同时，民营资本也已成为保障民生、促进创新、推动高质量发展的生力军，不少民营企业通过科技创新赋能高质量发展。根据市场监管总局所公布的数据，民营企业数量从2012年的1085.7万户增至2023年9月超过5200万户，10年间翻了两番多。根据工信部所公布的信息，截至2021年8月，已培育3批4762家国家级专精特新"小巨人"企业，80%为民营企业。

民营资本是市场经济的微观基础，在市场经济中占有重要地位，通过价格与竞争机制创造价值，资源配置效率较高。民营资本规模大小不一，但却贡献了大量的税收、就业等。具体来看，民营资本在经济中扮演着重要的作用。一是促进经济增长。民营企业通常是创新和就业的重要推动力。它们的活动有助于促进国

[①] 张占斌等：《资本是什么——中央党校专家深层次解读资本的本质和逻辑》，中共中央党校出版社2022年版，第81页。

内生产总值（GDP）增长，创造就业机会，提高生活水平。二是增加竞争力。民营企业的存在增加了市场的竞争，迫使企业提高效率和产品质量，从而使整个市场更具竞争力。三是促进资源配置。民营资本的投资和资源分配通常更加有效率，因为它们受市场供求关系的引导，能够更灵活地调整策略和资源。四是促进创造创新。民营企业通常更加愿意承担创新和研发方面的风险，这有助于推动技术和商业模式的创新。五是促进国际贸易。民营企业通常更积极地参与国际贸易，促进了国际间的经济联系。

另外，民营资本是稳发展、拓新局的重要力量。在国际环境复杂严峻、国内经济下行压力加大的背景下，民营企业发展韧性持续显现。近年来，民营企业凭借高质量的产品、灵活的商业模式等，表现出强劲的发展活力，为在复杂多变的国际环境中稳住外贸基本盘、稳定国际市场份额、推动高水平对外开放发挥了重要作用。同时，民营资本有助于加快我国国际合作和竞争新优势的培育，推动我国由贸易大国向贸易强国迈进。民营企业通过技术革新和管理创新，不断优化出口结构，积极开拓国际市场，成为促进我国对外贸易转型升级的重要力量。推动民营资本发展壮大，将为高质量发展注入强劲动力，为社会主义现代化建设提供有力支撑。[①]

党的二十大擘画了全面建设社会主义现代化国家、以中国

---

① 周文：《促进民营经济发展壮大》，《经济日报》2023年11月6日。

式现代化全面推进中华民族伟大复兴的宏伟蓝图，明确提出"优化民营企业发展环境，依法保护民营企业产权和企业家权益，促进民营经济发展壮大"。这表明我们党大力促进民营资本发展壮大的坚定决心。要引导民营企业和民营企业家正确理解党中央方针政策，增强信心、轻装上阵、大胆发展，实现民营经济健康发展、高质量发展。

（二）正确认识民营资本的"三大"本质特性

民营资本指的是生产资料私人所有下所产生的资本，以是否较多地雇用工人为标准可以划分为私人资本和个体资本，通常用于支持私营企业的发展和扩张。民营资本体现的是与公有制相对的私有制经济，是我国经济制度的内在要素，通常是由私人投资者、创业家或家族企业掌控。民营资本的特性体现在以下三个方面。

其一，归属私人所有。民营资本的私有性质，决定了民营资本创造的"需要价值"，在扣除税收后其余部分皆为私人所有，表现为凭借生产要素对利润的瓜分，最后实现了"生产需要价值"和"个人需要价值"两部分。事实上，民营资本由私人个体或企业拥有和控制，这意味着资产和资源的管理权归个人或私营企业所有。这种私人控制通常伴随着更大的灵活性和自主权，使得决策过程更加高效。

其二，代表私人利益。私人资本在资本运动过程中主要以资本利益为出发点，以盈利为目标，考虑的是单个资本如何实现利润最大化，根本上服务于价值扩大的目的，因此更关心的是价值而不是使用价值，主要关心的是个体利益而不是群体利益。可见民营投资者和民营企业通常会追求最大化利润的策略，以确保投资的可持续性和回报。同时，私人投资者通常愿意承担风险，以期望获得更大的利润。民营资本的投资通常伴随着高风险，但也伴随着更高的潜在回报。

其三，谋求资金积累。私有资本具有实现更多积累的特性，而不断发展生产正是其重要途径。资金积累具有量和质两个方面的发展路径：一个是量的扩张要求私有资本不断扩大生产。民营资本在市场经济中运作，受供求关系和市场力量的影响。这使得资源分配更加依赖市场信号，而不是政府干预。另一个是质的发展则要求私有资本改进生产技术。由于市场竞争的压力，民营资本通常更加注重创新，谋求资金积累客观上扩大了生产，改进了生产技术，推动了生产力的发展，创造出大量的社会财富。其中，企业家精神和创新意识是民营企业成功的关键因素之一。

二、准确把握民营资本的发展现状和互动关系

随着社会主义初级阶段理论的提出、中国特色社会主义经济理论的开辟，我国开始由计划经济向市场经济转轨，国有企业改革启动，民营经济发展起步。在国有企业改革和民营经济发展过

程中，公有资本与非公有资本呈现规模共同增长，不存在"国进民退"或"国退民进"的问题；同时，在社会分工上呈现出"垂直结构"格局，就是国有资本多处于产业链上游，在基础产业和重型制造业等领域发挥作用，民营资本越来越多地提供制造业产品特别是最终消费品，两者是高度互补、互相合作、互相支持的关系。对此，刘鹤指出"未来中国经济将沿着这个方向不断提高，走向高质量发展。我们必须从传统固化的观念，转向用全新的现代化产业链理念来认识国有和民营经济"[①]。在实践中，这一格局对公有资本与非公有资本之间的相互关系、区域分布规律、行业分布规律、科技创新差别、社会责任区别等方面产生了重要影响。

（一）在产业分布上呈现"错位生长"的趋势

改革开放以来，经过三次国有企业改革，我国公有资本和非公有资本呈现"错位生长"的趋势，基本形成了公有资本主导上游、非公有资本主导下游的垂直产业结构。其中，公有资本主要分布在第二产业中的中上游行业和公益性行业，在第三产业中主要分布在银行、保险等金融业；非公有资本主要分布在第三产业，其在第二产业中集聚在中下游行业。具体来看，第一次国有企业改革发生于20世纪80年代从计划经济体制向有计划的商品

---

① 《中共中央政治局委员、国务院副总理刘鹤就当前经济金融热点问题接受采访》，《人民日报》2018年10月19日。

经济转轨期间，推行了放权让利、承包制、利改税、试点股份制等一系列改革措施，在政策上开始允许在一定范围内发展个体经济、私营经济和吸引外资。①第二次国有企业改革发生于1992年党的十四大，提出经济体制改革的目标模式是建立社会主义市场经济体制，"鼓励有条件的企业联合、兼并，合理组建企业集团。国有小型企业，有些可以出租或出售给集体或个人经营"。第三次国有企业改革发生于1995年党的十四届五中全会，确立了"抓大放小"的改革战略，提出对国有企业实施战略性改组。经过三次国有企业改革，在直接面向消费者的制造业（如服装业、家电产业等）与消费型服务业（如酒店、餐饮、娱乐等）等下游产业中，实现了国有资本的退出与民营资本的进入；但是在能源、金融、电信等生产中间产品和中间服务的这些关键的上游产业中，国有资本依然处于主导甚至垄断的地位。②

（二）在互动关系上呈现"协同竞争"的关系

在社会主义市场经济条件下，公有资本与非公有资本之间并非对立竞争关系，而是协同竞争关系。通过产业链的纵向关联，上下游各类所有制企业形成了高度互补、协同竞争的社会分工格局。其中，上游国有企业为下游产业提供生产资料，下游民营企

---

① 谢富胜、王松：《在协同竞争中推动公有制经济与非公有制经济共同发展》，《教学与研究》2020年第12期。

② 王勇：《"垂直结构"下的国有企业改革》，《国际经济评论》2017年第5期。

业对上游产业产生引致需求。一方面，国有企业通过战略性重组和布局优化，对基础部门、战略部门加大投资，为民营企业经营创造了基本生产条件。交通基础设施、水电气公用事业、国防军工等具有自然垄断属性的公共品部门投资规模较大、利润率较低，民营企业一般不愿或很少进入，因而主要由国有企业承担，因此国有企业奠定了高效、廉价、稳定的上游产业供应链，保证了各类中间品供销渠道及其价格的稳定；同时，也为产业链下游的非公有制企业提供了交通、水电等基础设施条件。另一方面，处于下游产业的民营企业等非公有资本直接面向最终消费市场，民营企业的蓬勃发展通过产业关联效应，拉动了以国有企业为主要构成的上游公有资本的发展。基于垂直分布格局的各类所有制企业通过分工与协作形成上下游联动的协同效应，协同效应产生的巨大生产能力与强劲的国内外需求之间产生良性互动，促进上下游产业形成正向循环，使各类所有制企业都获得共同发展。

（三）在科技创新上发挥"各有所长"的作用

在科技创新上，公有资本是国家战略科技力量的重要支撑和原始创新能力的建设主体，承担着基础理论、前沿技术、战略性产业的创新任务，在科技创新中的关键性、重大性和战略性作用凸显；非公有资本在面向消费者的产业中下游集中，随着科技创新能力不断增加，承担着商品多样化、产业多层化、业态多元化的创新任务，具有创新成果多、创新动态化与及时化等特点。具体来看：一是非公有资本直接面向消费者，具有创新成果丰富多样的特点。以2020年全国规模以上工业企业为例，从研究与试验（R&D）人员数量上看，私营企业人数为152.30万，外资企业为67.03万，占比分别为44%和19.37%；从R&D经费上看，私营企业为5646.99亿元，外资企业为2998.61亿元，占比分别为36.98%和19.64%；从专利申请数上看，私营企业为60.34万件，外资企业为16.62万件，占比分别为48.51%和13.36%。[①]二是非公有资本处于产业链中下游，易于利用新技术打造新产业、新业态，在产业创新中捷足先登。以近年来不断涌现的新兴产业为例，如网络打车、共享单车、分类信息网站、外卖送餐等新业态中很少有国有企业的身影，典型企业如滴滴、摩拜、58同城、美团等多为民营企业。需要指出的是，由于数字平台模式的利润索取机制是数字圈地和赢者通吃，因此部分非公有资本有通过纵向一体化和横向加强策略扩张平台规模谋取垄断地位的冲动，就需要国家对平台经济进行反垄断，以维护良好发展的市场环境。

（四）在社会责任上呈现"和而不同"的局面

在社会责任上，公有资本是壮大国家综合实力、保障人民共同利益的重要力量；非公有资本积极承担社会责任，对中国经济社会贡献日益提高。公有制为主体、多种所有制经济共同发展

---

① 以上数据根据《中国统计年鉴2021》计算而得。

是中国特色社会主义基本经济制度的内容之一。公有制经济是中国共产党执政的经济基础,作为其实现形式的公有资本是贯彻党和国家方针政策的重要抓手,是壮大综合国力、促进经济社会发展、保障和改善民生的重要力量。同时,非公有制经济是中国特色社会主义市场经济的重要组成部分,作为其实现形式的非公有资本在经济社会领域也发挥着不可或缺的重要作用,承担着光荣的历史使命,对中国经济社会贡献日益提高,并积极主动承担社会责任。一是民营企业在税收份额、带动城镇劳动就业等方面起到巨大作用,贡献了中国经济50%以上的税收、60%以上的GDP、80%以上的城镇劳动就业等。[1] 二是民营经济对我国社会主义市场经济发展、政府职能转变、农村富余劳动力转移、国际市场开拓等也发挥了重要作用。特别是民营企业大力推动了我国传统技术、传统产品、传统经营方式的转型和升级,诞生了一系列新产业、新业态,如电子商务、共享经济和直播经济等。[2] 三是民营企业家日益重视承担社会责任。在推动共同富裕方面,民营企业2019年捐赠475.12亿元,慈善捐赠能力和意愿持续提升,是我国慈善捐赠的主力。[3]

---

[1] 参见习近平:《在民营企业座谈会上的讲话》,《人民日报》2018年11月2日。
[2] 周文、司婧雯:《当前民营经济认识的误区与辨析》,《学术研究》2021年第5期。
[3] 参见《全国工商联发布〈中国民营企业社会责任报告(2020)〉》,经济参考网,2020年12月31日。

第三节　依法规范和引导民营资本健康发展

民营资本作为非公有资本的重要内容，是社会主义市场经济中不可或缺的一部分，具有市场导向、创新精神等积极性，在促进科技进步、繁荣市场经济、便利人民生活、参与国际竞争等方面发挥着关键作用。但是，我们必须注意的是，随着数字经济、平台经济的发展，由于认识不足、监管缺位，部分民营资本出现野蛮生长与无序扩张的问题，损害了群众利益，甚至扰乱市场秩序，逐步成为一个不容回避的重大政治和经济问题。对此，我们必须要充分发挥中国特色社会主义的制度优势，充分发挥社会主义市场经济的体制优势，充分发挥全国一盘棋的政策优势，扬长补短，明确驾驭民营资本的原则、方式和基本思路，依法规范和引导民营资本健康发展。

一、规范和引导民营资本健康发展的主要原则

资本既是一种生产要素，也是一种生产关系，规范和引导资本健康发展既要发挥资本作为生产要素的积极作用，又要有效控制其消极作用。新发展阶段，规范和引导民营资本健康发展，必须遵循有向、有效、有序的原则，引导民营资本服务社会主义市场经济，推动高质量发展，防止民营资本无序扩张。

（一）有向原则，服务社会主义市场经济

党的十四大报告明确提出"中国经济体制的改革目标是建立社会主义市场经济体制"。驾驭资本遵循的有向原则，指的是资本与社会主义市场经济相结合，表现为服务于社会主义市场经济。一方面，要服务于市场经济。市场是资源配置的重要方式，使市场在资源配置中起决定性作用，资本服务于市场经济，就是要用市场化方式配置各种形态的资本，充分激发资本的活力。同时，更好发挥政府的作用，就是要依托政府的宏观调控，引导资本更好地服务市场经济。另一方面，资本要服务于社会主义。与资本主义有所不同，社会主义的本质是解放生产力，发展生产力，消灭剥削，消除两极分化，最终达到共同富裕。从这个角度看，资本作为社会主义市场经济的重要生产要素，应当服从于以人民为中心的发展思想，服务于社会主义所追求的目标。

（二）有效原则，推动经济社会高质量发展

进入新发展阶段，高速增长已经不是最为重要的目标，而是追求量上合理增长下的高质量发展。驾驭资本遵循的有效原则，表现为推动经济社会迈向高质量发展。其一，要推进发展方式转变。过去依靠要素投入的粗放型发展方式不具可持续性，而是应转入节约集约型发展方式。凡是有利于转变发展方式的资本运动和增值，应予以鼓励和支持。其二，要助力经济结构优化。除了

稳步提高第三产业占比，还要确保制造业占据一定比重，特别是提升各产业的科技含量、综合竞争力。凡是有利于优化经济结构的资本运动和增值，要加以引导和鼓励。其三，要助推增长动力转换。资本需要在创新、协调、绿色、开放、共享的新发展理念的指引下助推增长动力转换，尤其是要大力引导民营资本支持创新。

（三）有序原则，防止资本无序扩张

资本扩张是其天性和本能，总是会从利润率低的部门流向利润率高的部门。在社会主义市场经济条件下，资本是服务于社会主义的，理应服从与遵循社会主义制度、遵循我国法律和市场规则，依法运动，循序扩张。无数事实证明，放任资本无序扩张只能导致垄断，甚至引发经济金融危机。当前，我国资本扩张呈现金融化、平台化、隐蔽化三大特点，极易引发社会不公、带来经济金融风险。资本扩张必须遵循有序原则，要在一定的法律和规则之下进行运动、增值与循序扩张，既要防止资本与权力勾连下的寻租行为，也要防止资本干预"序"的制定和凌驾国家社会之上，还要防止资本扩张形成垄断。

二、规范和引导民营资本健康发展的基本思路

规范和引导资本健康发展，需要标本兼治，系统优化促进民

营资本健康发展的基本制度、体制机制和政策体系。从基本制度看，要坚持和完善社会主义基本经济制度，毫不动摇巩固和发展公有制经济，毫不动摇鼓励、支持、引导非公有制经济发展。从体制机制看，要推动有效市场和有为政府更好结合，进一步加强社会主义市场经济体系和法治建设，为资本设置"红绿灯"，为资本健康发展疏通渠道。从政策体系看，要通过完善反垄断、加强资本监管等方面的法律法规，建立健全防止资本无序扩张的法律制度，加强对资本扩张的引导和管控。

（一）立足社会主义初级阶段，坚持基本经济制度和"两个毫不动摇"，充分发挥中国特色社会主义的制度优势

推进中国式现代化要立足社会主义初级阶段，社会主义初级阶段仍需要大力发展生产力、继续调整生产关系，这离不开资本的助力。社会主义公有制和资本形态从生产关系着手，既可以激活"资本的文明面"，又可以克服资本的生产性矛盾[1]，因而要坚持基本经济制度和"两个毫不动摇"，推动公有资本与非公有资本协同发展。在深化推动公有制经济下的国有企业改革、完善中国特色现代企业制度下实现由"管资产"向"管资本"的国有资产监管体制转变的前提下，要毫不动摇鼓励、支持、引导非公有制经济发展，落实促进非公有资本发展的各项举措，为非公有制

---

[1] 周丹：《社会主义市场经济条件下的资本价值》，《中国社会科学》2021年第4期。

经济发展营造更好的制度环境，推动其更加健康地走向更加广阔的舞台。

第一，加大对非公有制经济的政策支持。一是要持续减轻民营企业发展成本。切实落实更大规模的减税降费政策，落实涉企收费清单制度，规范中间环节、中介组织行为，减轻企业负担，降低企业成本。二是着力解决融资难、融资贵问题。健全完善金融体系，支持发展以中小微企业为主要服务对象的中小金融机构，鼓励银行与民营企业构建中长期银企关系，为中小企业融资提供可靠、高效、便捷的服务。三是强化考核激励，健全授信尽职免责机制，合理增加信用贷款，在内部绩效考核制度中落实对中小微企业贷款不良容忍的监管政策。第二，鼓励引导民营企业改革创新。支持民营企业参与国有企业改革，实现互利共赢、共同发展。鼓励有条件的民营企业加快建立治理结构合理、股东行为规范、内部约束有效、运行高效灵活的现代企业制度。支持民营企业加强科技创新。支持建立面向民营企业的共性技术服务平台，积极发展技术市场，为民营企业自主创新提供技术支持和专业化服务。第三，支持民营企业做强做优做大。着力引导民营企业利用产权市场组合民间资本，开展跨地区、跨行业兼并重组，培育一批特色突出、市场竞争力强的大企业集团。第四，促进非公有制经济人士健康成长。非公有制经济要健康发展，前提是非公有制经济人士要健康成长。要构建亲清的政商关系，建立规范化机制化的政企沟通渠道，完善涉企政策制定和执行机制，多举措促进非公有制经济人士健康成长。

（二）推动有效市场和有为政府更好结合，为民营资本健康发展疏通渠道，充分发挥社会主义市场经济的体制优势

在社会主义市场经济条件下，规范和引导民营资本健康发展，进一步加强社会主义市场经济体系和法治建设，建设高水平的开放体系等，为民营资本发展提供明确的预期、公平公正的竞争环境和法治环境以及更大的发展空间。

第一，建设高标准市场体系。全面完善产权、市场公平竞争等制度，夯实市场经济基础性制度，筑牢民营资本有效运行的体制基础，营造民营资本依法平等参与竞争的市场环境。一是健全以公平为原则的产权保护制度。在加强产权和知识产权保护、健全完善金融体系、平等放开市场准入等方面深化改革的同时，采取各种办法推动引导非公有制经济健康发展的政策落准、落细、落实。二是全面落实公平竞争审查制度。强化公平竞争审查的刚性约束，修订完善公平竞争审查实施细则，建立健全第三方审查和评估机制。同时，逐步清理废除妨碍全国统一市场和公平竞争的存量政策，并建立违反公平竞争问题反映和举报绿色通道。

第二，强化市场法治保障。社会主义市场经济本质上是法治经济，民营资本活动要依法进行。一是完善经济领域法律法规体系。完善物权、债权、股权等各类产权相关法律制度，从立法上赋予私有财产和公有财产平等地位并平等保护。二是改革与完善企业破产法律制度，推动个人破产立法，建立健全金融机构市场化退出法规，实现市场主体有序退出。同时，推动社会信用法律建设，维护公平竞争市场环境。三是深化行政执法体制改革。根据不同层级政府的事权和职能，按照减少层次、整合队伍、提高效率的原则，合理配置执法力量。最大限度减少不必要的行政执法事项，规范行政执法行为，进一步明确具体操作流程。

第三，不断拓展资本发展空间。为实体经济服务是资本市场的重要职能，要在提升市场化程度、完善多层次市场体系等方面强化资本市场改革力度。一是要提升资本市场的市场化程度，秉承建制度、不干预、零容忍，着力围绕市场活力和韧性的高效形成。二是按照"放管服"措施要求，放松和取消不适应发展需要的管制，不断提高资本市场制度供给质量，着力构建稳定、可预期的政策环境。三是根据企业成长周期，在不同层次的资本市场之间优化转板机制，打通中小微企业成长上升通道，打造错位发展、功能互补、有机联系的市场体系，建立合理的升降级通道，充分利用转板制度来联通协调各层次市场的有序发展。

第四，完善构建亲清政商关系的政策体系，把构建亲清政商关系落到实处，推动领导干部同民营企业家交往既坦荡真诚、真心实意靠前服务，又清白纯洁、守住底线、把握分寸，促进非公有制经济健康发展和非公有制经济人士健康成长。如浙江省推动的政企恳谈会方式就非常好，受到很多企业家的欢迎。

（三）健全资本监管机制和反垄断机制，完善驾驭资本的政策体系，充分发挥全国一盘棋的政策优势

资本的二重性决定了资本无序扩张、无序竞争的固有本性和垄断趋势，要坚决予以治理，不断推进反垄断和反不正当竞争，完善民营资本健康发展的政策体系。目前，我国已经出台《中华人民共和国反垄断法》《中华人民共和国反不正当竞争法》，也成立了国家反垄断局，未来的核心任务就是要建立更加科学的、常态化的资本监管机制和反垄断机制。

一方面，要完善资本监管机制。一是要进一步健全反垄断法，更新和完善更具有阶段性、灵活性的相关配套性法规。有必要根据新经济中资本运行的规律，将数据控制能力纳入市场地位认定，提高技术力量在认定市场支配地位时的所占权重，完善必需设施原则在《中华人民共和国反垄断法》中的适用，以及将隐私保护纳入反垄断法立法目的和价值体系，对消费者的数据隐私给予直接的保障。二是要转变资本监管的监管方式，由"运动式监管"转向常态化、精细化监管。《中华人民共和国反垄断法（修正草案）》明确提出反垄断执法机构应当加强对民生、金融、科技、媒体等领域经营者集中的审查，对于以上行业，相关政府部门的审查要更加全面、标准也要更加严苛。尤其是要防范系统性风险的内部传导，对金融板块与平台企业进行隔离。三是创新监管思路，推进由事后监管转向事前监管、协同监管。健全市场竞

争状况评估和预警制度，强化风险研判和预警，增强监管前瞻性和针对性，引导企业合规经营，围绕自身构建的生态系统进行投资和创新。同时，由于平台监管是一个多维度、多主体、多手段的综合治理过程，涉及复杂的市场参与主体，既包括政府对平台行为的管制，也包括企业自身全方位的合规。

另一方面，要完善反垄断机制，促进形成公平竞争的市场环境。一是加快健全完善公平竞争法律规则体系。以反垄断执法机构调整为契机，加快完善程序性制度和操作性规范，提升反垄断监管的法治化、规范化、科学化水平，为市场主体提供公平、透明、可预期的行为指引。二是制定更加科学的反垄断、反不正当竞争标准。综合借鉴欧盟的"严格规制式"和美国的"动态审慎式"两种模式的经验启示，完善积极的包容审慎监管原则，实现监管转型和创新，从而形成资本扩张的稳定预期。三是进一步加强和改进反垄断监管执法。强化担当作为，切实履职尽责，在更深层面、更大力度、更高水平上加强和改进反垄断监管执法。着力查办重大典型案件，充分发挥警示示范作用，促进市场竞争秩序整体规范。四是全面提升反垄断监管权威和执法效能。充分发挥国务院反垄断委员会作用，完善信息共享、综合研判和政策沟通等工作机制，加强行政执法和司法保护衔接、经营者集中反垄断审查等协同联动，推进线上线下一体化、事前事中事后全链条全领域监管，全面提升反垄断监管权威和执法效能。

（四）鲜明合理设置"路标路牌"，依法适度设置"红绿灯"，进一步优化民营资本结构布局

新发展阶段驾驭资本的方式，主要在于以法律和规则为资本设置鲜明的路标路牌，畅通"交通"，重要路口设置"红绿灯"。路标路牌和"红绿灯"要醒目准确，适用于道路上行驶的所有"交通工具"。对待资本也一样，各类资本都要会看路标路牌和遵守"红绿灯"，不能横冲直撞，防止资本的野蛮生长，公有资本要起正能量的带头作用，民营资本要积极参与和自我约束。

一是"红灯"要少。应有意识地控制为企业设置的"红灯"总数，要确保设置"红灯"的权力来源于顶层设计和统筹安排，避免出现单个行政部门或者地方政府为资本无故设置"红灯"的情形。主要监管部门要尽可能通过完善制度建设，加快推进整体监管、系统监管、协力监管，实现事前事中事后全链条监管，在少设置"红灯"的前提下，充分发挥资本的积极作用。

二是"黄灯"要长。垄断是资本无序扩张的一个结果，但并非所有垄断都由资本无序扩张导致。对于垄断行业的资本，要通过"闪黄灯"的方式，深化垄断行业改革。我国的电网、电信、铁路、石油、天然气等重点行业，属于自然垄断行业，需要适当引进社会资本参与，鼓励上市公司或非上市公司引进战略投资者，以社会资本的活力带动自然垄断行业提质增效。此外，对于一些重大的政策调整，要设置过渡期，让市场主体有个调整期，

不能一刀切、一阵风。

三是"绿灯"要多。设置"绿灯"的出发点是为了营造各种所有制主体依法平等使用资源要素、公开公平公正参与竞争、同等受到法律保护的市场环境,"法无禁止皆可为"。根本目的都是让市场竞争更加充分,最大限度激发市场主体活力,最终落脚点都是为了促进我国经济繁荣发展,给人民群众带来实实在在的获得感。

四是设"灯"有据。资本有序发展的界限是遵循市场经济秩序,不超越作为生产要素的经济功能,不越过政治、社会、民生、安全等领域的底线,符合国家发展导向,能够推动生产力发展和促进经济增长。资本无序扩张则是越过以上界限,打破资本在市场经济中的正常流动状态,扰乱正常经济秩序,偏离国家引导和提倡的方向,在不该扩张的领域大肆扩张,进行不正当竞争并形成垄断。

第四章
如何认识民营经济共同富裕问题

民营经济是推进中国式现代化的生力军,是高质量发展的重要基础,是实现共同赋予的重要力量。共同富裕是中国式现代化的重要特征之一,也是一项系统工程,需要通过方方面面的战略、政策,正确处理效率和公平的关系,促进社会公平正义,提高发展的平衡性、协调性、包容性,在高质量发展中加以推进。实现共同富裕必须调动各方面创新发展的积极性、主动性。改革开放以来,民营经济逐步发展壮大,成为建设中国特色社会主义的重要力量,在全面建成小康社会的过程中作出了重大贡献。未来要创造条件,充分发挥民营经济在推动高质量发展中的巨大潜力,使之在以共同富裕为特征的中国式现代化新征程中作出更大贡献。

第一节 民营经济是实现共同富裕的重要力量

民营经济在国民经济发展中的地位和作用不断提升。根据国家发展改革委2022年数据,过去10年,我国民营企业数量从

1085万户增长到4457万户，翻了两番。民营企业在稳定增长、促进创新、增加就业、改善民生等方面贡献巨大，是推动我国发展不可或缺的力量，也是构建新发展格局、实现高质量发展的重要支撑。步入新时代，我国经济已由高速增长阶段转向高质量发展阶段，正处在转变发展方式、优化经济结构、转换增长动力的关键时期，而民营经济作为创业就业的主要领域、技术创新的重要主体、国家税收的重要来源，其健康发展、高质量发展必将在实现共同富裕过程中发挥不可替代的作用。习近平总书记强调"发展是基础，经济不发展，一切都无从谈起"[1]，表明共同富裕是以经济增长为基础的社会财富巨大发展，发展仍是解决我国一切问题的基础和关键。新时代要继续解放和发展社会生产力，调动各类要素所有者的积极性，激发各类市场主体活力，提高总体消费倾向，夯实共同富裕的经济基础。民营经济以强烈的发展愿望、优秀的创新动力和市场适应力，通过核心技术创新突破壁垒实现高质量发展，激发经济活力、创造社会财富。

一、民营经济为实现共同富裕提供强大的物质基础

民营经济推动共同富裕的重要作用首先体现在提供物质财富上。从改革开放到全面建成小康社会，我国民营经济经历了从小

---

[1] 《习近平著作选读》第1卷，人民出版社2023年版，第375页。

到大、从弱到强、从大到优的发展阶段，已经成为我国经济社会发展的重要基础、吸纳就业的主体力量、社会民生的主要支撑。党的十八大以来，随着党中央、国务院鼓励非公有制经济、民营经济发展的一系列政策措施相继出台，民营经济贡献了50%以上的税收，60%以上的国内生产总值，70%以上的技术创新成果，80%以上的城镇劳动就业，90%以上的企业数量，民营经济已经发展成为社会经济发展的重要支撑力量。可以说，我国经济高质量发展与民营经济高质量发展密切相关，没有民营经济的健康发展、高质量发展，就没有经济社会的高质量发展，就没有共同富裕的物质基础。

民营经济是高质量发展和推动投资增长的重要力量，也是实现消费繁荣的重要源泉。据统计，民营企业大约生产和销售了全国80%以上的日用消费品，服务于社会终端消费需求的民营企业还不断创新新需求的增长点，刺激经济持续增长。民营经济是拉动外贸增长的主力军，并展现出极强的活跃度。2020年，民企进出口额占我国外贸总值46.6%。[①]民营经济是改革创新发展动能的主体。以改革创新激发共同富裕的内在动力，首先要形成更富活力、创新力、竞争力的高质量发展模式和培育更加活跃、更具创造力的市场主体。新发展阶段，民营企业要深入贯彻新发展理念，主动融入新发展格局，抢抓"双碳"战略机遇，用好政策

---

① 数据来源：海关总署新闻发言人、统计分析司司长李魁文2021年1月14日在国务院新闻办公室举行的新闻发布会上所公布的数据。

红利，坚守实业，做强主业，练好内功，持续提升技术创新、产品创新、管理创新能力，为高质量发展注入更多新动能。民营企业是劳资关系的稳定器和基本单元，坚持就业优先是实现共同富裕目标的战略导向，为此必须千方百计稳定和扩大就业，增加就业容量，提升就业质量，实现居民人均收入增长与经济增长、劳动生产率提高基本同步。

二、民营经济为经济发展提供最基本最持久的激励

中小企业能办大事，在我们国内经济发展中，起着不可替代的重要作用。改革开放以来，民营经济坚持以人民为中心的发展思想，从"小商小贩"拔节生长为现代化企业，既能为民、又能富民，既能兴国、又能强国，与国有经济平等竞争、相互融合、协调发展并共同构成我国经济基础的两翼。在社会结构变迁中，民营企业不仅由草根阶层创办，也有的自国有企业转制而来，还有中外合资经营，通过创造物质财富与精神产品获得经济利润，成为"按劳分配为主体、多种分配方式并存"制度的重要承接力量。

民营经济为经济发展提供最基本、最持久的激励，在分配领域发挥着重大作用。初次分配领域，民营经济是提高居民收入的主要力量。在市场机制主导下的初次分配对收入和财富分配不均具有决定性作用，既要充分发挥市场机制、完善生产要素按贡献

分配的政策，使要素所有者均可以在价值增值过程中分享自身创造的剩余，收入水平随之提高。同时又要在微观层面上实现企业价值取向从"股东至上"转向相对平衡、兼顾职工利益和承担社会责任的重塑，促进包容性增长。第二次分配领域，民营经济为社会福利分配提供财力保障。2020年浙江省民营经济创造的税收占全省税收收入的73.9%。作为最大的税赋源，民营企业遵纪守法、照章纳税，积极履行相应的责任与义务，扩大税基，促进了社会公平。浙江以全国1.06%的陆域、4.57%的人口创造了净上缴国库的17.23%，最重要的来源就是民营经济的创造。①第三次分配领域，民营企业自愿以慈善公益等形式履行社会责任。新时代民营企业参与社会治理的本质内涵就在于通过建立与企业内外部利益相关者的社会联系，并基于企业的经济功能承担面向利益相关者的社会性议题和多元社会责任，最终创造涵盖经济、社会与环境的综合价值，提升社会的整体福利。

三、民营经济为共同富裕夯实人民群众基础

党的百年奋斗历史经验表明，广大工人阶级和人民群众的拥护支持是我党不断获得成功的奥秘所在，他们是忠实可靠的阶级基础和群众根基。改革开放以来在"允许和鼓励一部分人通过诚

---

① 数据来源：2021年1月26日浙江省省长郑栅洁在浙江省第十三届人民代表大会第五次会议上所作的《2021年浙江省政府工作报告》。

实劳动和合法经营先富起来，允许和鼓励资本、技术等生产要素参与收益分配"政策指导下，民营企业员工作为中国工人阶级的重要组成部分，伴随民营经济发展壮大聚集了一大批思想活跃、技术先进、勤劳智慧、有文化素养的产业工人、技术人才和管理人员，开拓发展了产业工人勤劳致富、创新致富、技术致富路径，工人阶级的数量更加庞大、结构更加优化、素质更加卓越，中等收入群体因此不断发展壮大，成为了中国特色社会主义事业的建设者和社会主义现代化建设的主力军。新时代民营经济高质量发展需要越来越多的高素质应用型和高技术技能型人才，民营经济越来越成为新增就业的主渠道，其持续健康发展已成为保就业、促民生的关键所在。

与此同时，民营企业家、个体工商户、民办非组织负责人作为新的社会阶层人员，在服务创新创业发展中数量不断增多、素质不断提升、结构不断优化，他们通过依法合规诚信经营为国分忧、为民造福，生产出日益丰富多元的满足人民物质生活和精神生活需要的产品，为我国经济社会发展特别是国计民生领域作出了不可或缺的重要贡献，成为忠诚可靠的社会主义事业建设者和党的群众基础，使追求共同富裕的社会基础更加牢固可靠。当前越来越多民营企业设立党组织，越来越多民营企业家承认党的纲领和章程并经过严格考验加入中国共产党，不断提高思想政治觉悟，党的阶级基础和群众基础在民营经济发展中不断夯实、牢靠。

第二节　充分认识民营经济在新时代新征程中的重要地位和作用

"公有制为主体，多种所有制经济共同发展"的基本经济制度是中国特色社会主义制度的重要支柱。习近平总书记指出："民营经济是社会主义市场经济发展的重要成果，是推动社会主义市场经济发展的重要力量，是推进供给侧结构性改革、推动高质量发展、建设现代化经济体系的重要主体，也是我们党长期执政、团结带领全国人民实现'两个一百年'奋斗目标和中华民族伟大复兴中国梦的重要力量。"[1]这不仅明确了民营经济健康发展高质量发展的重要地位和作用，也在新时代新征程下赋予了民营经济健康发展高质量发展的新要求。

一、促进民营经济发展壮大是深化经济体制改革的基本思路

在改革开放40周年之际，党中央召开民营企业座谈会，习近平总书记代表党中央发表重要讲话，充分肯定我国民营经济的重要地位和作用，强调坚定不移贯彻社会主义基本经济制度，坚持"两个毫不动摇"，大力支持民营企业发展壮大。习近平总

---

[1] 习近平：《在民营企业座谈会上的讲话》，人民出版社2018年版，第7页。

书记的重要讲话为新时代中国民营经济的繁荣发展注入了强大的信心和动力，同时也表明党中央重视和支持民营经济发展的思想认识上升到了新的历史高度。

支持民营经济和民营企业发展，是党中央的一贯方针，我国民营经济是改革开放以来在党的方针政策指引下发展起来的。我国经济体制改革的历程，实质是由"高度集中的计划经济体制"向"社会主义市场经济体制"转变的过程。从改革开放前高度集中的计划经济，到党的十一届三中全会后，非公有制经济蓬勃发展，再到党的十二届三中全会提出的"有计划的商品经济"，然后到党的十四大对"社会主义市场经济"改革目标的最终确立，其本质是由计划经济逐步向市场经济转轨的过程。党的十五大把"公有制为主体、多种所有制经济共同发展"确立为我国的基本经济制度。党的十六大提出，"毫不动摇地巩固和发展公有制经济""毫不动摇地鼓励、支持和引导非公有制经济发展"。党的十八大进一步提出，"毫不动摇鼓励、支持、引导非公有制经济发展，保证各种所有制经济依法平等使用生产要素、公平参与市场竞争、同等受到法律保护"。党的十八届三中全会明确提出，"公有制经济和非公有制经济都是社会主义市场经济的重要组成部分""公有制经济财产权不可侵犯，非公有制经济财产权同样不可侵犯"。党的十八届三中全会通过的《中共中央关于全面深化改革若干重大问题的决定》强调：在功能定位上，明确公有制经济和非公有制经济都是社会主义市场经济的重要组成部分，都是我国经济社会发展的重要基础；在产权保护上，明确提出公有制经济财产权不可侵犯，非公有制经济财产权同样不可侵犯；在政策待遇上，强调坚持权利平等、机会平等、规则平等，实行统一的市场准入制度；鼓励非公有制企业参与国有企业改革，鼓励发展非公有资本控股的混合所有制企业，鼓励有条件的私营企业建立现代企业制度，推动非公有制经济健康发展。党的十九大把"两个毫不动摇"作为重要内容，纳入新时代坚持和发展中国特色社会主义的基本方略。习近平总书记在党的二十大报告中指出："优化民营企业发展环境，依法保护民营企业产权和企业家权益，促进民营经济发展壮大。"这是坚持"两个毫不动摇"的重大部署。毫不动摇鼓励、支持、引导非公有制经济发展，是坚持和完善社会主义基本经济制度的基本要求。在中国特色社会主义新时代，我们仍然要坚持和完善我国社会主义基本经济制度，充分发挥民营经济的作用，采取各种手段和措施推动非公有制经济的健康发展。

二、鼓励、支持和引导民营经济发展是我国社会主义市场经济的客观要求

党的二十大报告中提出，我国社会主要矛盾的变化，没有改变我们对我国社会主义所处历史阶段的判断，我国仍处于并将长期处于社会主义初级阶段的基本国情没有变，我国是世界最大发展中国家的国际地位没有变。全党要牢牢把握社会主义初级阶段

这个基本国情，牢牢立足社会主义初级阶段这个最大实际。改革开放40多年来，我国生产力水平总体上得到显著提高，社会生产能力在很多方面进入世界前列，已经成为世界第二大经济体，但是诸如发展不平衡不充分等部分突出问题尚未解决，发展质量和效益还不高，城乡区域发展和收入分配差距依然较大。因此，以经济建设为中心仍然是今后我们党和国家的基本路线，搞好社会主义经济建设，务必要充分调动各方面的积极因素，发动各方面的力量，鼓励、支持、引导民营经济发展，充分调动和利用其有利于发展社会生产力、增强经济活力，有利于改善人民生活等方面的积极作用。

民营经济的存在和发展为社会主义市场经济发展提供了多种市场经济主体，促进了不同市场主体的良性竞争，提高了不同企业经营管理水平，增强了企业市场竞争力。把坚持公有制的主体地位同促进民营经济发展两者统一起来，有利于加快完善社会主义市场经济体制。党的十八届三中全会指出，"公有制经济和非公有制经济都是社会主义市场经济的重要组成部分，都是我国经济社会发展的重要基础"。公有制经济与非公有制经济是相互作用、相互补充的。

三、民营经济和公有制经济融合发展创造了历史性成就

民营经济和公有制经济在改革开放和市场经济建设的大潮中

各自都获得了巨大能量和发展空间。改革开放以来，我国市场化改革扎实有序推进。一方面，国有经济不断做强做优做大，已经成为国民经济的中坚力量。从发展实践看，我国公有制经济与市场经济体制的结合是中国特色社会主义理论的重大创新，正是在这一伟大理论的指导下，明晰了国有经济的改革发展方向，加快了市场化改革进程，促进了建立现代企业制度、完善法人治理结构等一系列措施陆续落地。党的十八大以来，以习近平同志为核心的党中央对全面深化国有企业改革作出了一系列新的部署，提出了一系列新的思路，采取了一系列新的举措，使得国有资本运营效率和国有企业竞争实力得到大幅度提升。另一方面，民营经济不断焕发生机活力，稳增长、促就业、调结构、惠民生等方面的作用凸显。党中央通过支持引导民营经济发展，充分调动了人民群众的积极性、主动性、创造性，拓展了人民群众参与社会主义经济建设的渠道和方式，激活了社会资本等各种要素，推动了市场有效竞争，取得了重大实践成果，民营经济在国民经济全局中占据了重要地位。可以说，没有民营经济的发展，就没有整个经济大局的稳定发展。

民营经济和公有制经济的相互合作和深度融合发挥了各自的比较优势。在社会化大生产中，多种经济成分之间的深度融合发展形成了富有成效的社会分工体系和产业链条，所有制的多样性既促进了人民群众参与经济建设渠道和方式的多样性，也促进了人民群众自主追求和实现利益诉求渠道和方式的多样性。民营经济和公有制经济的深度融合发展还有助于推进社会分工体系、上下游产业链条的互补性和延伸性，既能够彰显公有制经济适应和促进社会化大生产的优越性，保障国家经济安全和公共服务供给，也能够充分发挥多种多样、自由灵活的民营经济的优越性。党的十八届五中全会强调要"鼓励民营企业依法进入更多领域，引入非国有资本参与国有企业改革，更好激发非公有制经济的活力和创造力"。近些年，随着改革的深化，中央企业在产权层面已与社会资本实现了较大范围的混合，国内一些知名民营企业积极参与中央企业的混合所有制改革，混合所有制经济发展成效显著，形成了优势互补、融合发展的新局面。

第三节　民营经济健康发展扎实推动共同富裕

改革开放以来，民营经济得到大发展，从理论上来讲，发展民营经济是我国社会主义市场经济体制建设的必然选择；从现实情况看，民营经济为我国经济社会健康发展作出了巨大贡献。民营经济在促进增长、吸引就业、增加税收等方面有着重大贡献，我们要充分重视民营经济的作用，鼓励、支持、引导民营经济发展，而推动民营经济实现更大发展，既要通过深化改革、优化治理、改善管理等方式提高民营企业的核心竞争力，又要为民营企业创造更好的发展环境和条件。

一、坚持"两个毫不动摇",优化民营经济发展环境

良好的发展环境,能够让民营企业专心创业、放心经营、安心发展。坚持"两个毫不动摇",是民营经济健康发展的政治保障,也是实现民营经济和公有制经济融合发展的重要前提。民营经济持续健康发展必须排除不利于民营经济发展的争议和干扰。当前民营经济发展环境仍然存在一系列问题。一是社会上对民营企业存在认识上的偏见。改革开放以来,我国对民营经济的认识不断深化,民营经济受到的重视程度不断提高,尤其是党的十八大以来,党中央出台了很多改革举措,鼓励和促进民营经济发展。但在实践中民营企业的地位仍不可与国有企业相提并论,尽管党中央和国务院给予民营企业充分的认可,但笔者在地方调研时,有的民营企业家反映,地方政府把民营企业"像贼一样地提防着"。二是约束民营企业的生产经营。在竞争性行业,民营企业的发展已经取得了卓越的成绩,甚至在国际市场上也占有一席之地。但是,在国内的垄断性行业,民营经济面临较高的准入门槛,隐性或显性门槛挤压着民间投资空间。三是民营经济发展缺乏稳定预期。政府的诚信问题是当前民营企业提及较多的一个重要问题。一些政策缺乏延续性和连续性,导致民营企业家缺乏稳定的预期;制度性交易成本仍然存在,营商环境仍需改善,政府的简政放权、"放管服"改革仍在路上。四是民营企业的融资问题仍然突出。金融去杠杆是化解我国金融系统性风险的重要手

段。但是，去杠杆也会带来阵痛，直接的影响是融资环境的收紧，信用紧缩，从而可能导致潜在风险的显性化。此外更为重要的是，由于存在不对称效应，在国家金融去杠杆、严监管背景下，民营企业尤其是中小企业融资贵、融资难现象更加突出。

因此，要营造更好的发展环境支持民营企业改革发展。一是夯实市场经济基础性制度，优化公平竞争的市场环境。要深化"放管服"改革，进一步放开民营企业市场准入，实施公平统一的市场监管制度，强化公平竞争审查制度刚性约束，破除招投标隐性壁垒。二是加大支持性政策力度，完善精准有效的政策环境。切实落实更大规模的减税降费，进一步减轻企业税费负担，健全银行业金融机构服务民营企业体系，完善民营企业直接融资支持制度，健全民营企业融资增信支持体系，建立清理和防止拖欠账款长效机制。三是构建亲清政商关系，营造更加公平有序竞争的营商环境。既要加快建立规范企业依法经营和诚信经营的制度，又要尽快出台惩戒"为官不为"、鼓励"为官有为"的措施，使政府主动作为，靠前服务，引导帮助，解决困难，使民营企业积极主动与政府部门沟通交流，讲真话、说实情。当前，要着力建立规范化、机制化的政企沟通渠道，完善涉企政策制定和执行机制，创新民营企业服务模式，建立政府诚信履约机制。四是鼓励引导民营企业改革创新，提升技术创新能力和核心竞争力。要引导民营企业深化改革，鼓励有条件的民营企业加快建立现代企业制度，支持民营企业加强创新，鼓励民营企业转型升级优化重组,完善民营企业参与国家重大战略实施机制。

二、促进中小微企业和个体工商户发展,激发民营企业活力能力

中小微企业和个体工商户是数量最多的市场主体,必须保护好、发展好,为经济发展留住青山、厚植基础。目前一些中小微企业依然面临发展难题,生存压力较大。一是资金缺口大。受疫情、生产要素价格波动等因素影响,中小微企业的销售压力不断加大,大量资金滞留在生产环节,存货占用资金上升,金融部门资金不能灵活扶持。二是生产经营成本上升。劳动力成本上升,土地能源、原材料价格上涨,环保约束加剧等因素,导致企业经营成本不断上升,企业负担沉重。三是政策落实不够。比如减免房租和倒贷、续贷政策等难以落到实处,有的企业因疫情无法正常运行,导致出现不良记录。四是应对外部环境变化的反应不迅速,临时决策能力较差。五是企业的创新性不足。部分中小微企业不重视产品和服务的更迭,因此在新兴消费的需求市场面前无能为力。

习近平总书记指出,要千方百计把市场主体保护好,为经济发展积蓄基本力量。中小企业是稳就业的主要渠道、保产业链稳定的重要环节,也是保市场主体的关键。因此,为推动民营中小企业转型升级创新发展,国家出台了一系列政策举措。一是引导

中小企业专精特新发展。包括培育一批专精特新"小巨人"企业和制造业单项冠军企业。通过国家中小企业公共服务示范平台、小微企业创业创新示范基地、国家双创特色载体等，加强对优质企业的梯度培育。二是实施数字化赋能专项行动。比如，加强工业互联网关键核心技术和产品攻关、公共服务平台和系统解决方案供应商的培育，助力中小企业转型升级。三是加强对创新创业的支持。比如，实施中小企业知识产权战略推进工程，抓好《保障中小企业款项支付条例》的贯彻落实，保护中小企业的合法权益等，持续优化中小企业创新环境。

综上可见，促进中小微企业和个体工商户发展，要加大税费、融资等政策支持力度，实施好降低增值税率、扩大享受税收优惠小微企业范围、加大研发费用加计扣除力度、降低社保费率等政策，确保各项支持措施直达基层、直接惠及市场主体。完善促进中小微企业和个体工商户发展的法律环境和政策体系，支持企业更好地参与市场合作和竞争，进一步激发中小微企业和个体工商户的活力和创造力。

三、完善社会主义市场经济法律制度，依法平等保护民营企业产权和企业家权益

社会主义市场经济本质上是法治经济、契约经济、信用经济。目前我国法治建设滞后，经济呈现很明显的"半市场化"特

征，这已经成为制约我国市场经济进一步发展的瓶颈。完善社会主义市场经济法律制度，是社会主义市场经济运行规律的客观要求，也是保障民营经济持续健康运行的现实需要。在市场经济条件下，企业自主经营、公平竞争，消费者自由选择、自主消费，商品和要素自由流动、平等交换。市场经济活动中各个主体、各种行为都必须以法律的形式得到规范、保护和制约。当前，我国市场经济在法律制度方面还存在一些不足，特别是未能实现对不同所有制经济产权的平等保护。切实有效地保护民营经济的财产权，不仅是我国经济社会持续健康发展的基础，也是完善社会主义市场经济体制的必然要求，更是激发和提振民间投资的重要激励举措。

改革开放以来，我国政府一直重视产权制度的建立和完善，产权保护意识不断加强，产权制度改革稳步推进。进入21世纪以来，我国已初步形成了归属清晰、权责明确、保护严格、流转顺畅的现代产权制度和产权保护的法律框架，有效合理的产权保护制度推动了我国民营经济发展。当前，民营经济的快速发展在一定程度上得益于我国现代产权制度的不断改革和完善。在看到成绩的同时，我们也要看到一些方面的不足。近年来，我国经济结构转型进入加速期，已由高速增长转变为高质量发展，民营经济发展出现了一些不适应的状况，因此更加迫切地需要加强产权保护，以提振发展经济的信心。但与迫切的发展需要相比，我国的产权保护制度依然存在一些薄弱环节，出现了诸如地方政府不依法行政、公权侵害私有产权、不履行合同、守信践诺机制不完善等突出矛盾和问题。有些问题的累积，已经严重影响了市场信心，甚至影响了市场预期。

因此，要坚持公有制经济财产权不可侵犯，非公有制财产权同样不可侵犯。要统筹研究、废止按照所有制不同类型制定的市场主体法律法规和行政法规、加大对非公有产权的刑法保护力度。要坚持有错必纠，对涉及重大财产处置的产权纠纷申诉案件、民营企业人和投资人违法申诉案件依法甄别，确属冤假错案的，要依法纠正并赔偿当事人。要按照不溯及既往的原则，以发展的眼光客观看待和妥善处理改革开放以来各类企业特别是民营企业经营过程中存在的不规范问题。要实施好民法典和相关法律法规，依法平等保护国有、民营、外资等各种所有制企业的产权和自主经营权，依法保护企业家合法权益。要加大对民营企业的刑事保护力度，提高司法审判和执行效率，保障民营企业家的人身和财产合法权益。

第五章
持续优化民营经济发展环境

民营经济的发展，离不开优质高效的发展环境。要以构建高水平社会主义市场经济体制为抓手，持续优化稳定公平透明可预期的发展环境，健全对各类所有制经济平等保护的法治环境。

第一节　构建高水平社会主义市场经济体制

党的十八大以来，以习近平同志为核心的党中央以更大力度推进全面深化改革。2020年，中共中央、国务院颁布了《关于新时代加快完善社会主义市场经济体制的意见》《关于构建更加完善的要素市场化配置体制机制的意见》。党的二十大高度强调构建高水平社会主义市场经济体制，充分发挥市场在资源配置中的决定性作用，更好发挥政府作用，推动经济社会发展取得历史性成就、发生历史性变革。新时代新征程，坚持全面深化改革，充分发挥经济体制改革的牵引作用，就是要"在更高起点、更高层次、更高目标上推进经济体制改革及其他各方面体制改革，构建更加系统完备、更加成熟定型的高水平社会主义市场经济体制"①。当前，构建高水平社会主义市场经济体制迫切要求构建更高水平的有效市场，对市场主体的支持和服务更加到位；迫切要求构建更高水平的有为政府，政府宏观治理和监管适度到位。这是不断优化民营经济发展环境的要求，也是实现我国经济高质量发展的要求，更是全面建成社会主义现代化强国的要求。②

一、在更高起点上构建高水平社会主义市场经济体制

新时代必须准确把握时代特征，精心谋划我国经济体制改革，在新的历史起点上努力构建高水平的社会主义市场经济体制。

在世界百年未有之大变局中构建高水平社会主义市场经济体制。世界百年未有之大变局加速演进，这是以习近平同志为核心的党中央基于世界发展大趋势以及我国自身发展实际，敏锐洞察和深刻剖析而作出的重大历史性判断。就经济领域而言，一方面，新一轮全球科技革命和产业革命正在深入推进。大数据、人工智能、数字科技等一大批新技术不断涌现，军事、航空航天等领域高精尖技术飞跃式发展，科技成果的转化效率空前提高，全要素生产率提升速度不断加快、形式日趋多样化，并且推动产业组织形式发生颠覆性转变，全球产业链、价值链和供应链面临新

---

① 《十九大以来重要文献选编》（中），中央文献出版社2021年版，第508页。
② 张占斌：《构建更高水平的社会主义市场经济体制》，《前线》2022年第2期。

一轮重组。这些都导致了我国经济发展面临的不确定性加大，长期形成的结构性问题依然存在，存在不少风险隐患。必须抢抓新一轮产业和科技革命带来的机遇，推动市场经济体制改革，建立起对各种风险和挑战抵御能力更强、更高水平的社会主义市场经济体制。另一方面，全球化治理结构正在加速调整。伴随经济全球化的深入推进，全球商品和服务贸易繁荣发展，投资便利化程度不断提高，人才、技术等生产要素流动日益频繁，经济资源通过世界大市场在全球范围内配置，各经济体间的相互依存度不断加深。同时，近年来贸易保护主义抬头、逆全球化趋势加剧等问题也为全球经济发展带来诸多不确定性。面对这一现实，加强全球治理、优化治理结构的呼声日渐高涨，促进全球治理体系朝着更加公正合理的方向变革已成为基本共识。中国作为负责任的发展中大国，力求实现以高水平开放促进深层次市场经济体制改革，积极参与全球经济治理体系变革，更好发挥我国在全球经济治理中的作用。

在我国社会主要矛盾的转化中构建高水平社会主义市场经济体制。尽管我国培育出了涵盖14亿多人口的超大规模市场，但我国市场经济也存在着不平衡不充分的结构性问题。不平衡问题主要表现在三个方面：一是与超大的市场规模体量形成鲜明对比，我国社会主义市场经济存在的各种结构性体制机制问题依然较为突出。二是我国市场经济的培育和发展在城乡和区域间仍存在不平衡，市场机制发挥的作用效果存在显著差异。三是在市场经济发展成果的共享上，不同社会阶层、社会群体在更高层次需求的满足方面存在明显差距。不充分的问题主要表现在四个方面：一是与推动高质量发展的要求与目标相比，我国社会主义市场经济体制仍存在不少体制机制障碍，市场发育仍然不够充分，市场体系还不健全。二是市场经济体系中政府和市场的关系没有完全理顺，市场规律未能完全得到尊重，政府作用也没能充分发挥。三是我国市场经济中仍然存在着要素流动不畅、要素价格扭曲等问题，致使市场中资源配置效率不高。四是在市场微观政策与微观基础方面，存在着市场激励不足、微观经济活力不强等问题，客观上制约了市场主体活力激发。构建更高水平的社会主义市场经济体制就是要保障公平正义，增进全社会福祉，让全体人民共享市场经济发展的丰硕成果，最终实现共同富裕。

在我国经济发展阶段的转变中构建高水平社会主义市场经济体制。党的十九大报告对进入新时代后我国经济发展的阶段性特征进行了科学判断与高度概括，作出了我国经济已由高速增长阶段转入高质量发展阶段的重大战略部署，对构建高标准、高水平、高质量的社会主义市场经济体制提出了新要求。一是市场经济运行主体的高质量，即一大批创新力和核心竞争力强的企业能够在市场经济运行中脱颖而出，为市场经济发展注入源源不断的活力。二是市场体系的高质量，即高标准的市场体系，包括健全的产权保护制度、完善的要素市场制度等。三是市场经济运行机制的高质量，即价格机制、供求机制、竞争机制等在资源配置过程中和市场经济运行中的功能可以得到有效施展。四是市场经济运行环境的高质量，即市场经济有效运行的基本条件能够得到满足，助力市场主体的活力迸发，营造公平有序的市场竞争环境。五是市场经济宏观调控体系的高质量，建立起与高质量发展要求相适应的社会主义市场经济宏观调控体系，包括创新调控理念、调整调控目标、转变调控方式和完善调控手段。

二、在更高层次上构建高水平社会主义市场经济体制

进入新时代后，我国改革已进入攻坚期和深水区，破除体制机制障碍，深化经济体制改革已势在必行。要在更高层次上构建适应高质量发展要求的高水平社会主义市场经济体制，为建设现代化经济体系提供重要的制度体系保障。当前，构建高水平社会主义市场经济体制需要顶层设计和问计于民，更需要大力度地把顶层推动和问计于民的成果落到实处。

全面深化所有制结构改革。一方面，要增强国有企业活力。我国的国家性质决定了生产资料公有制的基础性地位。公有制经济对于调节利益主体矛盾、减少市场无序竞争、促进市场经济与中国特色社会主义制度有机结合、协调统一具有关键作用，也为满足人民群众的美好生活需要、最终实现共同富裕目标提供了物质保证。而公有制经济的核心载体是国有企业，要通过深化改革增强其活力和市场竞争力。另一方面，增强非公有制企业活力。

社会主义市场经济条件下，公有制和非公有制经济是相辅相成、相得益彰的关系。目前，我国非公有制经济产值在国民经济占比较大，非公有制企业对财政税收和就业吸纳的贡献不断增加。非公有制经济是破解经济发展动力不足、活力不强问题的一剂良药。进入高质量发展阶段，我国经济正处于转型升级的关键期，因此，更要营造良好的制度环境，激发非公有制企业活力，充分释放创新驱动发展的新动能。

扎实推动共同富裕取得实质性进展。共同富裕是社会主义的本质要求，是中国式现代化的重要特征。中国之所以选择市场经济，是因为迄今为止的历史证明市场经济是有效率的经济。然而，社会主义市场经济强调的是社会主义的富裕，是全体人民共同富裕。因此，必须对市场经济进行改造，创造出社会主义市场经济。改革的目标是，既要不断解放、发展和保护社会生产力，不断创造和积累社会财富，又要防止两极分化。通过全国人民共同奋斗把"蛋糕"做大做好，然后通过合理的制度安排把"蛋糕"切好分好。

全面深化收入分配制度改革。按劳分配为主体是由公有制为主体的所有制结构所决定的，而由于市场在资源配置中具有决定性作用，便要求建立健全与之相匹配的资本、劳动力、技术等要素市场。在要素市场中，一切生产要素都可以作为商品参与流通过程，在市场机制作用下，要素的价格直接决定了其所有者的收入水平，因此，生产要素也要参与收入分配，从而实现按劳分配与按生产要素分配的有机结合。新时代背景下，要健全体现效率、促进公平的收入分配制度，让市场经济蓬勃发展的成果更多、更公平地惠及全体人民，促进社会的公平正义和长治久安。

建设高标准市场体系。党的十九届四中全会在顶层设计上为推进我国市场经济体制改革构建了一整套涵盖所有制结构、收入分配制度和经济运行体制的科学制度体系。要在更高层次上构建高水平的社会主义市场经济体制，核心就是建设高标准市场体系，强化竞争性政策的基础性地位，从而为社会主义市场经济有效运行提供体制机制上的可靠保障。包括建立健全符合新时代要求的企业产权制度，充分发挥产权制度约束、激励和有效配置资源等功能；全面实施市场准入负面清单制度，为促进市场公平竞争扫除制度藩篱；建立健全竞争政策实施机制，强化竞争政策的基础地位。

三、在更高目标上构建高水平社会主义市场经济体制

党的二十大绘就了宏伟蓝图，依据党的二十大作出的安排，要在更高目标上构建高水平社会主义市场经济体制。

实现社会主义市场经济改革方向与高质量发展目标相统一。社会主义市场经济体制同我国社会主义初级阶段的所有制结构和分配制度一道，共同肩负起新时代推进我国经济治理体系和治理能力现代化、支撑和指引我国经济高质量发展的重要历史使命。

一方面，要利用价格机制、供求机制和竞争机制激励市场主体的创新活动，提高全要素生产率和市场资源配置效率；另一方面，要正确引导市场经济运行，对照高质量发展要求，更好地解决市场机制低效、微观主体活力不强、宏观调控失度等突出问题。

完善产权制度和要素市场化配置体制机制。我国经济体制改革的重点是完善产权制度和要素市场化配置。完备的产权制度和生产要素市场化配置是市场经济体制改革稳步推进、社会主义市场经济高质量运行的重要支撑。全面完善产权制度要放眼于现代产权制度构建的总体目标，实现有效激励，充分激发企业家精神和创新动力。一方面，要在国有资产产权、自然资源资产产权和农村集体产权方面作出更加科学合理的制度安排，在收益获取、转让交易等方面订立完备的规则，明确市场经济主体的行为规范；另一方面，通过优化产权结构，厘清出资人、生产者和经营者之间的权责关系，明晰资产支配权、转让权、收益获取权等权利义务，建立各市场主体间制约监督的长效机制。此外，要通过法治化手段加大对侵害产权行为的惩戒力度，实现产权有效保护，发挥法治在产权激励保障方面的根本作用。要围绕建设统一开放、竞争有序的市场体系，加快要素市场化配置，破解我国要素市场长期形成的突出结构性难题。一方面，提高要素资源的配置效率，破除阻碍要素自由流动的体制机制障碍；另一方面，针对不同要素的特点和相互联系构建更加完善的要素市场化配置体制机制，实现公平自主有序流动基础上要素价格的市场决定，提高要素配置效率，激发市场主体的积极性、主动性和创造性。

处理好社会主义市场经济中改革发展和安全稳定的关系。伴随我国市场经济体制改革的历史进程，深化改革开放、推动经济发展和保持社会安全稳定成为当代中国最为鲜明的时代特征。一是准确把握改革力度。一方面，要深化对所有制结构、分配制度、财税金融制度和社会保障制度等与人民群众切身利益相关的突出领域和重点环节的改革，不断完善市场经济体制改革的制度体系。另一方面，要充分把握改革的关联性，既要下定决心锐意改革，又要审时度势，稳步推动渐进式改革。二是理性认识发展速度。一方面，我国的基本国情决定了仍然要坚持"发展才是硬道理"，保持合理速度的经济增长是十分必要的。另一方面，提高质量和效益成为新时代我国经济发展的核心命题，市场经济改革也要树立新发展理念，适应高质量发展的目标要求。三是高度重视社会可承受的程度。一方面，社会和谐稳定是改革发展顺利推进的前提和基石，稳定的社会环境得到有力维护，才能不断为市场经济改革发展创造条件。另一方面，改革与发展是社会稳定的重要保障，新时代我国的市场经济改革发展同时面临着重要战略机遇期和社会矛盾的集中凸显期，要依靠提高发展质量增强市场经济的活力，同时通过推进改革为市场经济发展培育新动能，从而更好地处理社会主要矛盾，解决人民群众反映强烈的突出问题。四是维护国家安全。近些年来由于国内国际情况发生许多新的变化，世界经济格局更加错综复杂，如何保证国家发展的安全就显得特别重要。要落实总体国家安全观，统筹发展和安全，把安全摆在更加重要的位置上，加强产业和金融安全建设，确保守住不发生系统性风险的底线。

四、构建更加系统完备的高水平社会主义市场经济体制

推进社会主义市场经济体制改革，就是要针对深层次体制机制问题，在重点领域和关键环节聚焦发力。这对改革顶层设计和改革的系统性、整体性、协同性提出了更高要求。

在"四个全面"战略布局中推进市场经济体制改革。经济体制改革是全面深化改革的重点，新时代的经济体制改革，要以推进市场经济体制改革、构建更加系统完备的高水平社会主义市场经济体制为核心内容，以实现经济治理体系和治理能力现代化为终极目标。一是正确认识和把握市场经济体制改革与全面建设社会主义现代化国家的关系。要着眼于既定目标，以新发展理念为指引，培育社会主义市场经济的内在优势，解决收入分配、社会保障等重点领域的各种突出矛盾和问题，不断满足人民日益增长的多层次多样化需求。二是正确认识和把握市场经济体制改革与全面深化改革的关系。市场经济体制改革本身就是全面深化改革的重要内容，要以市场经济体制改革为核心，不断深化各方面、各领域改革。三是正确认识和把握市场经济体制改革与全面依法

治国的关系。提升制度供给质量，释放制度激励效能，为营造公平化法治化的市场环境提供有力保障。四是正确认识和把握市场经济体制改革与全面从严治党的关系。通过完善改革推进机制和改革激励机制，把党领导经济工作的鲜明制度优势有效转化为新时代我国社会主义市场经济的治理效能，为推进更加系统完备的高水平市场经济体制改革提供坚强政治保证。

发挥市场经济体制改革各项政策举措的联动效应。实现市场经济体制改革措施的系统集成、协同高效，就是要在构建和完善制度体系上多下功夫，增强改革的系统性、整体性和协同性。一是发挥社会主义基本经济制度的联动效应。我国以所有制结构、收入分配制度和市场运行机制为主要内容的基本经济制度是中国特色社会主义制度与市场经济有机结合的集中体现，要坚持固根基、扬优势、补短板、强弱项，激励制度创新，提高制度供给的质量，为市场经济活力迸发不断创造有利条件。二是发挥产权、市场准入、公平竞争等市场经济基本制度的联动效应，营造有利于良性竞争的市场环境，构建高标准市场体系。三是推进要素市场化配置改革的系统集成。通过消除市场壁垒，发挥创新资源配置方式和建设高质量商品服务市场等举措的联动效应，实现要素价格的市场决定，促进自主有序流动，保障要素资源配置的高效公平。四是发挥政府宏观经济治理各项举措的联动效应。实施财政政策、货币政策、宏观审慎政策、科技创新政策、产业政策、区域政策等政策的系统性、整体性和协同性，有效弥补市场机制缺陷。五是发挥民生保障制度举措的联动效应。构建可持续的多层次社会保障体系，为全体人民谋福祉。六是发挥对外开放战略举措的联动效应。借助"一带一路"建设和对外开放高地建设，实现与国际高标准市场规则体系接轨，助力我国参与全球经济治理，以更高水平开放型经济新体制促改革、谋发展。七是发挥市场经济法律制度的联动效应。通过市场经济法律法规体系及监督制度机制的建立，规范市场主体行为，提高资源配置效率。

实现市场经济体制改革的目标集成、政策集成、效果集成。在市场经济体制改革的顶层设计中，要考虑各项政策举措间的关联性，使各项制度机制相互补充、相互促进、相得益彰，形成强大政策合力。一是实现目标集成，即坚持目标导向和问题导向的统一，紧紧围绕重点领域的突出问题，将制定市场经济体制改革各项举措的目标有机统一起来，朝着既定目标和方向逐步推动各项措施落实。二是实现政策集成，即发挥市场经济体制改革各项具体政策间的协同效应，打好政策组合拳，巩固和深化在扫除市场经济体制机制性障碍和政策性创新方面取得的改革成果。三是实现效果集成，即按照构建高水平社会主义市场经济体制、推进经济治理体系和治理能力现代化的总体目标，对照检验市场经济体制改革各项举措的实施效果，让各项改革举措产生积极的化学反应，实现由"相加"到"相融"的实质性转变。

五、构建更加成熟定型的高水平社会主义市场经济体制

构建高水平社会主义市场经济体制，关键在于处理好政府和市场的关系，发挥市场在资源配置中的决定性作用，更好发挥政府作用。要把制度建设摆在更加突出的位置，加强和改善制度供给，将顺应新时代高质量发展趋势的、实践证明行之有效的改革措施制度化、法治化，使市场经济体制改革朝着更加成熟定型的方向持续迈进。

处理好政府和市场的关系。要发挥两个比较优势。一方面，建立有效市场。要尊重市场经济的客观规律，充分发挥市场配置资源的决定性作用，利用价格机制、供求机制和竞争机制，有效调节市场经济运行。另一方面，打造有为政府。要通过转变政府职能，创新和完善宏观调控，增强调控政策的针对性、前瞻性、系统性和协同性，进一步提高宏观经济的治理能力。

加快制度型开放，努力构建新发展格局。当前国内国际形势都发生了很多变化，特别是国际环境面临着许多新的挑战和机遇。如何更好地推动我国经济发展是一个非常重要的内容，也是需要重点突破的课题。这就是要加快推进制度型开放，实现由过去的商品要素流动型开放向规则、规制、管理、标准等制度型开放转变，以体现出我国更大的决心、更大的胸怀、更大的实际行动。这种开放，也是构建新发展格局的题中应有之义。如果离开

了开放，以国内大循环为主体的新发展格局很难构建起来，也正是因为需要国内国际的开放，双循环新发展格局才有可能构建。积极推进制度型开放，充分释放制度红利和竞争优势，将极大提升我国构建新发展格局的档次和地位。

第二节 持续优化稳定公平透明可预期的发展环境

优化营商环境，打造稳定、公平、透明、可预期的发展环境，是促进民营经济发展的重要抓手。政府是推动发展的主体，政府推动发展的首要任务在不同时期有不同侧重。"十四五"乃至更长时期，政府推动发展的重点是打造一流的营商环境，或者说以打造世界一流的营商环境为目标。[1]

一、"十三五"期间优化营商环境取得明显进展

党的十八大以来，以习近平同志为核心的党中央高度重视营商环境的改善和优化。党的十八届三中全会对全面深化改革作出部署，中央成立全面深化改革领导小组，系统整体设计，努力推进市场化改革。国务院积极推动"放管服"改革，每年召开全国性会议

---

[1] 张占斌:《"十四五"期间优化营商环境的重要意义与重点任务》，《行政管理改革》2020年第12期。

进行部署，全国人大和地方人大加强了推动营商环境改革立法工作，全国政协和地方政协围绕营商环境改善建言咨政，这些对优化营商环境都起到了非常重要的推动作用。在党政机构重组的同时，各级政府"放管服"举措相继推出，营商环境得到持续改善。据世界银行发布的《2020年营商环境报告》显示，中国营商环境便利度已跃居第31位，比2018年提升43位，连续两年被世界银行评为"年度十大最佳改革者"，位列东亚及太平洋地区第7位。[1]

一是市场准入大幅放宽。大幅削减行政审批事项，终结非行政许可审批。全面改革商事制度，实行全国统一的市场准入负面清单制度。加快服务业重点领域开放，放宽金融业、制造业、农业准入。加大自贸试验区开放试点，开启了海南自由贸易港建设步伐。

二是有效降低企业运营成本。把持续推进减税降费和"营改增"结合起来，2022年新增减税降费及退税缓税缓费超4.2万亿元。[2]对各种不必要的证明和繁琐手续进行清理，截至2019年4月底，各地区、各部门共取消证明事项1.3万余项。[3]对中小企业实行普惠性优惠政策，清理涉企收费和降低融资、用能、上网、物流等成本。

三是注重公正监管执法。推进"双随机、一公开"监管和信用监管、重点监管的结合，全国信用信息共享平台联通44个

---

[1] 《2020年营商环境报告》，世界银行官网，2019年10月25日。
[2] 《2022年新增减税降费及退税缓税缓费超4.2万亿元》，国家税务总局官网，2023年2月1日。
[3] 《各地各部门取消1.3万余项证明》，《光明日报》2019年5月15日。

部门。推行"互联网+监管"。对疫苗、药品、特种设备、危险化学品等实行全覆盖严监管。加大产权特别是知识产权保护力度。

四是政务服务更加便捷。各地推出"一站式服务""一网通办""最多跑一次""一次不用跑""服务事项清单化、标准化"等改革举措。北京市推出企业综合服务包，提供"管家式"服务。开办企业流程持续简化、时间缩短。仅2022年，新设市场主体2907.6万户，日均将近8万户，市场活力不断增强。①

五是法规和政策逐步完善。出台了《中华人民共和国民法典》《中华人民共和国外商投资法》《中华人民共和国外商投资法实施条例》《优化营商环境条例》等。据不完全统计，2017年以来，党中央、国务院、各部委出台优化营商环境相关政策文件超过200份。北京市、天津市等多地还出台了专门针对优化营商环境的地方性法规、相关政策文件以及实施方案和行动计划。

二、把优化营商环境作为政府推动发展的首要任务

经济社会发展的动力，源于市场主体的活力和创造力，这在很大程度上取决于营商环境。营商环境没有最好，只有更好。"十四五"乃至未来很长一段时期，政府推动经济发展并不仅在

---

① 《市监总局：持续优化营商环境，助力市场经济健康发展》，证券时报网，2023年3月28日。

于直接投资、招商引资，首要任务是优化营商环境。

之所以作出这样的判断，与对优化营商环境时代内涵的认识有关。从广义上看，就是要坚持市场化、法治化、国际化的原则，建立高标准、高水平、高质量的市场经济。市场化、法治化、国际化是统一的，营商环境是"三化"的统一。这就是国家经济发展的环境，就是改革开放要达到的目标，就是坚持和完善中国特色社会主义制度，推进国家治理体系和治理能力现代化。从狭义上看，就是市场主体经营的环境，包括法治环境、市场准入、政策环境（财税金融）、规划环境、竞争环境、政府服务、基础设施、人力资本等。同时，更多取决于治理，把制度优势转变为治理效能，用治理效能实现制度的优越性。社会主义制度要赢得比资本主义制度更大的优越性，就必须解放、创造和保护先进生产力。我国社会主义制度优越性，要通过优良的营商环境展现出来。

营商环境就是市场主体准入、投资、建设、生产、经营、流通、物流、回款等整个活动的环境，可以说是一个价值链、生态圈。必须营造一个好的价值链、生态圈。营商环境的好坏由谁来评价？评价的标准是什么？当然，现在国际国内都有一些评价机构，每年就相关问题做出评价。但归根到底，市场主体是裁判者，市场主体说了算。也就是说企业是裁判者，企业说了算。企业认同，愿意创新创业，就说明营商环境好。企业不认同，不愿意创新创业，就说明营商环境差。

无论从底线思维还是战略思维角度衡量，优化营商环境都具有特殊重要的意义，重点可以从以下三个方面来看。

（一）优化营商环境是坚持和完善中国特色社会主义制度，建立更加完善的市场经济体制，完善治理体系和提高治理效能的需要

在中国特色社会主义进入新时代，社会主要矛盾发生变化的背景下，为应对世界百年未有之大变局，为实现中华民族伟大复兴的战略全局，必须坚持和完善中国特色社会主义制度、推进国家治理体系和治理能力现代化。2020年5月，中共中央、国务院印发的《关于新时代加快完善社会主义市场经济体制的意见》强调，"在更高起点、更高层次、更高目标上推进经济体制改革及其他各方面体制改革，构建更加系统完备、更加成熟定型的高水平社会主义市场经济体制"。按照这一要求，目前营商环境还存在不少问题。必须处理好政府与市场关系、政府与社会关系、市场与社会关系，在关键性基础性重大改革上有突破有创新，解放、创造和保护先进的生产力，重点完善产权制度和要素市场化配置，创新政府管理和服务方式，完善市场经济法律制度，以高水平的开放推动深层次市场化改革，实现"产权有效激励、要素自由流动、价格反应灵活、竞争公平有序、企业优胜劣汰"的要求。这是建设一个好的市场经济体制，体现制度优势，完善国家治理体系，增强治理能力，提高治理效能的迫切需要。

（二）优化营商环境是政府精准推进供给侧结构性改革，增强发展动力和活力，持续推动经济健康发展的需要

改革开放后很长一段时间，地方政府为了推动经济发展，对直接投资、招商引资有极大的热情，GDP的高增长几乎是"一俊遮百丑"，这诱发了很多粗放增长的场景，但也遗留了许多问题，比如一些优惠政策突破底线，圈地囤地不开发，野蛮开采矿产，破坏生态环境等。党的十八大以来，为适应经济新常态的趋势，党中央强调在新发展理念引领下，推进供给侧结构性改革，建设现代化经济体系，从高速增长转向高质量发展。转变发展方式、优化经济结构、转换增长动力，不仅仅是市场的事情，也需要政府更好地发挥作用。优化营商环境是经济发展的重要条件。优化营商环境当然对招商引资和GDP增长有帮助，但优化营商环境不仅仅是为了招商引资，也不仅仅是为了GDP增长，而是坚持以供给侧结构性改革为主线，在稳住经济基本盘的前提下，不断提高经济增长的质量，促进经济持续健康发展。当前，我国经济发展遇到不少困难，需要增强经济发展的动力和活力。优化营商环境的主体是政府，政府自身也需要精准推进供给侧结构性改革，提供更好的公共产品和公共服务。一方面，市场发挥决定性作用，取决于政府在多大程度上放权、减权、减利，这是一场刀刃向内的向市场放权、给企业松绑、让群众便利的政府自我革命。另一方面，加强事中事后监管也是政府的职责，应从事前审批型政

府、经济发展的竞争者，转向服务型政府。这也是对政府增强服务意识、提升服务效率、有效公共服务供给的"大考"。

（三）优化营商环境是保护产业链供应链安全稳定，维护国家产业和经济安全，提升国际竞争力的需要

当前，国际经济、政治、文化、安全等各方面都在发生深刻调整，新冠疫情全球流行使这个大变局加速演变，世界进入动荡变革期，不稳定不确定性因素增加。经济全球化遭遇逆流、一些国家保护主义和单边主义盛行，民粹主义、种族主义等思潮活跃，社会骚乱此起彼伏，局部战争时有发生；地缘政治风险上升，许多国际公约、国际准则失效，国际秩序重构处在关键路口。大国博弈加剧，美国作为守成大国为维护其世界霸权和领导地位，采取多种措施遏制中国发展，给我国社会主义现代化建设带来不利的国际环境。面对当前全球化遭遇逆流等国际经贸环境的深刻变化，必须在一个更加不稳定不确定的世界中谋求国家发展，做好较长时间打持久战的思想准备和工作准备。要形成以国内大循环为主体、国内国际双循环相互促进的新发展格局，培育新形势下我国参与国际合作和竞争的新优势，保障产业链供应链安全稳定并提高竞争力。现在这方面已经出现了不利的情况，有些产业链供应链断裂了、脱钩了，有的外企、民企走了，低端的产业、企业生存不了，高端产业、企业却进不来。应对这些问题和困难，一方面，要"卧薪尝胆"式的创新，解决"卡脖子"问题，实现

自主可控，真正本土化；另一方面，要增强对外资的吸引力和对现有外资企业的黏性，使之不愿意离开中国。这两个方面，都取决于是否能创造世界最优的营商环境。营商环境好了，就可以用国内稳定优化营商环境的确定性，对冲不稳定不确定的世界。未来的竞争，从一定意义上说就是营商环境的大比拼，国际竞争也是营商环境的竞争。我国社会主义制度的优越性，要通过优良的营商环境展现出来，就必须解放、创造和保护先进的生产力。

三、优化营商环境的重点任务

"十三五"期间优化营商环境取得的成绩，是继续前行的重要基础和良好起点。要努力在危机中育新机、于变局中开新局，掌握发展的主动权，在继续优化营商环境方面取得新的突破和进展。当前我国营商环境还存在一些问题，主要是：各种准入限制、审批许可等不合理的管理措施还比较多；事中事后监管落实不到位，市场监管不公、检查任性、执法不力等问题依然突出；地方保护主义现象依然存在，各类企业难以平等参与市场竞争；中介机构与行政机关脱钩不彻底，涉企收费存在不合理现象；政务服务意识不强，办事效率不高；我国营商环境与国际先进水平相比仍有较大差距，有些指标排名还比较靠后。总的来说，营商环境在市场化、法治化、国际化方面还有不小差距，需要精准施策、补短板、强弱项。综合各方面的情况，未来优化营商环境应突出以下九项重点任务。

(一)减少审批,放宽准入

要继续取消或放宽市场准入限制,打破各种各样的"卷帘门""玻璃门""旋转门"。现在看,市场准入"三重门"放得仍然不够,在市场准入、经营许可、招投标等方面,还有改进空间。要继续放宽石油、天然气、电力、电信、铁路、金融、水利、医疗、教育、文体等基础产业和服务领域的市场准入。现在全国实施了负面清单制度,已经做了不少压减,但负面清单事项仍然偏多,清单之外的障碍也不少。中央和地方层面设定的行政许可还可压缩。要继续压减工业生产许可证,继续清理减并一些资质资格许可事项,取消一些备案登记、年检认定等。要取消各地自行设置的高于全国统一准入要求的各类行业监管条款。

(二)简化程序,线上办理

大道至简,政简易从。当前有的地方政务服务审批事项不够集中、窗口设置不够合理、办事指南不够清晰,大厅办事人员能力素质跟不上,部分事项申报材料多、审批流程复杂、办理过程缓慢、办事成本高。部分企业反映,房地产从拍地到领取施工许可证需要3—4个月;从银行融资审批的流程和时间过长、知识产权质押融资流程不合理。要继续简化审批流程,行"简约"之道,持续优化企业开办服务,大力推行涉企事项"一本通办"。

加快实现"只进一扇门""最多跑一次""一次都不跑"。之所以有些审批"简约"不了，是因为政府各部门信息数据标准不一、信息不畅、难以共享。企业向多部门重复报送同样的数据，加重了负担。各省之间失信人黑名单数据库和个体户数据库仍未互联互通，给异地营业执照办理、异地许可证等的"一网通办"带来难题。应全面实施行政审批"网上申请、网上受理、网上审核、网上发证"，推进部门间信息共享互认，能网上办理的网上办，减少寻租。适时组建国家数据统筹机构，努力打破各类"信息孤岛"，实现跨部门数据共享。

（三）合理收费，规范中介

现今名目繁杂的涉企不合理收费仍然"剪不断、理还乱"。要精准做好对各类企业的减税降费，该减的减，不该减的就不要"一刀切"都减。全面落实阶段性降低用能、租金、物流成本等政策，巩固和拓展更大规模减费降费成效。针对收费项目杂、不透明问题，应建立全国统一的收费清单。针对有些中介机构独家经营，缺乏竞争，在项目验收、评审、工程测绘测量、融资评审、企业环评等方面垄断业务、收费较高；一些银行违规收取借款人抵押登记费、评估费、咨询费、财务顾问费；一些行业协会商会收费行为仍不规范，要规范中介机构、金融机构和行业协会商会收费服务，净化中介服务市场环境。2020年7月，国务院印发了《关于进一步规范行业协会商会收费的通知》，需要把这些政策落地落实，常抓不懈。

（四）畅通融资，清欠账款

当前，融资难是民营企业，尤其是中小微民营企业面临的普遍性问题，大部分中小微企业都难以通过传统渠道满足融资需求。银行要创新融资机制，构建信任体系，把小微企业的动产和无形资产作为质押，以解决其融资需要。鼓励银行大幅增加小微企业信用贷、首贷、无还本续贷，运用金融科技、大数据和区块链技术，构建中小微企业的商业信用融资体系，搭建起政府主导的中小微企业融资服务平台，提高服务精准性。鼓励银行合理让利，降低融资成本。继续加大清欠力度，对政府工程项目，要结合当地GDP水平、可支配财政收入等指标做好对政府还款能力的评估，制定分期清偿方案。要将"新官理旧账"纳入相关评价考核体系，形成正确导向。国有企业特别是中央企业要讲大局，带头清偿账款。抓好《保障中小企业款项支付条例》的实施，建立解决企业拖欠账款的长效机制。

（五）一视同仁，公平待遇

既要重视新企业（包括外资）的引进，更要重视原有企业的发展，解决它们的痛点难点。一些外资企业反映，在政府采购、资金补助、资质许可等方面，不能享受公平待遇。一些与便利外商投资准入政策不符的法规、规章和文件仍未清理。在招投标环节，针对民营企业、中小企业的限制性条款依然存在。针对上述问题，要构建内外资企业一视同仁的营商规则，持续缩减市场准入和外商投资准入负面清单，推动"非禁即入"对所有企业的普遍落实。进行公平竞争审查，保障各类市场主体同等待遇。要改变在融资上对民营企业存在的所有制歧视，加强对民营企业和个人经营者的融资支持，完善商业银行考核体系，提高民营企业授信业务考核权重，建立基层机构和信贷人员容错制度。将普惠型个人经营性（非农户）贷款纳入银行考核范围，支持个体经营者创业发展。

（六）统一市场，破除垄断

当前，各地区的营商环境差别较大，地方保护时有露头，特别是汽车行业，有的地方对国家要求执行不力，汽车限购愈演愈烈。在新能源汽车发展中，一些地方在工信部准入要求以外还设置了本地独有技术标准，有的地方要求在本地设有销售公司才对其产品提供政策支持。一些地方政府在资源分配上明显向当地企业倾斜，域外企业难以平等竞争，如部分地区在土地出让时设置排他条件，保证地方企业低价拿地。因此，要减少不合理的产业补贴、政策优惠，维护市场公正透明，继续放开对民营企业和外资企业在石油、天然气、电信等领域的不合理限制和隐性壁垒。要加强对供水、供电、供气、烟草、邮政等行业的监管和规制，严厉打击滥收费用、强迫交易、搭售商品、附加不合理交易条件等限制竞争和垄断的行为，引导、规范平台合规经营，发展平台经济、共享经济。

（七）放管协同，包容监管

现在从大范围看，"放"的一面相对较多，事中事后监管却相对滞后。既存在着过多部门监管，如汽车涉及7个部门管理，又存在着监管弱化，有些监管权力下放后，地方和基层接不住，降低了服务效率，也容易出现漏洞。如《旅行社条例》去掉了对固定经营场所、营业设施的要求，准入门槛降低，但监管没有同步到位，市场参与者良莠不齐，旅行社经营乱、导游证发放乱和低价购物团"宰客"等问题明显增多。放权不是降低标准，要"加强和规范事中事后监管"。规范"双随机、一公开"监管工作，提高综合监管和"智慧监管"水平。加强信用体系建设，政府要带头守信践诺，加强企业、个人的信息安全和隐私保护。对新技术、新业态、新产业、新模式等新经济采取包容审慎监管，要加大"监管沙盒"制度试点范围，给处于发展初期、尚不成熟的新经济企业留出探索改进的空间和进化成熟的时间。

（八）减少检查，慎用关停

从调研情况看，当前执法检查多有重复，执法标准多、变化快，执法人员自由裁量权过大，存在着扩大化、绝对化、层层加码、矫枉过正等现象，执法方式上存在"急刹车""一刀切"等简单粗暴行为。对此,要及时纠正,完善进入企业调查的规范统一程序,探讨对企业施行联合行政执法检查。要坚持因地制宜、分类施策,在事故处理时尽量控制处理范围,对产业链供应链上的龙头企业或关键零部件重要生产企业,在没有重大安全和环境隐患的前提下,慎用关停措施。要健全"容错"机制,对一般的轻微违法行为不予处罚,尽量不进入企业实施检查。改革企业信息公示制度,在建立健全"黑名单"的同时,也要落实"红名单"认定标准。对因未按时进行工商年报或税务申报导致信息公示显示"经营异常"的企业,建议及时纠正或补充申报后,定期消除问题痕迹。

(九)稳定政策,积极作为

调研发现,目前还存在政策多变问题,如新能源汽车,环保标准多变,企业反映强烈。对此,要提高政策的稳定性和透明度,政策出台后要在一定时期内保持相对稳定,如果政策变动过于频繁,企业将无所适从。政策在制定之初应广泛听取行业企业意见,使市场监管的利益相关者有机会参与监管政策的制定实施和评估中,避免监管政策脱离实际或缺乏共识。政府部门既要提供服务,也要打击企业的不法违规行为。要建立良好的"营官环境",保护有作为的官员。加快数字政府建设,推进政务服务标准化,提升服务大厅"一站式"功能,实施"互联网+政务服务"。在全国范围实现"一网通办"、异地可办、掌上可办,构建全国一体化数据共享交换平台体系。

第三节　健全对各类所有制经济平等保护的法治环境

加强社会主义市场经济制度化法治化建设,健全对各类所有制经济平等保护的法治环境,为民营经济发展营造良好稳定的预期。

一、依法保护民营企业产权和企业家权益

早在2016年,中共中央、国务院就印发了《关于完善产权保护制度依法保护产权的意见》,产权制度是社会主义市场经济的基石,保护产权是坚持社会主义基本经济制度的必然要求。

当前,有的地方执法随意性强,干扰市场主体正常生产经营。地方利用法律法规解释权,干预公检法执法活动,法不溯及既往的原则没有得到很好贯彻。近几年,部分地区公安机关跨省查办民营企业时有发生,案件侦办过程中查封、扣押、冻结涉案资产,罚没资金、资产等行为,导致涉案企业在案件侦办过程中基本无法正常运营,一定程度上削弱了民营企业的安全感。因此,要加强对企业、企业家财产权、知识产权等合法权益的保护,要严格区分企业和企业家的法律责任,不因企业家个人涉法

涉诉而冻结、查封企业资产资金，确保企业正常经营。可以考虑将公安机关跨省侦办的民营企业犯罪案件中，涉案款项的归属权、支配权收归中央。做好对《中华人民共和国外商投资法》和配套法律法规的细化工作，加快出台可操作、可执行的具体规范和操作细则，做好法律法规"废改立"，修订《中华人民共和国劳动合同法》等法律法规。

切实增强企业家人身和财产安全感。要严格认真落实党中央、国务院发布的《关于完善产权保护制度依法保护产权的意见》，推进全面依法治国和法治政府建设，加大对个人财产的法律保护力度，增强企业家人身及财产安全感。地方政府要认真履行与民营企业家依法签订的各类合同，不得以政府换届、官员调整等理由违约毁约，如果有需要改变的要约，要对产生的损失依法补偿。要重点解决财产征收征用中公共利益扩大化、程序不规范、补偿不合理等问题，要加大政府清欠力度。要强化知识产权保护，建立信用受损企业的信用修复、污点销号机制。对部分民营企业历史上曾经有过的一些不规范行为，要以发展的眼光看问题，按照法不溯及既往、罪刑法定、疑罪从无的原则处理。[①]

[①] 张占斌：《新时代民营经济发展的舞台更加广阔》，《经济日报》2019年10月21日。

二、构建民营企业源头防范和治理腐败的体制机制

公检法等部门已经采取了许多支持民营经济发展的相关措施，比如，公安机关持续组织开展打击洗钱和地下钱庄以及"猎狐"等专项行动，依法查处非法金融活动和证券期货犯罪，协同推进民企腐败惩治；最高人民检察院印发《关于依法惩治和预防民营企业内部人员侵害民营企业合法权益犯罪、为民营经济发展营造良好法治环境的意见》；最高人民法院全面推进涉案企业合规改革等。

出台司法解释，依法加大对民营企业工作人员职务侵占、挪用资金、受贿等腐败行为的惩处力度。根据2022年5月15日施行的《最高人民检察院、公安部关于公安机关管辖的刑事案件立案追诉标准的规定（二）》和相关规定，对于职务侵占、挪用资金、非国家工作人员受贿罪的最低立案量刑标准为3万元，未来有进一步向下调整的空间，降低入罪门槛。

健全涉案财物追缴处置机制。在涉案财物追缴实际操作中，存在涉案财物定性、范围认定、权益保障、贬值贬损等诸多问题。未来针对如何追缴、采用何种力度追缴，以及如何处置已扣押的在案财物、追缴所得的涉案财物，以及如何分配、发还给被害人等，都将有细化明确的规定。

深化涉案企业合规改革，推动民营企业合规守法经营。涉案企业合规改革，是在慎捕慎诉慎押司法政策基础上，不是简单

减轻对企业或相关人员的处罚，而是告知企业要如何对错误或不当行为进行整改，帮助企业进行合规治理，协助建立专项合规管理体系。做实既"真严管"又"真厚爱"，坚持治罪与治理并重，深化涉案企业合规改革，将末端处理与前端治理有机结合，同时积极将企业合规的边界延展到民商事、行政、执行等领域；通过司法建议等方式，推动企业合规从个案合规到行业合规。

强化民营企业腐败源头治理，引导民营企业建立严格的审计监督体系和财会制度。目前并没有相关法律法规要求民营企业必须建立内部审计制度，民营企业是否实施内部审计，完全依赖于民营企业的自主决策。未来要引导民营企业逐步规范，逐步建立严格的审计监督体系和财会制度。

充分发挥民营企业党组织作用，推动企业加强法治教育，营造诚信廉洁的企业文化氛围。运用党组织相关管理规定，引导和推动企业诚信廉洁文化的建设。法治教育、诚信廉洁文化氛围将作为企业文化建设的重要内容。

建立多元主体参与的民营企业腐败治理机制。财政、公安、市场监督、人社、综合行政执法、税务等部门，都会有相应的执法权限和服务功能。未来将会有更多主管机关或相关协会参与民营企业腐败治理，合力助推民营企业建立反舞弊反腐败治理机制。

推动建设法治民营企业、清廉民营企业。从法治国企、法治央企建设和实施的进程看，加强民营企业合规体系建设将成为建设法治、清廉民营企业的重要内容。

三、持续完善知识产权保护体系

从一般性要求来看，根据《关于完善产权保护制度依法保护产权的意见》，要加大知识产权侵权行为惩治力度，提高知识产权侵权法定赔偿上限，探索建立对专利权、著作权等知识产权侵权的惩罚性赔偿制度，对情节严重的恶意侵权行为实施惩罚性赔偿，并由侵权人承担权利人为制止侵权行为所支付的合理开支，提高知识产权侵权成本。建立收集假冒产品来源地信息工作机制，将故意侵犯知识产权行为情况纳入企业和个人信用记录，进一步推进侵犯知识产权行政处罚案件信息公开。完善知识产权审判工作机制，积极发挥知识产权法院作用，推进知识产权民事、刑事、行政案件审判"三审合一"，加强知识产权行政执法与刑事司法的衔接，加大知识产权司法保护力度。完善涉外知识产权执法机制，加强刑事执法国际合作，加大涉外知识产权犯罪案件侦办力度。严厉打击不正当竞争行为，加强品牌商誉保护。将知识产权保护和运用相结合，加强机制和平台建设，加快知识产权转移转化。

从特殊性要求来看，根据《关于促进民营经济发展壮大的意见》，要加大对民营中小微企业的原始创新保护力度。严格落实知识产权侵权惩罚性赔偿、行为保全等制度。建立知识产权侵权和行政非诉执行快速处理机制，健全知识产权法院跨区域管辖制度。研究完善商业改进、文化创意等创新成果的知识产权保护办法，严厉打击侵犯商业秘密、仿冒混淆等不正当竞争行为和恶意抢注商标等违法行为。加大对侵犯知识产权违法犯罪行为的刑事打击力度。完善海外知识产权纠纷应对指导机制。

四、完善监管执法体系

结合中共中央、国务院印发的《法治政府建设实施纲要（2021—2025年）》，应在监管、执法等方面发力。

一方面，完善监管体系。坚持科学立法、民主立法、依法立法，着力实现政府立法质量和效率并重并进，增强针对性、及时性、系统性、可操作性，努力使政府治理各方面制度更加健全、更加完善。加强监管标准化规范化建设，依法公开监管标准和规则，增强监管制度和政策的稳定性、可预期性。提高监管公平性、规范性、简约性，杜绝选择性执法和让企业"自证清白"式监管。

另一方面，完善执法体系。着眼提高人民群众满意度，着力实现行政执法水平普遍提升，努力让人民群众在每一个执法行为中都能看到风清气正、从每一项执法决定中都能感受到公平正义。不断深化行政执法体制改革，加大重点领域执法力度，完善行政执法程序，创新行政执法方式。鼓励跨行政区域按规定联合发布统一监管政策法规及标准规范，开展联动执法。按照教育与处罚相结合原则，推行告知、提醒、劝导等执法方式，对初次违法且危害后果轻微并及时改正的依法不予行政处罚。

五、健全涉企收费长效监管机制

国家市场监督管理总局持续开展重点领域涉企违规收费问题整治。自组建以来，国家市场监管总局持续开展涉企违规收费治理专项行动，取得积极进展。2022年，组织开展涉企违规收费专项整治行动，同时会同国家发展改革委、财政部、工业和信息化部等11个部门开展联合督查检查。坚持重拳出击、猛药去疴，共检查收费单位11.7万家，查处违规收费案件2622件，为企业直接减负超过63亿元。对情节严重、性质恶劣的典型案例，持续加大曝光力度。同时，开展涉企违规收费问题整改情况"回头看"。聚焦乱收费的处理情况和效果评估，要求各地市场监管部门对检查发现的问题进行全面回顾，防止查而不纠、落实不力、敷衍塞责、久拖不决。对违规收费主体整改落实情况进行跟踪评估，杜绝问题不解决、整改不到位。[①]

未来，要持续完善政府定价的涉企收费清单制度，进行常态化公示，接受企业和社会监督。畅通涉企违规收费投诉举报渠道，建立规范的问题线索部门共享和转办机制，综合采取市场监管、行业监管、信用监管等手段实施联合惩戒，公开曝光违规收费典型案例。

[①] 《市场监管总局：持续开展涉企违规收费整治，推进长效机制建设》，第一财经，2023年6月14日。

第六章
加大对民营经济的政策支持力度

《中共中央 国务院关于促进民营经济发展壮大的意见》中指出:"精准制定实施各类支持政策,完善政策执行方式,加强政策协调性,及时回应关切和利益诉求,切实解决实际困难。"加大对民营经济的政策支持力度是国家发展战略中的重要举措,是党和国家通过制定相关政策给予民营企业更多的支持,促进其发展壮大的举措,是新时代推动民营经济高质量发展的内在要求。通过制定更加有利于民营经济发展的政策,可以激发其活力,推动经济的稳定增长和结构优化。同时,也能够促进创新、扩大就业、解决融资难题等问题,为民营企业提供更好的发展环境和条件。为此,必须从政策制定、政策执行、政策协调、政策宣传等全过程加大对民营经济的政策支持力度。

第一节 加大对民营经济的政策支持力度意义重大

谈到民营企业的贡献,一般可以用"56789"来概括,即贡献了中国经济50%以上的税收、60%以上的GDP以及70%以上的技术创新成果，解决了中国经济80%以上的城镇劳动就业，同时占据了90%以上的企业数量。民营经济已经成为推动我国发展不可或缺的力量。但与此同时，部分民营企业在抗风险能力等方面相对较弱。加大对民营经济的政策支持力度有助于从多个方面推动高质量发展。

首先，加大对民营经济的政策支持力度有利于促进科技管理方式等创新。民营经济相对于国有经济来说，市场调节机制更加灵活，企业自主权和决策权更大。这种自由度高的特点使得民营企业能够更快地对市场需求变化作出反应，并且可以根据市场需要进行创新和改革。但是，创新往往意味着风险。国家政策支持可以通过为民营企业提供科研资金、减少税收负担、提供创业培训等方式，为他们提供更好的创新环境和资源，从而为科技创新提供更加宽松广泛的环境。

其次，加大对民营经济的政策支持力度有利于促进就业。民营企业是我国经济增长和就业的重要来源，是我国城镇就业岗位的重要提供者，特别是在扩大就业和稳定就业方面，民营企业表现出更高的灵活性和创造力，它们能够根据市场需求及时调整就业结构并提供就业机会。国家的政策支持可以通过提供贷款、税收优惠、劳动力培训等方式，鼓励和支持民营企业扩大招聘规模，促进就业，减轻社会就业压力，推动就业格局优化。

再次，加大对民营经济的政策支持力度有利于解决融资难题。有些民营企业因缺少抵押物等，往往面临融资难题，融资的可得性相比国有企业差一些，导致融资成本偏高。国家可以通过加强对民营企业的信贷支持、设立风险补偿基金、引进风险投资等措施，努力改善民营企业的融资环境。

最后，加大对民营经济的政策支持力度有利于促进经济结构调整和升级。民营经济在我国经济发展中占据重要地位，为我国经济增长作出了巨大贡献。许多高科技、创新型企业都是民营企业，它们通过自主研发、引进国外先进技术等方式推动了我国科技水平的提升与产业的转型升级，从而提高了我国企业竞争力。国家的政策支持可以通过推动产业升级、加强技术创新、引导企业转型升级等方式，推动民营企业向高质量发展转型，促进我国经济结构的优化升级，推动新发展格局的构建。

第二节　精准制定实施各类支持政策

加大对民营经济的政策支持力度的前提是精准制定实施各类支持政策，即根据具体问题、特定需求或目标群体的情况，科学、精确地制定相应的政府政策，从而实现对民营经济支持的工作目标。

一、科学精准制定各项政策

精准制定实施各类支持政策的前提在于科学决策，即在政策制定过程中充分利用科学方法和数据分析，以确保政策的有效性、可行性和可持续性。由此，在制定各项政策之前可以通过如下方式推进。

数据收集与分析。精准制定政策需要以大量真实可靠的数据为依据。政策制定者需要收集各种数据，包括社会经济统计数据、民意调查数据、科学研究数据等，了解民营经济的基本情况、需求和优势，从而制定出更加准确、有针对性的政策。

坚持问题导向。政策的制定应该立足解决现实问题，而不是空泛地提出口号。政府部门应通过深入调研和广泛咨询，了解民营经济者的切身需求和困难，从中找出关键问题，并将其作为政策制定和落实的核心目标。同时，政策制定过程应该允许各种利益相关者参与，充分听取各方面意见建议。

充分调动各方。切实提高鼓励民营经济发展改革政策的含金量、可操作性。积极发挥工商联熟悉民营企业的优势，对涉及民营企业的政策文件，出台前要认真征求工商联的意见，建立工商联会签制度。政策要便于企业知晓，所有涉及民营企业的政策措施，除了在政府网站及时公开外，还要通过微博、微信、客户端等新媒体及时推送，便利企业及时获取信息。

合理评估政策。政策的评估不仅仅是一个节点，而是一个周期性的过程，它需要在政策生命周期的每一个阶段进行。评估的目的是确保政策能够在不断变化的环境中保持其相关性和有效性，在政策制定和实施过程中，应注意对政策效果进行科学、客观的评估。通过监测和评估，了解政策执行的情况和效果，及时调整和完善政策，确保政策能够真正达到预期的目标，提高支持政策的针对性和有效性。

总结而言，精准制定实施各类支持政策是一种科学化、综合化的政策制定和执行方式，应通过科学方法精确地制定相应的政府政策，为政策的筹划构建理论支撑与数据支持，最终为更好地政策落地与实现奠定基础。

二、切实减轻企业税费负担和隐性成本

企业税费负担和隐性成本指向了企业成本的两个重要方面：一方面，降税就是直接降低企业的实际支出。规模性减税降费是宏观调控的关键性举措，是最直接、最公平、最有效率的惠企利民政策。另一方面，简政放权、减少审批环节等，清理规范涉企收费，就是大幅降低企业的隐性成本，即通过梳理和规范涉企行政事业性收费、政府性基金、政府定价或指导价经营服务性收费和行政审批前置中介服务收费等项目降低成本。在此方面，政策制定应着眼这两个方面，为民营企业降低成本做出切实努力。

一是努力挖掘供给侧结构性改革降成本的潜力，推动增值税等实质性减税、结构性减税，并推进减税与简税、均税配套的税收制度改革。完善税费制度，研究新的减税降费措施，进一步减轻企业负担。坚决取消违法违规收费，降低收费标准。加大对经

营性服务收费和中介机构服务费的清理规范力度，防止行政事业性收费不断地"退"，经营中介机构的收费却不断地"进"。在工商登记、投资项目、生产经营等方面，要更加公正透明，努力降低制度性交易成本。建立健全涉企收费监管长效机制，及时修订完善相关制度，推动涉企收费治理逐步纳入法治化常态化轨道。聚焦政府部门及下属单位、公用事业、金融等领域收费，持续开展涉企违规收费整治。继续引导行业协会商会主动减免、降低和取消经营困难企业尤其是中小微企业的收费。

二是搭建减税降费工作组，搭建跨部门协作机制，加强上下联动。通过"省财政厅—市财政局—联系点企业"模式，建立企业定点联系机制，跟踪调研企业享受政策情况；建立责任清单和任务清单，加强统筹协调，对市、县开展专题部署，实现从省级财政到企业的贯穿联通。通过协作机制加强重点领域支持。落实税收、首台（套）保险补偿等支持政策，促进传统产业改造升级和战略性新兴产业发展。对科技创新、重点产业链等领域，出台针对性的减税降费政策，将符合条件行业企业研发费用税前加计扣除比例由75%提高至100%的政策作为制度性安排长期实施。

三是完善税费优惠政策。根据国家发展改革委等四部门2023年6月13日对外发布的《关于做好2023年降成本重点工作的通知》要求，2023年底前，对月销售额10万元以下的小规模纳税人免征增值税，对小规模纳税人适用3%征收率的应税销售收入减按1%征收增值税，对生产、生活性服务业纳税人分别实施

5%、10%增值税加计抵减。2024年底前，对小型微利企业年应纳税所得额不超过100万元的部分减按25%计入应纳税所得额，按20%的税率缴纳企业所得税；对个体工商户年应纳税所得额不超过100万元的部分，在现行优惠政策基础上减半征收个人所得税。将减半征收物流企业大宗商品仓储设施用地城镇土地使用税政策、减免残疾人就业保障金政策，延续实施至2027年底。同时，建立降低民营企业成本的长效机制。深化土地、人力、金融等资源要素的供给侧结构性改革，推进以营改增、清理收费为主要内容的"减税"政策，减轻民营企业的负担。

三、完善民营经济融资支持政策制度体系

金融是实体经济的血脉，要把为实体经济服务作为出发点和落脚点，更好满足实体经济高质量发展的需求。融资环境是民营企业所必然直面的客观问题。企业融资环境，是指企业以一定成本和条件通过各种融资渠道调用金融资源来弥补自身资金缺口的难易程度。狭义的融资环境主要是指企业自身获得金融资源的难易程度，分析指标包括融资条件、融资渠道、成本等。广义的融资环境影响因素还包括金融市场流动性、货币政策导向以及中观维度的区域、行业等。

当前的国际背景下，随着众多国家的通货膨胀上升至数十年来的高点，美联储领衔下全球央行纷纷加息，为融资带来极大挑

战。从国内背景来看，融资环境的收紧可能导致潜在风险的显性化，民营企业的融资问题更为突出。金融去杠杆是化解我国金融系统性风险的重要手段，尤其是我国宏观杠杆率明显高于新兴经济体，信用风险高，国家加大监管力度，实施审慎的金融监管政策对于稳定金融市场具有重要的作用。但是，去杠杆也会带来阵痛，直接影响是融资环境的收紧，信用紧缩，可能导致潜在风险的显性化，如当前信用债券违约现象明显增加。此外更为重要的是，由于存在不对称效应，在国家金融去杠杆、严监管背景下，民营企业尤其是中小企业融资贵、融资难现象更加突出。此外，中小企业贷款时通常会在规定利率的基础上上浮50%左右，再加房产土地抵押登记费、工商查询费、抵押物评估费、担保费、会计审计等中间费用占贷款成本的20%左右。中小企业普遍规模小，缺乏抵押资产，且有效担保不足；同时经营管理水平不高，市场行为不规范，财务管理不健全，依法经营、诚信观念不强，导致银行贷款意愿不高和"惜贷"，中小企业"融资难、融资贵"问题仍未得到有效缓解。

在开辟民营经济发展新领域新赛道、塑造民营经济发展新动能新优势方面，要发挥好资本引领作用，助力夯实民营经济发展的物质技术基础。针对上述问题，应从多方面完善民营经济融资支持政策制度体系。

一是尽快解决民营企业融资难融资贵等问题。要着力解决中小企业融资难问题，健全完善金融体系，为中小企业融资提供可靠、高效、便捷的服务。把握好金融去杠杆的政策节奏和力度，分类施策，精准调控，增强民营企业金融供给的精准性、灵活性、有效性，满足民营企业个性化、定制化的资金需求。实施差别化货币信贷支持政策。合理调整商业银行宏观审慎评估参数，鼓励金融机构增加民营企业、小微企业信贷投放。完善普惠金融定向降准政策。增加再贷款和再贴现额度，把支农支小再贷款和再贴现政策覆盖到包括民营银行在内的符合条件的各类金融机构。加大对民营企业票据融资支持力度，简化贴现业务流程，提高贴现融资效率，及时办理再贴现。加快出台非存款类放贷组织条例。支持民营银行和其他地方法人银行等中小银行发展，加快建设与民营中小微企业需求相匹配的金融服务体系。深化联合授信试点，鼓励银行与民营企业构建中长期银企关系。

二是加大直接融资支持力度。积极支持符合条件的民营企业扩大直接融资。完善股票发行和再融资制度，加快民营企业首发上市和再融资审核进度。深化上市公司并购重组体制机制改革。结合民营企业合理诉求，研究扩大定向可转债适用范围和发行规模。扩大创新创业债试点，支持非上市、非挂牌民营企业发行私募可转债。抓紧推进在上海证券交易所设立科创板并试点注册制。稳步推进新三板发行与交易制度改革，促进新三板成为创新型民营中小微企业融资的重要平台。支持民营企业债券发行，鼓励金融机构加大民营企业债券投资力度。

三是加快降低民间融资的困难和风险。从各地情况看，融资难比融资贵更为突出。要针对解决民间融资的困难和风险，建立完善金融机构监管考核和内部激励机制，强化金融供给侧结构性改革，引导银行业让利民营企业。加快扩大金融市场准入、完善金融组织结构和金融产品创新，拓宽民营企业融资渠道，从债券、信贷、股权等主要融资渠道挖掘潜力并完善配套制度。稳妥推进农村土地三权分置改革，探讨专利、发明等知识产权定价机制，解决中小企业贷款抵押品不足的短板。同时，银行要创新融资机制，构建信任体系，把小微企业的动产和无形资产作为质押，以解决其融资需要。鼓励银行大幅增加小微企业信用贷、首贷、无还本续贷，运用金融科技、大数据和区块链技术，构建中小微企业的商业信用融资体系，搭建起政府主导的中小微企业融资服务平台，提高服务精准性。鼓励银行合理让利，降低融资成本。

四是清欠账款。部分地区和领域拖欠中小企业账款问题仍未解决，"新官不理旧债"问题仍较突出。政府工程拖欠企业账款是个老问题，有些国有企业也拖欠民营企业和中小企业款项，有些公立医疗机构拖欠民营企业货款，久拖成病，甚至把企业拖垮了。继续加大清欠力度，对政府工程项目，要结合当地GDP水平、可支配财政收入等指标做好对政府还款能力的评估，制定分期清偿方案。要将"新官理旧账"纳入相关评价考核体系，形成正确导向。国有企业特别是中央企业要讲大局，带头清偿账款。抓好《保障中小企业款项支付条例》的实施，建立解决企业拖欠账款的长效机制。

五是营造良好融资环境。民营经济具有很强的专业性，金融机构则有着自身的评价偏好，往往主要看投资主体的背景和实力，而不是看项目前景和科技含量。二者的属性差异导致了信息不对称或专业不对等等现象出现。为营造良好融资环境，应从多方着手，强化融资服务基础设施建设，着力破解民营企业信息不对称、信用不充分等问题。其中的重要方式就是建立信息服务平台建设。依法开放相关信息资源，在确保信息安全的前提下，推动数据共享。地方政府依托国家数据共享交换平台体系，抓紧构建完善金融、税务、市场监管、社保、海关、司法等大数据服务平台，实现跨层级跨部门跨地域互联互通。健全优化金融机构与民营企业信息对接机制，实现资金供需双方线上高效对接，让信息"多跑路"，让企业"少跑腿"。发展各类信用服务机构，鼓励信用服务产品开发和创新。支持征信机构、信用评级机构利用公共信息为民营企业提供信用产品及服务。加大守信激励和失信惩戒力度。同时，民营企业要依法合规经营，珍惜商业信誉和信用记录。严格区分个人家庭收支与企业生产经营收支，规范会计核算制度，主动做好信息披露。

第三节　完善政策执行方式

政策的生命力在于实施。应当优化支撑政策的执行方式，注重政策效果。在完善政策执行方式上有新进步。坚持"两个毫不动摇",要切实加强对民营经济发展的统筹规划、综合协调、组织推动、指导服务。对已经出台的相关支持民营经济发展的政策,要加强政策协调和配套,推动各项政策落地落细落实。

一、更好发挥政府作用

完善政策执行方式就是要在"有效市场"和"有为政府"之间找到最佳结合点,形成相互间的同频共振。党的二十大报告明确提出,全面构建亲清政商关系,促进非公有制经济健康发展和非公有制经济人士健康成长。政府要在构建亲清新型政商关系上下苦功夫。民营企业家也要积极主动同各级党委和政府沟通交流,在合法合规中提高企业竞争能力。

完善政策执行方式,提升政策执行力,必须全面打造高效能政府。继续深化"放管服"改革,全面实施市场准入负面清单制度,清理废除妨碍统一市场和公平竞争的各种规定和做法,降低制度性交易成本,培育更加公平的竞争环境和创新发展的土壤。加强"放管服"改革的系统性整体性建设,减少政策执行标准不明确、摇摆多变的不确定性,防止政策"打架"。要进一步减少社会资本市场准入限制,进一步压减行政许可等事项,进一步简化企业投资审批,进一步提高政务服务效能。"放管服"改革要盯住营商环境的改善,统筹推进制度改善、资源整合、流程再造。

继续深化商事制度改革，全面推进市场准入改革，取消和减少民营企业进入基础设施和公用事业等领域的隐形门槛，改善投资贸易环境。持续开展扫黑除恶行动，重点打击强迫交易、强揽工程等严重破坏投资环境的恶劣行为。进一步减少行政审批，大幅压缩企业开办时间，坚持市场竞争中性原则，对所有市场主体平等对待，进一步发挥市场对资源配置的决定性作用，更好发挥政府作用，对不符合产业规律、不具备兑现条件的产业政策进行清理整合。

完善政策执行方式，提升政策执行力，内在要求构建亲清新型政商关系。从制度上规范亲清政商关系，完善政企常态化沟通渠道，健全容错机制。各级党委和政府要把构建亲清新型政商关系的要求落到实处，把支持民营企业发展作为一项重要任务，花更多时间和精力关心民营企业发展、民营企业家成长，积极主动为民营企业服务。进一步深化研究中小微企业发展的政策措施，加快完善政策执行方式，打通政策执行的"最后一公里"。要考虑实际执行同政策初衷的差别，考虑同其他政策是不是有叠加效应，不断提高政策水平。加强政策协调性，细化、量化政策措施，制定相关配套举措，推动各项政策落地、落细、落实，让民营企业从政策中增强获得感。

二、稳定政策预期、宣传与评估

完善政策执行方式，提升政策执行力，内在要求稳定政策，确保政策预期。目前，部分地区还存在政策多变问题，如新能源汽车的环保标准多变，企业反映强烈。对此，要提高政策的稳定性和透明度，政策出台后要在一定时期内保持相对稳定，如果政策变动过于频繁，企业将无所适从。政策在制定之初应广泛听取行业企业意见，使市场监管的利益相关者有机会参与到监管政策的制定实施和评估中，避免监管政策脱离实际或缺乏共识。有些公务人员"不拿好处了，但也不办事了""只要不出事，宁愿不做事""不求有功，但求无过"，部门之间也有相互推诿、扯皮现象。一些"走出去"的企业涉及国际营商环境，特别需要国家能够在关键时刻保护企业利益和人身安全。政府部门既要提供服务，也要打击违规企业的不法行为，还要保护有作为的官员。加快数字政府建设，推进政务服务标准化，提升服务大厅"一站式"功能，实施"互联网+政务服务"。在全国范围实现"一网通办"、异地可办、"掌上可办"，构建全国一体化数据共享交换平台体系。

完善政策执行方式，提升政策执行力，实际要求做好政策宣传。政策从制定到实施需要经过政策的宣传。为此，政府部门要加大政策宣传力度，通过报纸、互联网等多种形式，制作宣传视频、动画、海报等多媒体内容，通过故事化的方式讲述政策的影响和成果，及时将核心的、管用的政策对外公布，建立宣传清单、政策一览，全面地呈现各项政策，特别是以政策体系的宣传方式让企业了解政策，把各项政策宣传到位。同时，政策宣传应该以清晰简明的方式传达信息。避免使用过于文件的术语和复杂的句子结构，确保信息易于被理解和接受，突出政策的重点和利益。

完善政策执行方式，提升政策执行力，要求纪检监察部门加大检查力度。政策的执行还涉及政策的执行结果的评估。在此方面，纪检监察部门发挥着重要作用，即通过建立完善的监督检查制度，明确政策落地的监督检查职责和程序。制度应包括检查的时间、范围、方式、内容等方面的规定，确保监督检查工作的有序进行。同时，可以制定年度、季度或月度的监督检查计划，明确要检查的政策项目和检查的重点。计划应根据政策的重要性和影响力进行优先安排，确保对关键政策的监督检查全面覆盖。纪检监察部门应与相关部门建立信息共享机制，及时获取政策执行的相关数据和信息。在此过程中，可以通过调研、走访、座谈等方式，了解政策在实施过程中的执行情况。可以与相关部门、地方政府、企事业单位和群众代表进行沟通，听取他们对政策执行的反馈意见和建议。对于政策执行中出现的违规行为和失职失责情况，相关监察部门应及时介入调查，依法严肃处理。

第四节　加强政策协调性

加强政策协调性是政府治理能力的重要体现。政府通过加强政策协调，能够更好地履行政府职能、提供公共服务，增强政府的决策能力和执行能力，提高政府的公信力和形象。加强政策协调性是推动政策制定与落地的重要方式，对于有效推进各项政策的实施和取得良好效果具有积极影响。加强政策协调性能够避免政策之间的冲突和矛盾，确保政策的一致性和协同效应，有助于优化政策环境，提高政策的可操作性和可持续性，为经济社会发展提供稳定和可预期的政策支持。同时，加强政策协调性有助于消除政策执行中的障碍和摩擦，提高政策的执行效率，实现各相关部门之间的协调合作，避免重复办事、信息不畅通等问题，提高政策执行的效率和质量。

一、构建加强政策协调性的体制机制

加强政策协调性的根本保障在于建立有关体制机制，以制度化建设保障促进资源的优化配置和集约利用，即通过政策协调整合各方资源，避免资源的浪费和重复利用，实现资源的最大化利用效益。

一是建立政策协调机制。政府可以建立跨部门、跨层级的政策协调机制，通过强化顶层设计的方式解决不同政策之间的矛盾和冲突。这一机制可以由政府主管部门牵头，各相关部门参与，定期召开会议，协商解决政策执行中的问题，回应政策执行之中民营企业所反映的有关问题。

二是制定统一的政策导向。政府应明确支持民营经济发展的总体政策导向，确保各项政策的制定和执行都与这一导向相一致。这一政策导向应注重鼓励和支持民营企业的创新创业、市场准入、融资环境等方面，避免政策的频繁调整和变动，提高政策的连续性和稳定性，为民营经济提供稳定和可预期的政策环境。

三是加强政策沟通和协商，政府部门应加强与民营企业的沟通和协商，了解民营企业家的需求和问题，直面民营经济在现实发展中所遇到的各项困境。通过定期座谈会、论坛、研讨会等形式，促进政府与民营企业之间的互动和交流，及时了解民营企业对政策的反馈和建议。

四是统筹规划和整合资源。政府应从整体上统筹规划和整合资源，确保各项支持民营经济的政策之间相互协调，在发展规划、财政政策、金融保障等方面加强政策的衔接与配合。在规划方面，利用好国家发展规划、区域发展规划等，明确政府的发展目标和重点领域，并提供整体的指导框架，统筹各项政策和资源。在金融支持方面，协调银行、担保机构、投资基金等多个机构的资源，促进各机构之间的信息共享，提供综合性的金融服务，以及有针对性地提供金融产品和服务。

五是完善政策评估和调整机制。政府应建立健全政策评估和调整机制，及时评估支持民营经济的政策执行情况和效果。制定明确的评估指标和评估体系，用于对政策实施效果进行评估。评估指标应涵盖政策目标的实现情况、经济社会效益、环境影响等方面，评估体系应包括定量和定性指标，以全面客观地评估政策的绩效。引入政策调整机制,根据评估结果及时调整政策。政策调整可以包括修订政策目标、调整政策措施、优化政策配套等。政府应灵活应对变化的情况,及时调整政策,以确保政策的有效性和适应性。

二、加强财政政策的协调性

民营经济中的高成长企业普遍面临着项目收益有限、市场引导机制不完善以及缺乏融资和消费渠道等问题,而财政支持政策可以将一部分经济利益直接让渡给微观市场主体,且会影响到企业中长期的生产、投资、研发与经营决策,是支持民营经济、民营企业的重要方式。尽管财政政策支持企业已经取得了一些成效,但仍然存在一些问题,特别是要着眼于政策协调性的问题。

一是充分运用财政政策协调机制。定期召开工作组会议,就推动民营经济发展的财政政策目标、预算安排、政策措施等进行讨论和协商,促进财政政策的协调性。建立健全数据共享和分析机制,通过各部门和层级之间的信息共享,更好地了解各地区和部门的财政状况,加强政策对接和资源协调。制定一揽子的财政政策措施,确保各级政府的财政政策目标与国家发展战略、政策目标保持一致,以引导财政政策行动。此外,还应加强政策的检测和评估机制,通过定期的财政评估报告,及时发现有关政策的问题和风险,并采取相应的调整措施。

二是着力解决财政政策分散碎片化问题。相关财政政策工具亟待进行统筹，现有政策的分配效应和公平问题未得到有效关注，要分类和协同分工各类财政政策工具的着力点，以放大政策协同的效果。此外，相关财政投入来源较为单一，目前财政政策工具主要依赖于财政资金投入，限制了财政资金投入的使用效果。从支持对象看，部分领域的财政政策堆积，导致资金和政策重复使用，有些甚至还引发部门之间的利益冲突。此外，诸如财政补贴对高成长企业的关键技术创新的激励和补偿不足，尚未形成闭环治理体系等问题依然存在。

三是加强国际财政政策合作与协调。在经济全球化背景下，各国经济相互联系更加紧密，各国之间的财政政策互动日益紧密，凸显了国际的财政政策合作与协调的重要意义。同时，金融危机、贸易摩擦、气候变化等全球性挑战给企业发展带来了挑战与机遇。这意味着民营企业在走出去与引进来过程中不可避免地会遇到不同国家之间的财政政策问题。为此，可以通过定期的政策对话和合作机制，就财政政策的时机、规模和措施进行磋商和协商，加强财政政策信息的共享与透明度，并就全球性经济挑战制定共同的政策目标和行动计划，最终实现在财政政策议题方面展开合作与协商。

四是积极着眼财政政策的供需平衡问题。从实践情况看，财政政策对高成长企业政策需求信息进行有效识别、分析、整合与反馈的能力尚显不足，考虑到财政政策特性、财政资源能力约束和区域差异等因素，还需充分发挥市场机制对已有的要素资源优化配置的作用，保证促进财政政策供需匹配过程的稳定性与持续动态平衡，实现财政政策在使用者（企业）、决策者（政府）和服务机构（社会组织、公众）等参与主体间的政策供应链中进行全方位连接，增加财政政策有效供给，实现信息集成共享、资源供需契合基础上的政策供给与需求精准匹配。

五是推动解决财政政策合理高效优化问题。现有财政政策组合存在片面性、不一致性和失衡性等问题，政策内容冲突较多、政策延续性差。一方面，要将政策导向、实施目标植根于财政政策体系设计之中，充分发挥多重政策组合所带来的协同效应。另一方面，制定政策时需要从整体角度重点论证政策组合如何有效推动民营经济发展，强化政策闭环，建立政策清单和任务清单，立足全生命周期积极探索交叉政策手段，实现政策一体化效应。

第五节　及时回应关切利益诉求

习近平总书记在考察调研时指出，只要是有利于改进工作、有利于长治久安的建议都要充分吸收，只要是反映民生困难、关系群众利益的声音都要及时回应。

"两个只要"，充分体现了我们党密切联系群众、充分发扬民主的优良作风与传统，也是新形势下更好支持民营经济发展、推动政策落地生效的必然要求。当前，我国经济社会处于转型阶段，各类群体利益诉求日益多元，人民群众对美好生活的期待不断更新升级，更需要多倾听各方声音，特别是民营经济在前沿创新发展中遇到了一系列新形势、新问题、新难题。及时回应关切和利益诉求，就是要切实解决民营企业在运行中所遇到的实际困难，从而更加有针对性地出台政策以及推动政策发挥实际作用。

一、充分回应企业家合理诉求

利用好新的技术方式收集与解决意见。习近平总书记指出："各级党政机关和领导干部要学会通过网络走群众路线，经常上网看看，潜潜水、聊聊天、发发声，了解群众所思所愿，收集好想法好建议，积极回应网民关切、解疑释惑。"[①]当前，互联网发展日新月异，网络空间已不仅仅是亿万网民交流信息的重要平台，也是反映、落实和解决好民营企业家现实遇到问题的直接工具。当前，一些政府网站开设的政务互动平台主要以网民留言回复为互动内容，群众在留言中反映的问题与意见涉及各个方面，政府对此进行回应和解决，有助于实现管理、秩序、服务与安全的精细化治理目标。但是，仅限于"留言回复"的主体互动内容有限、互动模式单一，单一平台承载的单一内容既难以满足现代化进程中群众的多样化需求，特别是难以覆盖民营企业家的多项

---

① 《习近平著作选读》第1卷，人民出版社2023年版，第472页。

诉求。可以通过建立新型政务互动平台，全面实施行政审批"网上申请、网上受理、网上审核、网上发证"，推进部门间信息共享互认，能网上办理的网上办，减少寻租。适时组建国家数据统筹机构，努力打破各类"信息孤岛"，实现跨部门数据共享等，通过这些方式实现问题的收集与全流程的解决。

热情帮助民营企业家健康成长。广大民营企业家必须把加强自我学习、自我教育、自我提升与党的领导、政府帮助、社会关怀结合起来，提高政治站位，爱国敬业、创业创新、回报社会。要倡导民营企业家聚精会神、心无旁骛办企业办实业，在合规合法中练好企业内功，抓住新技术、新业态、新平台、新模式的发展机遇，不断强身健体，加快提高经营能力和管理水平，不断拓宽国际视野，增强创新能力和核心竞争力。大力弘扬优秀企业家精神，组织宣传民营经济的重大作用、重要贡献和民营企业的先进事迹，运用各级党校（行政学院）、社会主义学院、干部学院等培训机构资源，加大对民营企业家的政治觉悟、世界眼光、法治精神、清廉意识、公益责任等教育培训，增强民营企业家的自豪感、使命感。

切实增强企业家人身和财产安全感。要严格认真落实中共中央、国务院发布的《关于完善产权保护制度依法保护产权的意见》，推进全面依法治国和法治政府建设，加大对个人财产的法律保护力度，增强企业家人身及财产财富安全感。地方政府要认真履行与民营企业家依法签订的各类合同，不得以政府换届、官员调整等理由违约毁约，如果有需要改变的要约，要对产生的损失依法补偿。要重点解决财产征收征用中公共利益扩大化、程序不规范、补偿不合理等问题，要加大政府清欠力度。要强化知识产权保护，建立信用受损企业的信用修复、污点销号机制。对一些民营企业历史上曾经有过的一些不规范行为，要以发展的眼光看问题，按照法不溯及既往、罪刑法定、疑罪从无的原则处理。

加强社会责任意识的宣传。政府可以通过宣传教育和激励机制，评选和表彰履行社会责任的榜样示范企业，以及对履行社会责任的民营企业给予包括税收优惠、贷款优惠在内的部分政策支持和经济奖励，推动第三次分配有关政策的社会宣传，做到向民营企业传递社会责任的重要性和价值，鼓励企业家履行社会责任，激发企业的责任意识和积极性，实现积极参与公益事业，为社会发展作出重要贡献。

二、积极优化政策环境

及时回应关切利益诉求，需要通过积极优化政策环境推动民营企业家的合理诉求的解决。包括及时调整和优化相关政策，以满足民营企业家的需求，以及为民营企业家提供公平竞争的机会，打击不正当竞争行为，维护公平竞争的市场秩序，激发创新和创业热情，从而为民营企业的发展提供良好的政策环境和支持措施，推动民营经济的健康发展和持续壮大。

及时回应关切利益诉求,根本上要落实到切实解决民营经济在发展中遇到的实际困难。这些实际困难包括减轻税费负担、改善融资环境、简化行政审批程序、加强知识产权保护、完善市场监管机制、提供创业培训和咨询服务、加强国际经济合作与开放等。简而言之,必须坚持问题导向,致力于解决问题。

在倾听利益诉求基础上认真吸收建议。及时回应关切利益诉求根本上要求转化为合理政策,也就是改进工作、发挥实际作用。因此,在倾听利益诉求基础上应切实把好思路、好建议吸纳进政策制定和工作部署中,充分评估政策落地和执行过程中的各项问题,对各项改革的复杂性、敏感性、艰巨性要有高度的认识,实现顶层设计与基层探索的有机结合。可以说,只有多倾听企业声音、多了解企业意见,收集反馈民营企业的利益诉求,才能自下而上凝聚起全社会的改革智慧,才能及时发现问题、完善工作,推动改革行稳致远。

及时有针对性地纠正有关措施。例如,要减少检查以及慎用关停强制措施。部分地区执法检查多有重复,执法标准多、变化快,执法人员自由裁量权过大,存在着扩大化、绝对化、层层加码、矫枉过正等现象,执法方式上存在"急刹车""一刀切"等简单粗暴行为。有的企业反映,"工作组检查团一年到头没有完;不解忧不解难,常给下边添麻烦;忙坏了办公室,忙坏了小车班,忙得领导转圈圈,哪有精力抓生产"。对此,要及时纠正,完善进入企业调查的国家规范的统一程序,探讨对企业施行联合行政执法检查。要坚持因地制宜、分类施策，在事故处理时尽量控制处理范围，对产业链供应链上的龙头企业或关键零部件重要生产企业，在没有重大安全和环境隐患的前提下，慎用关停措施。要健全"容错"机制，对一般的轻微违法行为不予处罚，尽量不进入企业实施检查。改革企业信息公示制度，在建立健全"黑名单"认定标准的同时，也要落实"红名单"认定标准。对因未按时进行工商年报或税务申报导致信息公示显示"经营异常"的企业，建议及时纠正或补充申报后，定期消除问题痕迹。

第七章
着力推动民营经济实现高质量发展

民营经济是推进中国式现代化的生力军，是高质量发展的重要基础，是推动我国全面建成社会主义现代化强国、实现第二个百年奋斗目标的重要力量。党的十八大以来，民营经济占全国GDP的比重由不到50%升至60%以上，民营企业在企业中的占比也提升至92.4%，由2012年的1085.7万户增至2023年5月底的5092.76万户，在稳增长、促创新、保就业等方面发挥了重要作用，成为中国经济增长的重要贡献者。为进一步促进民营经济发展壮大，中共中央、国务院于2023年7月发布《关于促进民营经济发展壮大的意见》（以下简称《意见》），明确要求"着力推动民营经济实现高质量发展"。迈入新发展阶段，着力推动民营经济实现高质量发展，既要引导民营企业践行新发展理念，也要鼓励民营企业完善中国特色现代企业制度，还要支持民营企业提升科技创新能力。

第一节　引导民营企业践行新发展理念

思想是行动的先导，理论是实践的指引。为推动民营经济实现高质量发展，《意见》明确提出"引导民营企业践行新发展理念，深刻把握存在的不足和面临的挑战，转变发展方式、调整产业结构、转换增长动力，坚守主业、做强实业，自觉走高质量发展之路"。站在推进中国式现代化全局的高度，我们要将"新发展理念"贯穿民营企业"全生命周期"之中，引领民营企业发展壮大，助力民营经济高质量发展。

一、新发展理念是推动民营经济高质量发展的理论指引

理论创新是党永葆生机活力的重要保障。面对新时代新形势新问题，习近平总书记高瞻远瞩、统揽全局，创新性、系统性地提出创新、协调、绿色、开放、共享的新发展理念，成为习近平经济思想的重要内容，引导我国经济发展取得了历史性成就、发生了历史性变革。新发展理念，是一个系统的理论体系，大逻辑基础是我国经济发展进入新发展阶段，科学回答了需要什么样的发展、实现什么样的发展、怎样实现发展的问题，具有"理论—历史—现实"逻辑的统一性[1]，是促进民营经济高质量发展的根本遵循。

从理论逻辑看，新发展理念是党把握发展规律作出的重大理

---

[1] 参见樊友山：《发挥民营经济领域统战工作有效作用 引领民营企业贯彻落实新发展理念》，《中国政协》2023年第7期。

论创新。作为习近平经济思想的重要组成部分,新发展理念既传承了党的发展理论,也根据新发展阶段下的形势新变化、实践新要求、人民新期待,对社会主义经济发展规律作出了全新总结和概括;同时,立足以中国式现代化全面推进中华民族伟大复兴的中心任务,既阐明了我们党关于发展的政治立场、价值导向、发展模式、发展道路等重大政治问题,也系统回答了关于发展的目的、动力、方式、路径等一系列理论和实践问题,为实现高质量发展提供了根本遵循。

从历史逻辑看,新发展理念是党顺应历史转变作出的重大战略创新。随着我国发展进入新发展阶段,经济由高速增长阶段转向高质量发展阶段,社会主要矛盾也转化为人民日益增长的美好生活需要和不平衡不充分的发展之间的矛盾。长期的高增长为我国高质量发展奠定了坚实的物质基础,但也累积了越来越明显的结构性矛盾,成为满足人民日益增长的美好生活需要的主要制约因素。新发展阶段,中国亟须以新发展理念为指导,加快构建新发展格局,着力推动高质量发展,实现从"有没有"向"好不好"、从"注重量"向"追求质"的转变。

从现实逻辑看,新发展理念是党破解发展新问题作出的重大实践创新。迈入新发展阶段,全面建成社会主义现代化强国成为新时代新征程的中心任务,中国发展中的矛盾集中体现在发展质量上,既亟须着力解决发展不平衡不充分的问题,也亟须破解"由大变强"的发展困境,以新发展理念引领中国式现代化建设。

另外，当前经济全球化遭遇逆流，国际秩序变革中的"修昔底德陷阱"愈演愈烈，美国等西方国家对我国进行全面遏制和打压，中国亟须把握新一轮科技革命机遇，以新发展理念为实现独立自主的发展之路提供动力牵引。

综合来看，新发展理念的提出，标志着中国共产党对经济社会发展规律性认识达到了新的高度，也集中体现了中国共产党对新发展阶段基本特征的深刻洞察和科学把握，是当前乃至更长时期我国发展思路、发展方向、发展着力点的战略指引，既包含着一些最关键的发展原则，也包含着新发展阶段治国理政的科学方法。[1]民营经济作为中国社会主义市场经济体制的重要组成部分，立足新发展阶段这一大逻辑基础，贯彻落实好新发展理念，全面融入新发展格局，是其加快转型升级、实现高质量发展的指导方针，也是其坚守实业根基、实现自立自强的重要抓手。

二、统筹协调好民营企业践行新发展理念的五大关系

引导民营企业践行新发展理念，须充分考虑我国经济社会发展实际，从全局和战略的高度准确把握好以下五个重大关系，为着力推动民营经济健康发展提供有效的科学指引。

---

[1] 参见王小广：《深刻认识新发展理念的内在逻辑和理论贡献》，《学习时报》2022年10月10日。

（一）统筹协调好市场和政府的关系

市场这只"看不见的手"和政府这只"看得见的手"，在社会主义市场经济体制中发挥着重要作用。党的十八届三中全会把市场在资源配置中的"基础性作用"修改为"决定性作用"，标志着我们党对中国特色社会主义建设规律的新突破。新时代，既要坚持和完善社会主义基本经济制度，使市场在资源配置中起决定性作用，更好发挥政府作用，要加快构建要素自由流动、价格反应灵活、竞争公平有序、资源高效配置的全国统一大市场。同时，也要推进国家治理体系和治理能力现代化，营造长期稳定可预期的制度环境，激发市场主体活力，为构建新发展格局提供强大动力。在这个过程中，民营企业的角色也发生了变化，从过去单纯通过竞争获取资源和市场份额的"竞技场"，逐步转变为通过合作才能共享资源、共创价值的"生态圈"，要想让这个"生态圈"持续富有生命力，这就需要支持引导民营企业完善现代企业制度，推动民营经济高质量发展。

（二）统筹协调好国有企业和民营企业的关系

公有制经济和非公有制经济都是社会主义市场经济的重要组成部分，都是我国经济社会发展的重要基础。公有制经济、非公有制经济相辅相成、相得益彰，把公有制经济巩固好、发展好，同鼓励、支持、引导非公有制经济发展不是对立的，而是有机统一的。①国有企业和民营企业分别作为公有制经济和非公有制经济的主要代表力量，在经济发展中共生共存。这就需要打破市场壁垒，让国有企业和民营企业在公平的市场环境中竞争，共同推动中国经济发展。

（三）统筹协调好"进入"和"退出"的关系

新发展阶段，推动民营企业引进、消化吸收和自主创新，提高产品和服务的技术含量，科技赋能下闯出一条数字化转型、智能化改造和绿色化的转型之路，可以提高企业的市场竞争力，增强企业的抗风险能力。在这个过程中，新旧技术的更迭、新旧动能的转换，必须算好成本账，在市场中有计划、有组织、有步骤地推进完成。民营企业应实施追赶战略、加快发展步伐。一方面承接发达地区技术较为先进、资源环境承载压力不大的产业转移，提升应急扩产转产能力；另一方面鼓励有条件的民营企业参与数据中心、工业互联网等新型基础设施投资建设和应用创新，减少生产过程中的能源消耗和污染排放，在生产过程绿色化中提高经济效益和社会效益。

（四）统筹协调好供给和需求的关系

新发展阶段，畅通经济循环最主要的任务是供给侧有效畅

---

① 参见《习近平新时代中国特色社会主义思想学习纲要》（2023年版），人民出版社2023年版，第148页。

通，要坚持深化供给侧结构性改革这条主线，以强大的有效供给能力穿透循环堵点、消除瓶颈制约，增强供给体系韧性，形成更高效率和更高质量的投入产出关系。同时，要高度重视需求侧管理，坚持扩大内需这个战略基点，加快培育完整的内需体系，把实施扩大内需战略同深化供给侧结构性改革有机结合起来，推动形成需求牵引供给、供给创造需求的更高水平动态平衡。对此，民营企业需要将供给和需求贯穿整个生产过程，为人民群众提供更为精准的商品和服务。从"国内国际两个市场"出发，民营企业既要充分利用国内市场的巨大潜力，快速提高内需市场份额，也要抢抓国家层面和区域性国际市场的开放政策机遇，提高国际市场份额，在"双循环"战略中实现可持续发展。

（五）统筹协调好改革和发展的关系

改革是发展的动力，是实现长期稳定的基础；发展是改革的目的，是稳定最可靠的保证；稳定则是改革、发展的前提条件，也是发展的重要要求。处理改革、发展、稳定的关系，就是要坚持把改革的力度、发展的速度和社会可承受的程度统一起来，在社会稳定中推进改革发展。党的十八大以来，党和国家对全面深化改革提出一系列重要论断、作出一系列战略部署，其中经济体制改革就是全面深化改革的重点环节。实践证明，唯有改革才能打破旧的体制束缚，调整经济结构、优化资源配置、提高经济效率、激发市场活力。坚持共建共享原则，凝聚最广泛的人民力量，形成普遍共识支持改革、携手发展，同时让广大人民群众充分享受改革和发展的红利。从法治环境入手，完善资本行为制度规则。从弘扬企业家精神入手，增强民营企业家的爱国情怀，进一步激发创新的活力和创造的潜能。

三、支持与引导民营企业践行新发展理念的五个维度

新发展理念的本质在于服从服务于高质量发展，核心是形成有利于实现创新成为第一动力、协调成为内生特点、绿色成为普遍形态、开放成为必由之路、共享成为根本目的的体制机制。着力推动民营经济高质量发展，关键在于引导民营企业践行新发展理念，根本在于充分激发民营企业的内在动力和创新活力。引导民营企业践行新发展理念，须以创新、协调、绿色、开放、共享五大维度为重要抓手，引导民营企业通过自身改革发展、合规经营、转型升级不断提升发展质量，促进民营企业做大做优做强做精做实。

（一）创新维度：在守正创新中做大民营企业

创新是高质量发展的第一动力，经济发展水平越高，创新的作用就越重要。从发展全局来看，创新发展不仅包括科技、管理与商业模式等基础性创新，也包括制度和宏观治理等规制性创新。从市场主体来看，科技创新是企业发展的生命线，创新发展的关键在于激发与提升企业的科技创新能力，实现从小到大、从

弱到强的发展壮大。习近平总书记曾多次强调："要强化企业科技创新主体地位，促进创新要素向企业集聚，不断提高科技成果转化和产业化水平。"[1]当前科技发展日新月异，作为经济活动的重要单元，民营企业离市场最近，对市场需求反应最灵敏，对消费趋势把握最及时[2]，是我国最活跃、最富有创造力、最具竞争力的市场主体，在稳定增长、促进创新、增加就业、改善民生等方面发挥了不可替代的作用。数据显示，税收贡献超过50%，国民生产总值占比超过60%，技术创新和新产品研发占比超过70%，城镇就业超过80%，企业数量占比超过90%。新发展阶段下，需要引导民营企业树立创新驱动发展理念，基于内生需求开展科技创新活动，在守正创新中实现自身不断壮大的同时，发挥好其作为创新链和产业链融合发展的黏合、牵引作用，有效贯通从基础研究、技术攻关到工程应用、产业化的创新链条，从而支撑产业转型升级。

（二）协调维度：在协调协同中做优民营企业

协调是高质量发展的内生特点，追求的不是单一的经济发展、单一优势的发挥，也不是一部分人、一部分地区、一部分行业的发展，而是整体发展。在市场经济条件下，存在各种所有制

---

[1] 《习近平在江苏考察时强调　在推进中国式现代化中走在前做示范　谱写"强富美高"新江苏现代化建设新篇章》，《人民日报》2023年7月8日。

[2] 谷业凯：《强化企业科技创新主体地位》，《人民日报》2023年7月24日。

性质、各种类型与规模的企业同台竞技，既有激烈竞争，也需要密切合作。从所有制来看，要推动国有企业民营企业通力合作、紧密协作，共同促进中国经济发展。习近平总书记多次强调，必须坚持和完善社会主义基本经济制度，毫不动摇巩固和发展公有制经济，毫不动摇鼓励、支持、引导非公有制经济发展。这就需要打破市场壁垒，让国有企业和民营企业在公平公正的市场环境中良性竞争。从规模来看，要推动大中小企业协同发展，实现优势互补、互利共赢、融合发展。民营经济要当好市场经济"领头雁"，形成融合互补、良性循环的大中小企业生态圈。其中，大企业要充分发挥规模优势、市场优势，中小企业要甘于为大企业"跑龙套"，通过协议、利益、技术等形成大中小企业联合体，深化产业链对接，推动价值链增值。从类型来看，要贯彻落实军民融合发展战略，推动军民企业相辅相成、相得益彰。要发挥民营企业优势，加强军民供需对接，推进重点产业"民参军""军转民"，加快构建全要素、多领域、高效益的军民深度融合发展格局。

（三）绿色维度：在绿色转型中做强民营企业

绿色是高质量发展的普遍形态，是保障永续性发展的必要条件，也是促进人与自然和谐共生的中国式现代化建设的根本所在。作为全国占比90%以上的经营主体，民营企业既是绿色技术创新的重要力量，也是节能减排降碳的重要贡献者。在当前和今后一段时期内，绿色低碳转型既是经济高质量发展的大势所趋，也是民营企业提升市场竞争力的机遇所在；既是推动经济结构调整的重要举措，也是民营企业履行社会责任的必然选择。当前，在绿色发展目标引领下，越来越多的民营企业调整"高耗能、高污染、高排放"发展模式，向绿色低碳循环发展模式转型。与此同时，在绿色低碳转型发展的探索实践中也存在关键环节和重点领域"卡脖子"风险、绿色发展投入与技术转化不足等问题。一些民营企业仍面临不想转、不敢转、不会转等困境，这既有对转型成本的考量，也有对政策和制度环境的评估。全国工商联出版发行的《中国民营企业绿色发展报告（2022)》显示，民营企业推进绿色低碳发展面临的主要困难包括投入成本高、技术限制、人力资源短缺、政策理解不透彻等。为此，加快推动民营企业绿色低碳转型发展，关键要优化和落实各项民营经济支持政策措施，加快绿色技术创新，完善绿色金融体系，营造绿色转型生态。[①]

（四）开放维度：在开放合作中做精民营企业

开放是高质量发展的必由之路，也是融入全球经济、拓展发展空间的根本所在。站在新的历史起点上，中国将在更大范围、更宽领域、更深层次上提高开放型经济水平，利用好国内国外两个市场，推进高水平对外开放。民营企业是我国实施高水平

---

① 参见张再杰：《突破民企绿色转型关键环节》，《经济日报》2023年8月26日。

对外开放的重要主体，必须要提高到国家战略的高度加以认识与推动，提升民营企业的市场主体地位，引导服务民营企业参与共建"一带一路"，在开放合作中做精民营企业。当前，广大民营企业参与共建"一带一路"建设仍面临重要机遇和发展潜力，需要提高风险防范的水平，全面强化风险防控，落实风险防控制度，压紧压实企业主体责任，用好各种资源。为此，政府要转变职能方式，发挥开放窗口和桥梁纽带作用，突出联通政企、融通内外、畅通供需、织密服务企业网、拓展贸促覆盖面、扩大国际朋友圈，搭建更多交流合作平台，提供更优质的商事法律服务。同时，广大民营企业要聚焦高标准、前沿技术，练好企业发展内功，提升创新能力，打造以技术、标准、质量、品牌、服务为核心的竞争力与新优势，向全球产业链、创新链、价值链高端迈进；也要提高风险防范能力，优化合作模式，不仅要抱团发展，也要加强多方合作。[①]

（五）共享维度：在共建共享中做实民营企业

共享是高质量发展的根本目的，也是社会主义的本质要求，彰显了中国化当代化大众化的马克思主义发展观。习近平总书记多次强调："把增进人民福祉、促进人的全面发展、朝着共同富

[①] 参见吴志红：《助力民企在更高水平对外开放中实现更好发展》，《人民政协报》2022年9月2日。

裕方向稳步前进作为经济发展的出发点和落脚点。"①为此，我们要坚持共建共享原则，凝聚最广泛的人民力量，形成普遍共识支持改革、携手发展，同时让广大人民群众充分享受改革和发展的红利。民营企业作为财富的创造主体和分配主体之一，理应成为共同富裕的重要参与者和贡献者，以促进共同富裕为履行企业社会责任价值目标的设定。一方面，要引导民营企业深刻认识到共享发展理念的科学内涵以及其极端重要性和现实针对性。从弘扬企业家精神入手，增强民营企业家的爱国情怀，进一步激发创新活力和创造潜能；也要引导广大民营企业找准共享发展理念与民营企业发展的结合点、关键点、发力点。另一方面，民营企业要立足区位、政策、人文等方面优势，积极参与中国式现代化，助力提升资源转化能力，推动全国统一大市场建设；同时，聚焦惠民生，共享共同发展成果，切实履行社会责任，将企业发展与增加社会福祉等可持续发展目标相结合，主动打造具有影响力的民生工程、民生品牌。

第二节 引导民营企业完善中国特色现代企业制度

企业兴则国家兴，企业强则国家强。党的二十大报告明确提

---

① 习近平：《论把握新发展阶段、贯彻新发展理念、构建新发展格局》，中央文献出版社2021年版，第62页。

出要"完善中国特色现代企业制度,弘扬企业家精神,加快建设世界一流企业"①。完善中国特色现代企业制度,加快建设世界一流企业,二者互为依托、互为补充、辩证统一。完善中国特色现代企业制度是制度保障,加快建设世界一流企业是目标结果。新时代新征程,我们要毫不动摇鼓励、支持和引导非公有制经济发展,引导民营企业对标世界一流企业,不断完善中国特色现代企业制度,实现质量更好、效益更高、竞争力更强、影响力更大的发展。

一、加快建设世界一流企业是引导民营企业高质量发展的目标成果

企业是社会主义市场经济的微观细胞,是推动经济社会发展的主力军,是推进中国式现代化的重要基础。党的十九大报告中提出"培育具有全球竞争力的世界一流企业",党的二十大报告中再次提出"加快建设世界一流企业"。加快建设世界一流企业,是以习近平同志为核心的党中央聚焦新时代新征程中国共产党的使命任务,着眼党和国家事业发展需要作出的重大战略决策,为新时代新征程引导民营企业高质量发展指明了前进方向、提供了根本遵循。②

---

① 《习近平著作选读》第1卷,人民出版社2023年版,第24页。
② 参见刘宇:《加快建设世界一流企业》,《人民日报》2022年9月21日。

从基本内涵来看，世界一流企业是产品卓越、品牌卓著、创新领先、治理现代的企业。2022年3月召开的中央全面深化改革委员会第二十四次会议审议通过《关于加快建设世界一流企业的指导意见》，提出"加快建设一批产品卓越、品牌卓著、创新领先、治理现代的世界一流企业"。新时代新征程上，我们要以产品卓越支撑世界一流，形成一批在世界上具有一流水平产品的领军企业；要以品牌卓著锻造世界一流，形成一批在全球产业发展中具有重要话语权和影响力的领军企业；要以创新领先引领世界一流，形成一批引领全球行业技术发展的领军企业；要以治理现代夯实世界一流，形成一批以内涵型发展引领质量效益提升的领军企业。

从发展形势来看，我国已具备且亟须打造世界一流企业的基础与必要。纵观现代经济发展历程，由大国向强国转变，必然伴随着一批具有全球竞争力企业的崛起。从"形"的方面看，我国一些行业领军企业已经具有建设世界一流企业的基础；从"势"的方面看，我国已迈上全面建设社会主义现代化国家新征程。国家间竞争在一定程度上体现在企业特别是行业领军企业、世界一流企业之间的竞争。面对世界百年未有之大变局，解决错综复杂的深层次矛盾问题，抢抓新一轮科技革命和产业变革的重大机遇，必须有一批能够体现国家实力和国际竞争力、引领全球科技和行业产业发展、彰显中国特色社会主义制度优势的世界一流企业作为基础保障和坚强支撑，从而推动实现中国式现代化，为全面建设社会主义现代化国家作出新的贡献。

从意义作用来看，世界一流企业是国家经济实力、科技实力和国际竞争力的重要体现，是引领全球产业发展和技术创新的关键力量。加快建设世界一流企业，有利于行业领军企业持续提升发展水平，进一步增强经营效益、创新能力、国际影响力、品牌等软实力；有利于提升国家经济实力、科技实力和国际竞争力，为我国实现高质量发展、构建新发展格局提供重要支撑，助力全面建成社会主义现代化强国、以中国式现代化全面推进中华民族伟大复兴；有利于以中国力量引领全球产业发展和技术创新，推动世界经济社会发展。

从实践要求来看，加快建设世界一流企业要立足制度保障多向发力，推动企业不断提升技术创新力、全球竞争力、国际影响力和企业家引领力。一是要提升技术变革的创新力。坚持创新核心地位，把科技自立自强作为国家发展的战略支撑，鼓励支持企业聚焦行业关键领域和核心技术，提升对产业链核心环节和关键领域的掌控力。二是要提升企业全球竞争力。增强面向全球的资源配置和整合能力，实现资本、资源、技术、人才等各类要素全球化配置，形成一批主导全球产业链、供应链和价值链的"链主"企业。三是要提升彰显自信和担当的影响力。推动企业开展国际化经营，形成更多跻身全球前列的中资跨国企业，鼓励参与国际标准制定。四是要提升优秀企业家的引领力。加快培育具有全球视野的企业家，大力弘扬企业家精神，树立对企业家的正向激励导向，推动企业家成为创新发展的探索者、组织者、引领者。

二、完善中国特色现代企业制度是加快建设世界一流企业的制度保障

建设世界一流企业，必须要有与之相适应的现代企业制度作为基础保障。党的十八大以来，习近平总书记多次就现代企业制度作出一系列重要论述，提出建立和完善中国特色现代企业制度。建立和完善中国特色现代企业制度，是社会主义市场经济体制的重要内容，也是引导民营企业高质量发展、加快建设世界一流企业的制度保障。

（一）中国特色现代企业制度是一项重大制度创新

正如发展社会主义市场经济体制是一项前无古人的伟大创造，建立中国特色现代企业制度，也是一项重大的制度创新。经济体制是我国最先突破的改革领域。改革开放以来，我国逐步建立和不断完善社会主义市场经济体制，现代企业制度在实践中不断创新发展。1993年召开的党的十四届三中全会作出了《中共中央关于建立社会主义市场经济体制若干问题的决定》，首次提出"建立产权清晰、权责明确、政企分开、管理科学的现代企业制度"，这是发展社会化大生产和市场经济的必然要求。经过26年的实践探索和理论升华，2019年11月召开的党的十九届四中全

会明确提出"深化国有企业改革，完善中国特色现代企业制度"。从"建立现代企业制度"到"完善中国特色现代企业制度"，符合我国企业发展的内在需要和客观规律，是我国企业高质量发展的明确导向和最大利好，为新时代建设现代企业制度指明了方向，提供了根本遵循。

近年来，国有企业改革、国有企业混合所有制改革深入推进，企业党的建设进一步加强，混合所有制经济蓬勃发展，中国特色现代企业制度内涵不断丰富和发展，国有企业、民营企业、混合所有制企业都要形成有效制衡的现代企业治理机制、灵活高效的现代企业经营机制、激励相容的现代企业激励机制和监管适宜的现代企业监管机制等制度体系。从国有企业、国有控股混合所有制企业来看，公司制改革全面完成，"党建入章程"、"双向进入、交叉任职"、党委（党组）前置研究讨论重大经营管理事项清单等全面落实。1.29万户中央企业子企业、734户地方一级企业、2.63万户地方国有企业子企业基本实现董事会应建尽建，完成占比达99.9%。经理层成员任期制和契约化管理全面推行，中央、地方企业各级子企业完成占比达99%以上。市场化用工机制深入推进，公开招聘人员占新进员工总数比例达99.7%以上，实行全员绩效考核企业占比达99.7%。

（二）中国特色现代企业制度的两大核心内容

中国特色现代企业制度是加快建设世界一流企业的制度保

障，主要涉及两个方面：一是"中国特色"，即要坚持党对企业改革工作的领导；二是"现代化改革"，即要坚持现代企业制度的改革方向。

从"中国特色"来看，"两个一以贯之"是中国特色现代企业制度的重要内容。党的十八大以来，习近平总书记多次就现代企业制度作出一系列重要论述，强调"坚持党对国有企业的领导是重大政治原则，必须一以贯之；建立现代企业制度是国有企业改革的方向，也必须一以贯之"[①]。中国特色现代企业制度，"特"就特在党的领导，必须把党的领导融入公司治理各环节，做到组织落实、干部到位、职责明确、监督严格。这种制度安排是对现代企业制度的重大创新。可以说，中国特色现代企业制度是基本经济制度的重要实现形式，是新形势下坚持公有制主体地位的必然选择，也是增强国有经济活力、控制力、影响力、竞争力的一个有效途径。

从"现代化改革"来看，既要推动国有企业现代化企业改革，也要支持民营企业现代化企业制度改革。党的十九大再次重申"两个毫不动摇"，并把"两个毫不动摇"写入新时代坚持和发展中国特色社会主义的基本方略，作为党和国家一项大政方针进一步确定下来。"完善中国特色现代企业制度"，虽然是针对国有企业改革提出的，但作为"自己人"的民营企业，也应积极

---

① 《习近平谈治国理政》第2卷，外文出版社2017年版，第176页。

参与。早在2018年11月，党中央就曾明确指出"鼓励有条件的民营企业建立现代企业制度"。立足中国基本国情和经济社会发展的现实阶段，党的十八届三中全会提出积极发展混合所有制经济，强调"国有资本、集体资本、非公有资本等交叉持股、相互融合的混合所有制经济"。可以说，发展混合所有制经济是长期坚持"两个毫不动摇"的制度要求和历史结果，也是国有经济和市场经济融合发展的有效方式和途径。推动混合所有制改革，完善其制度范式、规律、要求，是发展混合所有制经济的关键性举措，也是中国特色现代企业制度的重要内容和重要体现。

三、引导民营企业完善中国特色现代企业制度打造世界一流企业

完善中国特色现代企业制度，推动企业治理体系和治理能力现代化，是激发民营企业活力的重要基础，也是建设世界一流企业的重要环节。中国特色现代企业制度充分体现在"两个一以贯之"的刚性要求，充分体现在企业组织形式和财产组织形式的不断发展变化，充分体现在服务和落实国家战略使命，充分体现在市场化机制深度融入企业生产经营全链条，充分体现在全过程人民民主，实现企业、股东、员工的共建共享发展。新时代新征程，我们要毫不动摇鼓励、支持和引导非公有制经济发展，引导民营企业对标世界一流企业，不断完善中国特色现代企业制度，

实现质量更好、效益更高、竞争力更强、影响力更大的发展。

（一）对标世界一流企业不断提升企业竞争力

当前，我国一些行业领军企业的发展水平不断提升，具备建设世界一流企业的良好条件，但核心竞争力还有待加强，经营效率、创新能力、国际竞争力、品牌影响力等还有待提升。一是要支持民营企业立足自身实际，积极向核心零部件和高端制成品设计研发等方向延伸。二是要加强品牌建设，提升"中国制造"美誉度。三是要鼓励民营企业拓展海外业务，积极参与共建"一带一路"，有序参与境外项目，在走出去中遵守当地法律法规、履行社会责任。四是要更好指导支持民营企业防范应对贸易保护主义、单边主义、"长臂管辖"等外部挑战。五是要强化部门协同配合，针对民营经济人士海外人身和财产安全，建立防范化解风险协作机制。

（二）将"中国特色"嵌入现代企业制度之中

中国特色现代企业制度之"特"，根本在于对源自西方的现代企业制度进行中国化改造，就是要全面落实"两个一以贯之"，把党的领导融入公司治理各环节，充分发挥党组织把方向、管大局、保落实的领导作用，支持董事会、经理层依法履职。对此，要鼓励民营企业把"企业党建"和"社会责任"嵌入"现代企业制度"，形成"三位一体"的企业治理模式。其中，"现代企业制度"是基础，通过健全法人治理结构，协调各方关系，规范企业行为，提高运行效率；"企业党建"是灵魂，通过发挥党对企业的引领作用，把党的政治优势转化为企业发展优势，保证企业健康发展，促进企业利益与国家、社会利益高度统一；"社会责任"是使命，通过建立共享共赢机制，彰显企业的社会主义属性，树立以人民为中心的发展思想，优化企业生态环境，促进社会和谐稳定。

（三）引导民营企业完善治理结构和管理制度

建立现代企业制度，完善治理结构和管理制度，也是民营企业高质量发展的重要内容。要引导民营企业向世界优秀企业看齐，在公司治理机制改革上持续发力，加强管理体系建设，增强企业战略管理、经营管理和风险管理水平，加快建立权责法定、权责透明、协调运转、有效制衡的公司治理机制。一是支持引导民营企业完善法人治理结构、规范股东行为、强化内部监督，实现治理规范、有效制衡、合规经营，鼓励有条件的民营企业建立完善中国特色现代企业制度。二是依法推动实现企业法人财产与出资人个人或家族财产分离，明晰企业产权结构。研究构建风险评估体系和提示机制，对严重影响企业运营并可能引发社会稳定风险的情形提前预警。三是支持民营企业加强风险防范管理，引导建立覆盖企业战略、规划、投融资、市场运营等各领域的全面风险管理体系，提升质量管理意识和能力。

第三节　支持民营企业提升科技创新能力

民营企业是科技创新的重要力量，科技创新是民营企业发展的动力之源。中共中央、国务院发布的《关于促进民营经济发展壮大的意见》，进一步明确了民营经济的创新主体地位，为民营企业加速技术创新创造了良好的政策支持体系和市场环境氛围，为民营企业提升核心竞争力创造了发展机遇。同时，国家发展改革委等八部门于2023年7月发布《关于实施促进民营经济发展近期若干举措的通知》（以下简称《若干举措》），从民营经济需求出发，围绕解决民营企业突出问题，提出28条配套政策举措，为提振民营经济预期信心、进一步激发民营经济发展活力、切实推动民营经济高质量发展提供了政策保障。

一、科技自立自强是推动高质量发展的必由之路

科技立则民族立，科技强则国家强。党的十八大以来，习近平总书记高度重视科技自立自强问题，指出"科技自立自强是国家强盛之基、安全之要"，强调"把科技的命脉牢牢掌握在自己手中""不断提升我国发展独立性、自主性、安全性"[1]。加快实现高水平科技自立自强，是构建新发展格局的本质特征，是实

---

[1]《习近平在湖北武汉考察时强调　把科技的命脉牢牢掌握在自己手中　不断提升我国发展独立性自主性安全性》，《人民日报》2022年6月30日。

现高质量发展的必由之路，是驱动我国经济社会发展的主要动力源，是我国经济社会发展阶段性转化、应对世界百年未有之大变局加速演进、全面建设社会主义现代化国家的核心任务、关键环节、根本支撑。①

实现中华民族伟大复兴，高水平科技自立自强是关键。纵观历史，科技创新始终是党和国家领导人高度重视的重大理论与实践问题。新中国成立以来，我国坚持走自力更生道路，在20世纪60年代就提出四个现代化的发展目标，并将"科学技术现代化"作为四个现代化的关键。随着改革开放的深入推进，历任党和国家领导人先后提出"科学技术是第一生产力""人才是第一资源""发展是第一要务""创新是第一动力"等重大理论命题。从"向科学进军"到"科学的春天"再到"实施科教兴国战略""建设创新型国家"，以及今天的"建设世界科技强国"号召，我国科技事业从量的积累进入质的飞跃、从点的突破进入系统能力提升的新阶段，取得了一系列科技发展的重大标志性成果和历史性成就，在促进我国发展大局中发挥着根本性的战略支撑作用。

当前，世界已经进入大科学时代，科技创新的广度、深度、速度、精度大大超出传统认知，带来了科技发展模式、科学研究范式、科技管理方式、科学开放形式、创新人才培养方式的重大

---

① 参见肖磊：《实现高水平科技自立自强的战略路径》，《湖南日报》2023年9月14日。

变革。同时，我国科学技术现代化取得重大进展，进入创新型国家行列，但是关键核心技术受制于人的格局还没有得以根本改变，一些关键部件依靠进口，以美国为首的西方发达国家对我国采取了科技遏制、技术脱钩、极限施压等竞争性战略，传统发展模式转型升级压力突出。历史实践表明，广大发展中国家在发展中面临的主要障碍，就是不能实现科技自立自强，导致经济结构转型升级受阻，最终丧失自主能力，在政治、经济诸多方面形成对西方发达国家的依附，深陷于"中等收入陷阱"而无法自拔。对此，2023年3月，习近平总书记在参加江苏代表团审议时发表重要讲话，明确指出"在激烈的国际竞争中，我们要开辟发展新领域新赛道、塑造发展新动能新优势，从根本上说，还是要依靠科技创新。我们能不能如期全面建成社会主义现代化强国，关键看科技自立自强"[1]。可见，高水平科技自立自强是突破传统路径、应对外部挑战的主要抓手，是参与新一轮全球科技竞争的必然选择，是确保国内大循环畅通、塑造我国在国际大循环中新优势的关键所在。

二、民营企业是扛起科技自立自强大旗的中坚力量

作为高质量发展的重要基础，民营经济是实现科技自立自

---

[1]《习近平参加江苏代表团审议时强调　牢牢把握高质量发展这个首要任务》，《人民日报》2023年3月6日。

强的中坚力量，也是推进中国式现代化的生力军。党的十八大以来，习近平总书记高度重视民营经济高质量发展问题，指出"高质量发展对民营经济发展提出了更高要求"，强调"有能力、有条件的民营企业要加强自主创新，在推进科技自立自强和科技成果转化中发挥更大作用"[①]。改革开放以来，特别是我国广大民营企业依靠技术创新实现转型升级，从小到大、从弱到强，不断发展壮大，日益成为加快建设创新型国家和推动实现中华民族伟大复兴历史进程中的生力军。

自《国家中长期科学和技术发展规划纲要（2006—2020年）》明确提出"支持鼓励企业成为技术创新主体"以来，许多民营企业技术创新成绩斐然。根据全国工商联数据显示，民营企业贡献了70%的技术创新成果、80%的国家专精特新"小巨人"企业和90%的高新技术企业。截至2022年，全国研发投入前1000家民营企业研发投入占全国研发经费投入的38.58%，占全国企业研发经费支出的50.16%。根据《国家知识产权局2022年度报告》，我国发明专利授权量前10名企业中，民营企业占据7席。这些数据充分表明，民营企业已经具有较高的技术创新能力和研发成果质量，已经成为推动实现国家高水平科技自立自强的生力军、集聚科技创新要素的重要载体。

从历史实践来看，"大国重器"的背后，既有"国家队"的

[①]《习近平在看望参加政协会议的民建工商联界委员时强调　正确引导民营经济健康发展高质量发展》，《人民日报》2023年3月7日。

接力攻关，也有"民间高手"的默默耕耘。过去几年，中国空间站、嫦娥五号探月工程、"奋斗者"号载人深潜器、墨子号量子通信卫星、C919大飞机等一系列重大科技项目取得重大且实质性的突破。以高铁这张"国家名片"为例，每一辆"复兴号"动车组总共包含50余万个零部件，其中不乏高铁轴承、IGBT芯片、车轮、牵引电机等长期被西方国家垄断的核心零部件。每一辆高速驰骋的"复兴"号动车组的背后，既有诸如洛阳LYC轴承公司等国有企业坚持不懈才得以攻克高铁轴承的技术难题，也有北京天宜上佳这样的民营企业默默耕耘，打破国外对于高铁刹车片的市场垄断。"华龙一号"核电机组背后，则站着来自宁波的民营企业天生密封件有限公司。这家以生产高压锅密封圈起家的民营企业，八年磨一剑，终于攻克了"C型密封圈"的技术难题，打破了美国长达半个世纪的技术垄断，等等。另外，提到深海探测，我们拥有的"蛟龙"号、"深海勇士"号和"奋斗者"号三台载人深海潜水器，已为很多科技迷所周知，但是水下连接器却是大众最为陌生的35项"卡脖子"技术之一。为此，民营科创企业蓝梭科技深度参与了"奋斗者"号全海深载人潜水器等"大国重器"水密连接器传输组件等研制工作，为我国成功突破水下连接器技术壁垒作出了重要贡献。[①]

[①] 参见陈琳：《科技自立自强中的民企担当》，《宁波日报》2023年9月19日。

三、切实夯实民营企业科技自立自强的发展根基

加快实现高水平科技自立自强,是推动民营经济高质量发展的必由之路。新时代新征程,我们要引导民营企业坚持历史自信、保持历史耐心、掌握历史主动,紧紧牵住科技创新这一"牛鼻子",牢牢把握科技命脉和创新发展主动权,积极参与国家重大战略、承担重大科技攻关,加快推动数字化转型和技术改造,在促进我国发展大局中发挥着根本性的战略支撑作用;同时,通过科技创新政策引导,帮助民营企业提高科技创新能力、激发科技创新活力、提升核心竞争力、增强发展后劲力。

(一)支持民营企业参与国家重大战略

支持民营经济发展是党中央的一贯方针,其中支持民营企业参与国家重大战略是实现民营企业高质量发展的重要举措。新时代新征程,党中央针对关系全局、事关长远的问题作出了系统谋划和战略部署,实施了乡村振兴、区域协调发展、新型城镇化等一系列重大发展战略。鼓励和吸引更多民营企业参与国家重大战略、国家重大工程、重点产业链供应链项目建设,既可以提振民营经济预期信心,进一步激发民营经济发展活力,让民营企业享受到一系列国家重大战略的政策红利;也可以将民营企业在技术创新、市场运营等方面的优势带到重大战略项目之中,助力产生更强的规模效应和协同效应。一是要支持民营企业参与"一带一

路"建设、长三角一体化发展、粤港澳大湾区建设等重大战略实施。二是要支持民营企业到中西部和东北地区投资发展劳动密集型制造业、装备制造业和生态产业，促进革命老区、民族地区加快发展，投入边疆地区建设推进兴边富民。三是要鼓励民营企业自主自愿通过扩大吸纳就业、完善工资分配制度等，提升员工享受企业发展成果的水平；同时，参与全面加强基础设施建设，引导民营资本参与新型城镇化、交通水利等重大工程和补短板领域建设。四是要支持民营企业参与推进碳达峰碳中和，提供减碳技术和服务，加大可再生能源发电和储能等领域投资力度，参与碳排放权、用能权交易。五是要支持民营企业参与乡村振兴，推动新型农业经营主体和社会化服务组织发展现代种养业，高质量发展现代农产品加工业，因地制宜发展现代农业服务业，壮大休闲农业、乡村旅游业等特色产业，积极投身"万企兴万村"行动。

（二）支持民营企业承担重大科技攻关

随着现代科技日益发展，专业分工和精细化程度也越来越高，每一项重大科技的攻关与突破，需要成百上千家企业的通力合作。推动重大科技攻关，既需要发挥国家科技力量的主力军作用，也需要发挥民营科技力量的生力军作用。一方面，要鼓励民营企业根据国家战略需要和行业发展趋势，按规定积极承担国家重大科技项目，坚持"四个面向"，持续加大研发投入，重点加强基础研究和原创性、引领性科技攻关，牵头承担工业软件、云计算、人工智能、工业互联网、基因和细胞医疗、新型储能等领域的攻关任务，实现优势领域、共性技术、关键技术的重大突破，确保产业链供应链安全可控。尤其是要培育一批关键行业民营科技领军企业、专精特新中小企业和创新能力强的中小企业特色产业集群。另一方面，要推动不同所有制企业、大中小企业融通创新，开展共性技术联合攻关，加强基础性前沿性研究和成果转化。完善高等学校、科研院所管理制度和成果转化机制，调动其支持民营中小微企业创新发展积极性，支持民营企业与科研机构合作建立技术研发中心、产业研究院、中试熟化基地、工程研究中心、制造业创新中心等创新平台。同时，加大政府采购创新产品力度，发挥首台（套）保险补偿机制作用，支持民营企业创新产品迭代应用。

（三）加快推动数字化转型和技术改造

伴随着全球经济发展进入数字经济时代，"数字中国"建设的步伐不断加快，对全面建设社会主义现代化国家，全面推进中华民族伟大复兴具有十分重要的意义和深远影响。《中共中央 国务院关于促进民营经济发展壮大的意见》明确提出"加快推动数字化转型和技术改造"。民营经济作为推进中国式现代化的生力军，数字化转型和技术改造是民营企业实现创新发展的必然要求，亦是贯彻落实新发展理念、促进高质量发展的题中应有之义。加快推动数字化转型与技术改造，重点在于提高企业资源配置效率和全要素生产率，有效优化关联结构、减少中间环节、节约交易成本和简化业务流程，提高民营企业的竞争力和创新能力，从而推动产业链的模式转换、韧性提升、安全巩固。一是要鼓励民营企业开展数字化共性技术研发，参与数据中心、工业互联网等新型基础设施的投资建设和应用创新。二是要支持中小企业数字化转型，推动低成本、模块化智能制造设备和系统的推广应用。三是引导民营企业积极推进标准化建设，提升产品质量水平。四是支持民营企业加大生产工艺、设备、技术的绿色低碳改造力度，加快发展柔性制造，提升应急扩产转产能力，提升产业链韧性。

（四）夯实创新驱动发展的制度基础

科技创新与制度创新是驱动发展的两翼。从根本上讲，科技创新决定着制度变迁，同时制度创新在一定条件下作用于科技创新，保障着创新能力的提升。习近平总书记强调："促进科技和经济结合是改革创新的着力点，也是我们与发达国家差距较大的地方。"[1] 当前，我国科技与经济相结合的问题依然突出，我国科技成果向现实生产力转化依然存在各种障碍、堵点。打通科技与经济社会发展之间的通道，需要坚持问题导向，围绕产业链部署创新链，围绕创新链部署资金链，优化科技政策供给，创造良好

---

[1] 《习近平关于科技创新论述摘编》，中央文献出版社2016年版，第55页。

创新生态。其中，加快科技体制改革是根本，建设高效能国家创新体系建设是重点，处理好政府与市场的关系是关键，科技规划体系、科研管理制度、国家的金融和财税制度等是支撑科技创新的重要制度安排。在政府层面，要发挥党对科技事业的观大势、谋全局、抓根本的领导作用，国家科技力量应主要着力于抓重大、抓尖端、抓基本，科技管理部门的主要任务则是抓战略、抓改革、抓规划、抓服务。在市场层面，要充分发挥市场决定创新资源配置的作用，培育良好创新格局，形成以企业为主体、市场为导向、产学研紧密结合的技术创新体系。

第八章
持续营造关心促进民营经济发展壮大社会氛围

《中共中央 国务院关于促进民营经济发展壮大的意见》就"持续营造关心促进民营经济发展壮大社会氛围"提出了具体要求：引导和支持民营经济履行社会责任，展现良好形象，更好与舆论互动，营造正确认识、充分尊重、积极关心民营经济的良好社会氛围。

第一节 引导社会客观正确全面认识民营经济和民营经济人士[①]

民营经济是我国经济制度的内在要素，民营企业和民营企业家是我们自己人。民营经济是社会主义市场经济发展的重要成果，是推动社会主义市场经济发展的重要力量，是推进供给侧结构性改革、推动高质量发展、建设现代化经济体系的重要主体，

---

① 参见叶日者：《谱写民营经济发展新篇章》，人民网，2023年4月6日。

也是我们党长期执政、团结带领全国人民实现第二个百年奋斗目标和中华民族伟大复兴中国梦的重要力量。厘清关于民营经济认识和实践中的误区，是优化民营经济发展环境、提振民营企业发展信心、促进民营经济发展壮大的内在要求。

一、正确认识民营经济的重大贡献和重要作用

改革开放以来，民营企业蓬勃发展，民营经济从小到大、由弱变强，在稳定增长、促进创新、增加就业、改善民生等方面发挥了重要作用，成为推动经济社会发展的重要力量。民营经济的历史贡献不可磨灭，民营经济的地位作用不容置疑，任何否定、弱化民营经济的言论和做法都是错误的。

（一）发展民营经济是推动经济体制改革的必然选择[1]

解放和发展社会生产力是社会主义的本质要求。在计划经济体制下，劳动者的积极性、主动性、创造性无法得到有效调动，劳动生产率低下，生产力发展受到很大束缚。只有推动经济体制改革，实现从计划经济体制向社会主义市场经济体制的转变，才能解放和发展社会生产力，促进经济快速发展起来。发展民营经济，是推动经济体制改革的关键一步。民营经济既是社会主义市

---

[1] 参见蓝蔚青：《正确看待民营经济的地位和作用（热点辨析）》，人民网，2018年12月7日。

场经济发展的重要成果，又是推动社会主义市场经济发展的重要力量。民营经济的发展壮大，促进了全国统一市场和公平竞争环境形成，促进了营商环境优化和政府职能转变。民营经济与国有经济相辅相成、相得益彰，共同推动了社会主义基本经济制度和社会主义市场经济体制不断完善。因此，发展民营经济是推动经济体制改革的必然选择，是解放和发展社会生产力的客观要求，是充分调动和激发劳动者积极性、主动性、创造性的有效举措。

（二）民营经济是我国经济制度的内在要素

党的十一届三中全会以后，我们党破除传统观念束缚，以所有制制度、分配制度、经济体制的系统性改革和完善为改革开放的主线和重点，为民营经济发展打开了大门。至20世纪90年代初，我国已经初步形成了公有制为主体、多种所有制经济共同发展，按劳分配为主体、多种分配方式并存的所有制制度和分配制度新格局，同时，市场机制的作用不断扩大和增强。党的十四大明确提出了建立社会主义市场经济体制的改革目标。党的十五大提出"非公有制经济是我国社会主义市场经济的重要组成部分"。党的十六大提出"根据解放和发展生产力的要求，坚持和完善公有制为主体、多种所有制经济共同发展的基本经济制度"。"个体、私营等各种形式的非公有制经济是社会主义市场经济的重要组成部分，对充分调动社会各方面的积极性、加快生产力发展具有重要作用。"①把"多种所有制经济共同发展"纳入"基本经济制度"的范畴，从而确立了非公有制经济及其发展在国家制度和经济社会发展中的重要地位；提出了"按劳分配为主、多种分配方式并存的分配制度"，从而确立了除按劳分配之外的其他分配方式在分配制度中的重要地位。党的十八大进一步提出："毫不动摇鼓励、支持、引导非公有制经济发展，保证各种所有制经济依法平等使用生产要素、公平参与市场竞争、同等受到法律保护。"②党的十八届三中全会提出："公有制经济和非公有制经济都是社会主义市场经济的重要组成部分，都是我国经济社会发展的重要基础。"③党的十九大把"两个毫不动摇"写入新时代坚持和发展中国特色社会主义的基本方略，作为党和国家一项大政方针进一步确定下来。党的十九届四中全会第一次把"公有制为主体、多种所有制经济共同发展""按劳分配为主体、多种分配方式并存""社会主义市场经济体制"都确立为"社会主义基本经济制度"。党的二十大提出："坚持和完善社会主义基本经济制度，毫不动摇巩固和发展公有制经济，毫不动摇鼓励、支持、引导非公有制经济发展。"④我国之所以能够创造人类历史上的两大奇迹，根本原因之一就在于我国在所有制制度、分配制度和经济体制上实现了一系列重大创新，创建了中国特色社会主义基本经济制

---

① 《十六大以来重要文献选编》(上)，中央文献出版社2005年版，第19页。
② 《十八大以来重要文献选编》(上)，中央文献出版社2014年版，第16页。
③ 《十八大以来重要文献选编》(上)，中央文献出版社2014年版，第515页。
④ 《习近平著作选读》第1卷，人民出版社2023年版，第24页。

度，并使之成为中国特色社会主义的重要标志。无疑，在我国所有制制度、分配制度和经济体制的变革中，非公有制经济特别是民营经济的壮大发展在其中占有十分重要的、不可或缺的地位。我国民营经济的基本性质，决定了民营经济是我国社会主义基本经济制度的内在要素，民营企业和民营企业家是我们自己人。[①]

（三）民营经济是推动高质量发展的重要主体

民营经济是推进供给侧结构性改革、推动高质量发展、建设现代化经济体系的重要主体。我国登记在册的民营企业数量由2012年底的1085.7万户增长至2023年5月底的5092.76万户，同期民营企业在企业中的数量占比由79.4%提升至92.4%，是我国经济发展当之无愧的主力军。民营经济对经济社会发展的重要支撑作用不止于人们常说的"56789"，如在税收上，自2012年至2021年，民企税收占全部税收比重已从48%上升至59.6%；在外贸上，民营企业自2019年起成为我国最主要的外贸主体，2022年民营企业的进出口规模占进出口总值比重超过50%；在就业上，私营工业企业吸纳就业人数占比已由2012年的32.1%上升至2022年的48.3%。可见，民营经济是稳定我国经济发展大局的重要力量。民营经济不仅具有数量优势，在助推高质量发展方面，也发挥着重要作用。民营企业大力参与技术创新，积极引入新理念、

[①] 参见邱海平：《实现民营经济健康发展、高质量发展——深入学习习近平总书记关于发展民营经济的重要论述》，《人民论坛》2023年第7期。

新技术、新模式，推动整个经济体系创新发展。目前，我国民营科技企业占全国高新技术企业数量的50%左右，全国65%以上的发明专利、70%以上的技术创新和80%以上的新产品都来自民营企业。与此同时，民营企业在推动经济转型和产业升级上也在发挥巨大作用。2023年，我国"四新经济"（新技术、新产业、新业态、新模式）民营企业已超过2500万户，新经济、新业态保持强劲发展态势；在2022年中国新经济企业500强中，民营企业数量已经达到407家，占比高达81.4%；在2022年全球最具创新力的50家公司中，我国上榜的7家企业全为民营企业，在我国全球独角兽企业中民营企业占比超过90%、在国家级专精特新"小巨人"中民营企业占比超过80%。这些数字充分说明民营经济在推动我国经济高质量发展中的重要地位和作用。[1]

二、正确看待民营经济人士通过合法合规经营获得的财富[2][3]

党的十四届三中全会通过的《中共中央关于建立社会主义市场经济体制若干问题的决定》提出"允许属于个人的资本等生产要素参与收益分配"，明确了个人资本作为生产要素参与分配的

---

[1] 参见蔡之兵：《准确理解民营经济的"内在要素"属性》，《中华工商时报》2023年8月24日。
[2] 参见陈启清：《健全和完善生产要素参与分配机制》，《经济日报》2020年3月5日。
[3] 参见滕泰：《民营企业家应获得五种报酬》，《企业家》2023年第9期。

权利。党的十五大提出"把按劳分配和按生产要素分配结合起来，坚持效率优先、兼顾公平"[1]。党的十六大提出"确立劳动、资本、技术和管理等生产要素按贡献参与分配的原则，完善按劳分配为主体、多种分配方式并存的分配制度"[2]，把劳动、资本、技术和管理明确列为参与分配的生产要素。党的十八届三中全会提出"让一切劳动、知识、技术、管理、资本的活力竞相迸发，让一切创造社会财富的源泉充分涌流"[3]。党的十九届四中全会把"按劳分配为主体、多种分配方式并存"作为社会主义基本经济制度的同时，进一步指出要"健全劳动、资本、土地、知识、技术、管理、数据等生产要素由市场评价贡献、按贡献决定报酬的机制"[4]。这是对分配制度、对生产要素构成等认识的持续深化，肯定了劳动、资本、土地、知识、技术、管理、数据等要素的贡献，为我们全面理解经济发展过程中不同要素的贡献奠定了正确的理论认识基础。民营经济人士在经营活动中扮演着劳动者、管理者、创新者、出资人、风险承担人等多重角色，他们通过合法经营获得的财富应从劳动者报酬、管理者报酬、创新者报酬、出资人报酬、风险承担人报酬等方面来全面认识。

---

[1] 《十五大以来重要文献选编》（上），人民出版社2000年版，第24页。
[2] 《十六大以来重要文献选编》（上），中央文献出版社2005年版，第21页。
[3] 《十八大以来重要文献选编》（上），中央文献出版社2014年版，第512页。
[4] 《十九大以来重要文献选编》（中），中央文献出版社2021年版，第281页。

(一)民营经济人士作为劳动者,应获得相应的劳动报酬

民营经济人士大都是勤奋的劳动者,他们的工作往往与一线的生产、营销和服务紧密相连。当然,对于民营企业家来说,他们的主要工作是掌握行业发展趋势,分析经营情报信息,作出经营管理决策,协调调动各方资源组织生产经营,解决随时发生的各种问题。他们不仅要付出不少于一般员工的劳动时间,而且还要付出情感和智慧,自然应该获得相应的劳动报酬。

(二)民营经济人士作为管理者,应该获得管理者报酬

党的十五届四中全会通过《中共中央关于国有企业改革和发展若干重大问题的决定》提出"实行董事会、经理层等成员按照各自职责和贡献取得报酬的办法",认可了管理作为生产要素参与收入分配。企业家既是商人,也是管理者,还是领导者,必须学习和掌握行业的专业知识,做好生产组织管理,同时还要选择和带领团队高效率地完成各项生产经营活动,并随时准备应对各种意料之中和意料之外的机遇和挑战。管理能力的高低直接影响企业的经营绩效,作为管理者的民营经济人士应该按照市场对其管理贡献的评价,获得相应的管理者报酬。

(三)民营经济人士作为企业家,应该获得创新报酬

著名经济学家约瑟夫·熊彼特认为:企业家最重要的能力是

创新，创新是建立一种新的生产函数，是把一种从来没有过的关于生产要素和生产条件的"新组合"引入生产体系，包括采用一种新产品、一种新的生产方法，开辟一个新市场，发现一种新的供应来源，建立一种新的组织；企业的超额利润来自创新，没有创新，企业家所拿到的报酬本质上只不过是"管理者工资"；经济发展的核心动力是企业家的创新活动，如果一段时间内涌现出大批企业家，经济就会呈现出繁荣态势。相反，如果企业家的人数变少，经济就将陷入萧条。所以，对于那些通过创新获得超额利润的企业，企业家自然应该获得其创新报酬，例如，华为、比亚迪、美的、福耀玻璃等企业的股东财富，主要就是创新所得。新的历史时期，我们应该深刻认识民营企业在推动科技创新、产业创新、产品创新、组织管理创新、商业模式创新等方面的重要作用，鼓励民营企业获取创新报酬，推动经济持续繁荣。

（四）民营经济人士作为出资人，应该获得出资人报酬

改革开放之前实行计划经济，不能激发企业家精神，也不能对劳动之外的其他生产要素提供长期激励，更不能让社会资源配置达到最优化。为此进行了经济体制的改革，最终确立了社会主义市场经济体制，承认资本作为生产要素的作用，使得"土地、劳动、技术、管理、创新等生产要素"在资本纽带的作用下得以有机融合，形成整体的生产力。企业家创办企业需要资本，资本的获得与使用需要付出代价。对于借款，企业要承担还本付息的

责任；对于投资，企业要承担经营失败的风险。所以，民营企业家只要合法合规经营，就应获得相应的出资人报酬。

（五）民营经济人士作为最后的风险承担者，应该获得风险报酬

民营企业并不是一个建立起来就能自动运行并且产生利润的机器，而是大浪淘沙的"勇敢者的游戏"，只有敢于承担风险的人，才敢创办企业；只有少数历经风雨的企业才能生存下来并长期发展。民营企业在运行过程中时刻面临着各种风险，如政策风险、法律风险、市场风险、管理风险、财务风险、金融风险、品牌风险等，各种变化都可能给企业带来风险。一旦风险来临而不能及时化解，轻则导致企业面临损失，重则可能让企业失败破产。一旦企业经营不善，员工和管理者都会遭受损失，实在待不下去了还可以辞职走人，但是民营企业家却不能辞职，他们是最后的风险承担者。所以，民营企业家应该为他们所承担的风险获得相应的风险报酬。

三、坚决抵制否定民营经济的错误言论和做法

一段时间以来，社会上出现了一些否定、怀疑民营经济的言论，给民营经济人士污名化，挫伤民营企业家的信心。有所谓"民营经济离场论"，说民营经济要退出历史舞台；有所谓"新

公私合营论",把现在的混合所有制改革曲解为新一轮"公私合营";有说加强企业党建和工会工作是要对民营企业进行控制等。对于这些恶化民营经济发展舆论环境的言论,习近平总书记明确指出:这些说法是完全错误的,不符合党的大政方针。[①]新时代新征程,民营企业和民营企业家是我们自己人,民营经济只能壮大、不能弱化,不仅不能"离场",而且要走向更加广阔的舞台。

党中央始终坚持"两个毫不动摇""三个没有变"。我们党在坚持基本经济制度上的观点是明确的、一贯的,从来没有动摇。我们要从社会主义初级阶段基本经济制度出发,理解公有制与非公经济"不是对立,而是有机统一","应该相辅相成,而不是相互排斥、相互抵消"。习近平总书记多次强调"三个没有变":非公有制经济在我国经济社会发展中的地位和作用没有变;我们毫不动摇鼓励、支持、引导非公有制经济发展的方针政策没有变;我们致力于为非公有制经济发展营造良好环境和提供更多机会的方针政策没有变。我国基本经济制度写入了宪法、党章,这是不会变的,也是不能变的。任何否定、怀疑、动摇我国基本经济制度的言行都不符合党和国家方针政策,都不要听、不要信,所有民营企业和民营企业家完全可以吃下定心丸、安心谋发展。我们要坚决抵制、及时批驳澄清质疑社会主义基本经济制度、否定和弱化民营经济的错误言论与做法。对于一些学者、自媒体"大V"

---

① 习近平:《在民营企业座谈会上的讲话》,人民出版社2018年版,第6页。

对中央大政方针把握不准，对现实判断不清，甚至有的为利益裹挟，发表不负责任的主观臆断，故意抹黑民营经济，我们必须坚决向虚假传播者"亮剑"，为企业发展"撑腰"；对于民营企业的合理诉求要及时回应、打消顾虑；对于民营经济人士合法合规经营中出现的失误失败要给予理解、宽容、帮助；对于一些为民营企业"说话"，指出政府不当行为的言论，给予足够的理解、包容、认可。我们要积极引导民营企业和民营企业家正确理解党中央方针政策、增强信心、轻装上阵、大胆发展，实现民营经济健康发展、高质量发展。

第二节　培育尊重民营经济创新创业的舆论环境

培育尊重民营经济创新创业的舆论环境有助于激发全社会的创新创业精神，有助于让创新源泉充分涌流，让生产要素的活力竞相迸发，有助于非公有制经济健康发展和非公有制经济人士健康成长，全面推动高质量发展。

一、营造宣传氛围，凝聚崇尚创新创业正能量

（一）加强对优秀企业家先进事迹、加快建设世界一流企业的宣传报道

宣传报道要坚持实事求是、客观公正的原则，把握好正确舆

论导向，社会各界要共同营造关心支持促进民营经济发展壮大的良好氛围，加强对优秀企业家先进事迹和突出贡献的宣传报道，展示优秀企业家精神，提升民营企业谋发展、谋改革、谋创新的积极性和主动性，凝聚崇尚创新创业的正能量，让民营经济创新源泉充分涌流，创造活力充分迸发。

宣传报道要打好舆论引导"主动仗"，传播好声音、树立好榜样，讲好民营经济和民营企业家创新创业故事。典型给人启迪、发人深思、催人奋进。要积极发挥先进典型的激励、引导和教育作用，使创新创业蔚然成风。要加强对创新创业的宣传，通过新闻报道、专题报道、深度报道等形式，着力宣传优秀企业家的创业历程、创新成果和社会贡献，善于发现和大力宣传有创新潜力的特色小微企业，激发全社会的创新创造活力。宣传既要见物更要见人，要把宣传创新成果与宣传创业人物结合起来，讲述攀登科技高峰的创新故事，讲述艰辛奋斗的创业故事，让创新创业者成为受人尊重的公众人物。宣传既要有广度力度，也要有温度效度，要贴近实际、贴近生活、贴近群众，要善于运用多种传播方式，借助有新意、有热度的优秀影视文艺作品，展示改革开放以来民营经济积极正面的形象，打造一批展现民营企业家奋斗经历的现象级影视作品。如《钱江潮》《中国商人》《向东是大海》《温州一家人》等一部部高质量的影视剧，把浙商敢为人先、艰苦奋斗的创新创业故事娓娓道来。以《温州一家人》为例，该剧讲述的是一个普通温州家庭——周万顺、赵银花和他们的儿女麦狗、阿雨，大胆投入创业致富洪流中的草根创业故事。这家人在改革开放时期的命运沉浮，将一代温州商人艰辛但又传奇的创业奋斗历程展现得淋漓尽致。剧中，周万顺"永不言败""虽九死犹未悔"的执着，周阿雨面对再大困难都压不垮的坚毅品格，为观众呈现出浙江民营企业家"走遍千山万水，想尽千方百计，说尽千言万语，吃尽千辛万苦"的浙商创业精神。

主流媒体要对"加快建设世界一流企业"加大宣传报道力度。习近平总书记在党的二十大报告中指出，"完善中国特色现代企业制度，弘扬企业家精神，加快建设世界一流企业"[1]，为我国企业改革发展指明了方向和目标。在世界经济舞台上，一国的经济实力和国际竞争力往往集中体现在经营主体的核心竞争力上，只有拥有一批具有全球竞争力的世界一流企业，才能在世界经济格局中占据优势地位。近年来，我国企业实力不断增强，涌现出一大批具有国际竞争力、影响力的大型企业，但中国企业整体上与世界一流企业相比，在全球供应链主导权、行业话语权、关键核心技术、自主知识产权等方面还有一定差距。加快建设世界一流企业，有利于促使企业聚焦主业发展，推动产业链、价值链关键业务的重组整合，发挥规模经济和范围经济优势，在推进扩大内需战略和供给侧结构性改革中发挥关键作用，推动我国经济实现质的有效提升和量的合理增长，为实现中国式现代化提供更为坚

---

[1] 《习近平著作选读》第1卷，人民出版社2023年版，第24页。

实的支撑。加快建设世界一流企业，以之为领头雁形成参与国际科技竞争的战略经济力量，有利于强化企业科技创新主体地位，加快实现高水平科技自立自强。加快建设世界一流企业，有助于打破传统体制机制束缚，改善竞争秩序，充分释放企业活力，提高企业效率和对市场的反应灵敏度，让市场机制更好发挥作用，实现资源优化配置，有效提升我国在全球价值链中的位置。加快建设世界一流企业，有利于我国企业利用全球价值链提升国际竞争力，在更高水平上推动对外开放，在更大范围内释放我国超大规模市场优势，在更高能级上构建以国内大循环为主体、国内国际双循环相互促进的新发展格局。成为世界一流企业，是中国民营企业不断成长壮大、实现基业长青的内在需要，是中国经济高质量发展的必然要求，对于我国在新的历史条件下全面建设社会主义现代化国家、全面推进中华民族伟大复兴，具有极为重要的意义。为此，媒体要大力营造中国企业勇于担当、勇创一流的舆论氛围，创新宣传策略和方式，多角度、多渠道、多层次讲好中国企业故事，主动宣传报道已经成为和正在迈向世界一流企业的里程碑事件、重大活动、创新成果，积极推动中国企业形象的国际传播，提升海外认可度和美誉度，积极开展企业之间的国际交流合作活动，促进中国企业更好融入全球市场，加快建设世界一流企业。[①]

---

① 参见刘泉红：《加快建设世界一流企业》，《学习时报》2023年3月8日。

（二）营造尊商舆论氛围，增强企业家的荣誉感和社会价值感

在全社会积极营造鼓励企业家创新、尊重企业家价值、发挥企业家作用的舆论氛围，时刻关注企业发展，高度重视企业需求，让市场主体感受到被尊重、被爱护，持续推动民营经济高质量发展。

一是加大先进典型表彰力度，凝聚崇尚创新创业正能量。一方面，大力宣传表彰优秀企业家先进事迹和模范人物，举办诸如"民营企业家节""民营企业家日""商会活动周"等活动，对爱国敬业、遵纪守法、艰苦奋斗、创新发展、专注品质、追求卓越、诚信守约、履行责任、勇于担当、服务社会等有突出贡献的优秀企业家，按照相关规定设立"杰出企业家""行业领军人物""功勋企业家""杰出贡献奖"等奖项，及时给予物质与精神的鼓励，以激发民营经济人士干事创业的热情，促进企业家群体的健康成长。另一方面，深入挖掘服务企业工作典型案例，积极宣传表彰助企先进典型和模范人物，大力营造全社会尊商重企舆论氛围。

二是在全社会营造出关心关爱民营经济人士的浓厚氛围，增强企业家的荣誉感和社会价值感。政治上，按照规范政治安排的要求，完善相关综合评价体系，稳妥做好推荐优秀民营经济人士作为各级人大代表候选人、政协委员人选工作，充分发挥工商联

在民营经济人士有序政治参与中的主渠道作用，支持民营经济代表人士在国际经济活动和经济组织中发挥更大作用，主动聘请优秀企业家担任"经济社会发展咨询顾问"，为事关地方经济社会发展的重大决策建言献策。生活上，根据各地具体实际制定关心关爱企业家的政策，如建立优秀企业家绿色就医通道，为优秀企业家子女入学提供"一站式受理、一条龙服务"，为优秀企业家提供贵宾通道服务等。

三是搭建政企沟通渠道，积极聆听民营经济人士的心声。建立与民营经济人士常态化沟通协商机制，既与知名企业家经常谈心，更要倾听中小微企业呼声。鼓励企业家通过正常渠道向各级党委和政府相关部门反映情况、解决问题，依法维护自身合法权益，讲真话、谈实情、建净言，共同做好涉企政策、规划、标准的制定和评估，共建亲清新型政商关系，做到"亲"而有度、"清"而有为、"清"上加"亲"，真正把民营企业和民营企业家当成自己人。

二、营造鼓励创新、宽容失败的舆论环境和时代氛围

创新从来都是九死一生，创业之路向来充满荆棘坎坷。企业家走的路往往是别人没有走过或没有走通的路，难免走错路、走岔路、走弯路。为此，社会各界要对民营经济人士合法经营中出现的失误失败给予理解、宽容、帮助，要充分尊重创新创业规律，

着力营造鼓励创新、宽容失败的舆论环境和时代氛围，全面激发各类创新主体的活力和动力，让创新创业在全社会蔚然成风。

（一）着力营造鼓励创新创业的社会氛围

鼓励创新的文化，本质上是宽容失败的文化，失败是成功之母。人们口头上常有"失败是成功之母""失败就是交学费""失败是人生财富"的说法，现实却是讳言失败的。只有破除"只许成功，不许失败""成者王侯败者寇"的传统观念，旗帜鲜明地弘扬敢闯敢试、敢为天下先、敢于承担风险的企业家精神，才能营造出鼓励创新的时代氛围。社会各界要认真落实"三个区分开来"，把推进改革中因缺乏经验、先行先试出现的失误错误，同明知故犯的违纪违法行为区分开来；把尚无明确限制的探索性试验中的失误错误，同明令禁止后依然我行我素的违纪违法行为区分开来；把为推动发展的无意过失，同为谋取私利的违纪违法行为区分开来。加强顶层设计，制订具体落实方案，建立科学公开的容错纠错机制运行评价系统，规范容错纠错的具体情形、界定程序和保障措施，为依法、合规支持民营企业发展的领导及机构担当，为敢于改革创新的民营企业提供保障，在全国上下营造出"宽容失败、允许失败"的人文环境和社会氛围。各地要加快实践探索，全面改善营商环境，因地制宜建立企业成长孵化与加速机制，为中小企业发展、年轻人创新创业提供更多便利条件，大力营造鼓励创新、宽容失败的工作环境，坚定不移加快实施创新驱动发展战略，加强知识产权保护，使各类人才能够在良好的环境中尽情发挥聪明才智。主流媒体要树立起保护创新者、支持担当者的鲜明舆论导向，大力宣扬"创业不怕失败""鼓励从头再来"的创业精神，积极宣传报道各类有影响力的科技创新论坛、创业大赛，全力营造鼓励创新创业的社会氛围，充分调动广大民营经济人士创新创业的积极性和主动性。

（二）理解宽容善待合法经营的失败者

理解合法经营中出现的失误失败，才能宽容善待失败者。创新创业过程是一个探索实践的过程，也是一个不断试错迭代的过程。允许试错，才能让更多人投身于探索和尝试，让更多人敢于试错、错了再来，试错的频率和次数增加，"试对"的概率也会随之增加。对于企业发展中大胆探索、锐意改革所出现的失误，要予以宽容，为担当者担当、为负责者负责、为干事者撑腰。市场竞争瞬息万变，各种"黑天鹅""灰犀牛"事件随时可能发生，创业过程中难免可能遭遇"产品失败、业务崩盘"的困境。我们不能一方面希望创新之花盛开，一方面却又缺乏耐心，受不得一丁点儿失败。对失败缺乏宽容，可能让人保守、畏葸不前，可能扼杀灵感、错失创新。拒斥"成王败寇"观念，宽容失败、善待失败，反而会大幅提升反败为胜的概率。宽容失败不是纵容失败，并非无原则、无条件地宽容任何失败。那种漫不经心、怠惰无为造成的一事无成，那些非法经营、不按规律办事、盲目蛮干的失败，不在宽容之列。

理解宽容合法经营中出现的失误失败还不够，还要善待失败者。不仅要在民营经济人士成长时从产权保护、市场准入、资金要素等方面给予实实在在的支持，更要在失败时给予足够的尊重和宽容，提供东山再起的宝贵机会，"雪中送炭"好过"锦上添花"。善待合法经营的失败者，才能激发他们干事创业的精气神，才能凝聚创新突围的强大底气，才能坚定化解风险挑战的决心，才能提振经济发展的信心。善待失败者就是不能歧视甚至刁难失败者，更不能在他们再出发时设置障碍，而应提供各种有利机会和便利条件，积极帮助和鼓励他们继续投身事业，勇敢开启二次创业。例如，对陷入财务困境但仍具有发展前景和挽救价值的民营企业，要按照市场化、法治化原则，积极适用破产重整、破产和解程序；进一步规范涉产权强制性措施，避免超权限、超范围、超数额、超时限查封扣押冻结财产；要按照宽严相济的原则导向和正面激励的价值遵循，健全民营经济人士失信行为纠正后的信用修复机制，信用主体主动纠正其失信行为后，要及时修复相关失信记录，终止对其实施失信惩戒措施，使其重塑信用回归社会。

三、净化舆论环境，依法打击恶意抹黑民营企业的行为

近年来，网络上时常涌现出针对民营企业和民营企业家的

各种虚假不实信息,不法分子通过泄露个人隐私、歪曲解读企业家言论、虚构私生活话题、违规使用姓名肖像、捏造违法犯罪事实、关联炒作负面新闻、蓄意翻炒旧闻等方式编造散布虚假信息,利用互联网、自媒体、出版物等传播渠道,对民营企业和企业家进行诋毁、贬损和丑化,以达到吸睛引流、增粉养号、恶性竞争、讹诈勒索的目的。这些违法违规侵权行为不仅损害了企业和企业家的形象声誉,使企业蒙受经济损失,也挫伤了民营企业的发展信心和稳定预期,必须予以依法严厉打击,切实营造有利于非公有制经济健康发展和非公有制经济人士健康成长的社会舆论环境。

(一)建立部门协作机制,依法严厉打击以负面舆情为要挟进行勒索行为

为了营造尊重、支持民营企业家成长的社会氛围,依法打击蓄意炒作、造谣抹黑民营企业和企业家的"网络黑嘴"和"黑色产业链"。一方面,要充分发挥各级政府部门的职能作用,建立发改、宣传、公安、网信、证监、工商联等部门相互协作的机制,明确各部门的职权职责范围及分工,构建负面舆情监管体系和信息共享平台,建立快速响应机制,组织开展联合执法行动,精准打击恶意抹黑民营企业的敲诈行为和网络水军,有效遏制网络戾气。另一方面,要清楚界定哪些恶意抹黑民营企业的行为属于违法行为,应该承担什么样的法律责任。为此,最高人民法院于 2023 年 10 月 10 日发布了《关于优化法治环境 促进民营经济发展壮大的指导意见》，明确规定要依法保障民营企业和企业家人格权，充分发挥人格权侵害禁令制度功能，及时制止侵害人格权的违法行为。对利用互联网、自媒体、出版物等传播渠道，以侮辱、诽谤或者其他方式对民营企业和企业家进行诋毁、贬损和丑化等侵犯名誉权行为，应当依法判令侵权行为人承担相应的民事责任；因名誉权受到侵害致使企业生产、经营、销售等遭受实际损失的，应当依法判令行为人承担赔偿责任；因编造、传播虚假信息或者误导性信息扰乱企业发行的股票、债券市场交易秩序，给投资者造成损失的，应当依法判令行为人承担赔偿责任，构成犯罪的，依法追究刑事责任。为了更好地给民营经济发展壮大提供法治保障，最高人民检察院于 2023 年 1 月 23 日发布了《关于全面履行检察职能推动民营经济发展壮大的意见》，明确指出要积极探索网络治理领域检察公益诉讼办案，监督纠正利用蓄意炒作、造谣抹黑民营企业和民营企业家，损害社会公共利益的违法行为。

当然，清朗的舆论氛围并不意味着将善意的批评拒之门外，而是要积极利用舆论的力量，引导社会监督，立足事实真相，该揭露的揭露、该处理的处理、该辟谣的辟谣、该力挺的力挺，倒逼相关单位尽责担当、主动作为，从而促进矛盾的缓和与解决，以促进民营经济健康发展。

（二）健全相关举报机制，降低企业维权成本

为了有效保障民营企业和企业家人格权不受非法侵害，方便企业在遭受恶意抹黑和敲诈时能够及时反馈问题，以较低的成本进行维权，避免造成更大的损失，必须建立健全相关举报机制，进一步畅通举报渠道、细化处置标准、优化工作流程，线上线下配合，为企业和企业家举报维权做好服务保障。

一是建立健全民营经济投诉举报的维权平台，设立违法和不良信息举报渠道、线上涉企举报专区、辟谣专栏，设置举报电话和举报邮箱。互联网时代，信息传播速度非常快，尤其是涉及知名企业和知名企业家的相关信息，往往成为一些自媒体、网络水军博取眼球和流量的重要目标。有关部门要高度重视网上破坏网络营商环境的各类问题，进一步加强涉企信息举报受理，督促网站平台拓宽举报受理渠道，建立"两微两端"线上涉企举报专区，明确受理范围、举报要件、举证要求，积极受理属地企业网络侵权信息举报。针对属地网络侵权信息，按照"专人负责、优先办理、全程跟踪、限时办结"的工作原则，简化工作流程、依法快速处置。针对非属地网络侵权信息，按照相关规定和相关程序及时报送中央网信办。

二是健全举报查证机制。拓宽工作思路，创新举证方法，丰富举证形式，降低企业举报难度，提升企业举报可行性。梳理总结侮辱谩骂污染网络生态、断章取义误导舆论、无备案仿冒假

冒违法网站等显性网络侵权类别，明确无需司法、行政等国家机构举证的具体情形。探索第三方专业机构、行业标准、法律意见书、审计报告、公共服务平台查询结果、源发媒体信息等在网络侵权举证中的效用。建立管理部门的联动协同机制，对重要问题、重大线索进行分析研判、统筹调度，形成工作合力，为快速查证、及时处置创造有利条件。

三是积极受理处置涉及企业、企业家的不法信息。加强部门间协调联动、信息共享、会商研判，形成举报工作处置闭环，切实提高受理效率，大幅度提升网络举报成效，督促微信、微博、抖音等网站平台快速核查处置涉企投诉举报，鼓励支持受害企业提供线索、反映情况，依法处置恶意集纳企业负面信息进行敲诈勒索、假冒仿冒企业名称或显著标识开展网络活动的违法网站和账号，努力做到发现一起、查处一起。建立举报奖励机制，鼓励社会公众积极参与打击恶意抹黑民营企业的敲诈行为，为企业聚精会神干事业、心无旁骛谋发展营造良好的网络舆论空间。

第三节 支持民营企业更好履行社会责任

当今世界，企业社会责任呈现全球化趋势，已经成为重要的时代潮流和商业规范，成为企业管理战略和提高竞争力的有效途径。支持民营企业更好履行社会责任，是促进非公有制经济健康发展和非公有制经济人士健康成长的必然要求，同时体现了社会对民营企业的期待。

一、教育引导民营企业自觉担负促进共同富裕的社会责任

实现全体人民共同富裕是中国式现代化的重要特征，也是中国式现代化的本质要求，促进共同富裕赋予了民营企业社会责任的时代价值。民营企业作为社会财富的创造主体和分配主体之一，理应成为共同富裕的重要参与者和贡献者，为实现中国式现代化作出应有的贡献。

（一）时代呼唤民营企业自觉担负促进共同富裕的社会责任

2023年3月6日，习近平总书记看望参加全国政协十四届一次会议的民建、工商联界委员并参加联组会议时指出："无论是国有企业还是民营企业，都是促进共同富裕的重要力量，都必须担负促进共同富裕的社会责任。民营企业家要增强家国情怀，自觉践行以人民为中心的发展思想，增强先富带后富、促进共同富裕的责任感和使命感。"① 面对世界之变、时代之变、历史之变，民营企业应当充分认识新形势下履行社会责任、促进共同富

---

① 《习近平在看望参加政协会议的民建工商联界委员时强调　正确引导民营经济健康发展高质量发展》，《人民日报》2023年3月7日。

裕的重要性和紧迫性。作为先富起来的群体，民营企业家应当既是"促进共同富裕"的受益者、参与者，更应是"促进共同富裕"的践行者、推动者，决不能忘记先富带后富，更不能唯利是图、为富不仁，听任财富鸿沟恣意扩大。当共同富裕成为新时代的必答题，衡量一个企业的价值已经不只是商业模式的成功，更取决于其履行社会责任的格局和担当。在推动共同富裕的新征程中，民营企业大有可为，更要大有作为，责无旁贷地担负起促进共同富裕的社会责任。

（二）履行促进共同富裕的社会责任与企业发展"共生共赢"

企业承担社会责任，是企业家精神的题中应有之义，也是企业孕育机会、推动创新和创造竞争优势的重要来源。企业是社会的企业，不仅在社会的舞台上创造价值，也需要积极回应社会的期望。民营企业履行促进共同富裕的社会责任是一个多方合作共赢的过程，并不违背市场竞争和逐利目标。

一方面，民营企业是优化公共资源配置、提升人民福利的重要主体之一。企业提供高质量就业机会，解决人民的基本生活问题，生产的产品、提供的服务也是提高人民生活水平的必需。对于有一定经济和资源实力的民营企业而言，它们参与到慈善公益、乡村振兴等事业中是对政府"看得见的手"的重要补充和支持，发挥企业自身的灵活性、精准性和技术人才优势，对于政府社会目标的达成具有积极意义。

另一方面，民营企业发展离不开资金、技术、人才的支持，也离不开政府和民众的支持与监督，后者是与民营企业发展息息相关的营商环境和社会氛围的重要组成部分。企业履行促进共同富裕的社会责任是其构建面向社会公众的合法性、提升可持续发展动力的重要源泉。第一，民营企业可以通过积极参与慈善捐赠、补充政府公共服务等方式促进共同富裕，同时提升企业的声誉和合法性，助力企业持续发展。第二，企业的可持续发展离不开员工的贡献，企业只有为劳动者创造安全的生产环境、支付应有的报酬、提供法定的休假、缴纳五险一金等必要的生产生活待遇，鼓励员工条件具备时持股，让企业发展成果更公平惠及全体员工，才能在企业内部构建和谐劳动关系，形成全体员工利益共同体，持续增强企业凝聚力和竞争力。世界银行和国家统计局曾对工业企业进行过一次调查，样本包括12个城市的1268家企业，调查发现企业承担社会责任能够显著增加企业社会资本，有助于推动企业可持续发展，只有切实履行社会责任的企业和企业家，才符合时代要求，也才能真正得到社会认可。当然，企业也不能盲目履行社会责任，而应把履行社会责任作为建立现代企业制度和提高综合竞争力的重要内容，将社会责任理念深深融入企业战略、日常运营、产品全生命周期中，实现履行社会责任与企业发展"共生共赢"。[①]

[①] 参见徐尚昆：《企业家当勇担社会责任（新论）》，《人民日报》2020年8月6日。

（三）积极营造民营企业主动促进共同富裕的社会氛围

民营企业促进共同富裕的"主动性"需要有良好社会氛围的支撑与带动。"正确认识、充分尊重、积极关心民营经济的良好社会氛围"的营造需要政府教育引导，也需要社会各界共同参与。一是加大宣传力度，积极通过媒体宣传报道和各种教育培训活动，加强社会主义核心价值观教育，引导民营企业家树立履行社会责任的使命感与责任感，把个人志向、企业发展与国家富强、民族复兴紧密融合起来；二是出台鼓励民营企业自觉担负促进共同富裕的社会责任的相关政策，对主动担责的民营企业依法给予税收优惠、政策支持、宣传助力，努力实现经济价值与社会价值的合一；三是构建企业社会责任评价体系，着力引导民营企业履行社会责任实现常态化和长期化，通过社会责任评价"尺子"强化民营企业家对社会责任内涵的深入理解，增强企业家对共同富裕的深度认同，鼓励民营企业自觉履行社会责任；四是改进完善社会监管，确保民营企业合法经营、诚信经营；五是鼓励民营企业加强内部文化建设，积极培育员工的社会责任意识，形成企业内部自觉履行社会责任的良好氛围；六是充分发挥社会舆论监督作用，对积极履行社会责任的民营企业予以表扬，对不担当、不作为的企业予以批评，引导民营企业树立正确的社会责任观念。

二、鼓励引导民营经济人士做发展的实干家和新时代的奉献者①

企业家的本质是创新，企业家从事"创造性破坏"工作的动机来源于"个人实现"的心理，即企业家精神。企业家精神实际上包括了创新精神、冒险精神、奉献精神，三种精神与中华优秀传统文化中的爱国、守法、责任、勤劳结合起来，形成了中国的企业家精神，即"爱国敬业、守法经营、创业创新、回报社会"。在大力推进中国式现代化进程中，需要进一步弘扬企业家精神，引导民营经济人士树立正确的国家观、法治观、事业观、财富观，增强爱国情怀，勇于创新、诚信守法，勇担社会责任、拓宽国际视野，坚定不移听党话、跟党走，做发展的实干家和新时代的奉献者。

（一）大力弘扬创新精神，鼓励引导民营经济人士做发展的实干家

追求卓越、勇于创新是企业核心竞争力的源泉，也是企业永葆生机和活力的根本途径。对民营企业家而言，不管是面对坦途顺境，还是面对艰难险阻，不管是进行内部挖潜，还是开展外部开拓，都应该勇于冒险、敢为天下先，把企业打造成创新主

---

① 参见王海兵：《发挥企业家精神在中国式现代化中的重要作用》，《中国经营报》2023年3月20日。

体，在技术创新、管理创新、市场创新等方面积极作为，做创新创业发展的探索者、组织者、引领者。在大力推进中国式现代化进程中，需要进一步鼓励引导民营经济人士成为发展的实干家，而不是玩弄资本的投机者。在大力推进中国式现代化进程中，要进一步培育企业家的创新精神。一是广泛宣传古往今来优秀企业家的创新创业故事，营造良好的舆论环境，让容忍试错、宽容失败、首创荣耀、创业光彩的氛围深入人心，让创新创业在全社会蔚然成风；二是全面深化"放管服"改革，分类完善科技管理体制、人才发展机制，加快建设科技基础设施、公共服务平台，最大限度地降低企业家创新创业的制度成本；三是科学制定金融、财税等领域的政策体系，在风险分担、收益共享、利益补偿等方面探索建立新模式，为企业家积极投身创新创业活动提供有效激励。

（二）大力倡导诚信守法经营，向全社会展现民营经济人士遵纪守法、遵守道德的良好形象

社会主义市场经济是法治经济，只有遵纪守法，企业才能得到法律保护，才能实现可持续发展。社会主义市场经济是信用经济，离开诚信企业寸步难行。诚信守法经营，是企业可持续发展的基石，也是长远发展之道，企业家要做诚信守法的表率。民营企业要走廉洁之路，不踩红线、不碰底线，凭实力、拼本事，做到洁身自好走正道，光明正大搞经营。广大民营经济人士要牢固

树立法治思维，自觉学法、懂法、知法、守法，要讲正气、走正道，带头维护社会主义市场经济秩序，做到诚信守法办企业，在合法合规经营中提高企业竞争力，充分展现民营经济人士的良好社会形象。在大力推进中国式现代化进程中，要进一步鼓励支持企业家自觉诚信守法。一是围绕企业发展全周期、守法经营全过程存在的问题，强化立法工作、优化执法机制，加快改进薄弱环节，填补空白地带，形成高质量、全方位、系统化的法律法规体系；二是建立健全覆盖全社会的信用体系，将其与市场交易、政府采购、金融支持等褒奖机制紧密联系起来，同时优化失信惩戒机制，加大惩处力度，形成不敢失信、不能失信的良好预期；三是加大宣传教育，推进企业诚信体系建设，积极倡导弘扬中华民族诚实守信的传统美德，让诚信守法深入每一位企业家心中，并真正转化为企业日常经营活动的自觉行为。

（三）鼓励引导民营经济人士勇担社会责任，做新时代的奉献者

引导民营企业履行社会责任是彰显企业家精神的必然要求，也是促进"两个健康"的必然要求。对企业家而言，既要承担经济责任，也要肩负法律责任，还要履行社会责任。2020年7月21日，习近平总书记在企业家座谈会上强调："任何企业存在于社会之中，都是社会的企业。社会是企业家施展才华的舞台。只有真诚回报社会、切实履行社会责任的企业家，才能真正得到社

会认可，才是符合时代要求的企业家。"①民营经济人士作为改革开放的参与者、见证者、贡献者和受益者，作为促进共同富裕的重要力量，要始终明白自己就是人民的一员，厚植为国为民的真挚情怀，坚持以人民为中心的发展思想，增强先富带后富、促进共同富裕的责任感和使命感。民营经济人士既要争当发展的实干家，也要争当新时代的奉献者，踊跃投身乡村振兴、文明创建和公益慈善事业，做到富而有责、富而有义、富而有爱。党的十八大以来，我国企业家的社会责任不断升华，得到了社会的广泛认可，有力推动了我国经济社会健康可持续发展。在大力推进中国式现代化进程中，要进一步履行企业家的社会责任。一是加强理论研究，全面厘清企业社会责任的概念与逻辑、内涵与外延，系统分析企业履行社会责任的意义与价值、方式与机制；二是借鉴国际先进经验，完善我国企业社会责任评价体系；三是制定以税收减免、财政补贴等为核心的优惠政策；四是积极利用各类宣传媒介，大力宣传民营企业和企业家的善举，营造良好的舆论氛围。

三、探索建立民营企业社会责任评价体系和激励机制

鼓励引导民营企业自觉担负社会责任，需要探索建立民营企

---

① 《习近平著作选读》第2卷，人民出版社2023年版，第323页。

业履行社会责任评价体系和激励机制，以激励民营经济人士踊跃投身光彩事业和公益慈善事业、参与应急救灾、支持国防建设。

推动民营企业更好履行社会责任，需要建立民营企业社会责任评价体系，明确评价指标、评价标准、评价方式、奖惩政策等有关规定，将经营责任、权益责任、环境责任、安全责任、诚信责任、道义和慈善责任等内容纳入评价体系，将企业业绩、员工和消费者责任、环境保护、产品质量安全、政府纳税、对外发布信息、社会慈善等纳入衡量标准，引导民营企业更加注重守法诚信经营、更加注重保障员工权益、更加注重为消费者提供优质的产品和服务、更加注重节约资源和保护环境、更加注重社会公益和慈善事业。

推动民营企业更好履行社会责任，需要建立健全民营企业履行社会责任的激励机制，全面推进企业社会责任建设工作。一是建立社会责任报告制度。定期发布民营企业社会责任报告，公布企业履行社会责任的现状、规划和措施，及时了解利益相关者的意见和建议，主动接受社会监督。二是建立和完善民营企业履行社会责任的政策体系。从政治安排、荣誉表彰、信用评价等方面鼓励民营企业勇担社会责任，通过价格、税收、信贷、贸易、土地和政府采购等优惠政策，加大对履行社会责任表现优异企业的支持力度；进一步加大对资源浪费、环境污染、安全生产、劳动用工等方面的执法力度，使不履行社会责任的企业承担更高的生产成本；依法依规严肃处理缺乏信用、为富不仁、侵害他人利益的企业行为。三是建立第三方机构评价机制。充分发挥消费者协会、商会、行业协会等社会团体和公众的监督作用，形成多层次、多渠道、全方位的社会责任监督体系。鼓励商会、行业协议组织定制本行业、本商会企业社会责任公约、行规，对违规会员采取行业自律措施。四是充分发挥舆论宣传的导向作用，鼓励社会组织和公众依法监督企业履行社会责任，促使企业加大社会责任信息披露力度，提高利益相关者的维权意识与行动能力，形成促进企业自觉承担社会责任的良好社会环境，防止企业社会责任缺失行为的发生。五是建立工作协调推进机制。成立推进企业履行社会责任工作相关管理机构，统筹推进企业履行社会责任。

第九章
促进民营经济人士健康成长

习近平总书记曾指出,民营经济是我们党长期执政、团结带领全国人民实现"两个一百年"奋斗目标和中华民族伟大复兴中国梦的重要力量。[①]要加强思想政治引领,引导民营企业和民营企业家正确理解党中央关于"两个毫不动摇""两个健康"的方针政策,消除顾虑,放下包袱,大胆发展。

第一节 健全民营经济人士思想政治建设机制

民营经济是我国经济发展的重要组成部分,为我国经济的飞速发展作出了重要贡献。我国民营经济取得的历史性成就,离不开民营经济的思想政治工作,思想政治工作具有凝聚人心、汇聚力量的重要作用,是党与民营经济工作者建立联系、有效引导、协调关系的重要机制。中国特色社会主义进入新时代,民营经济规模不断扩大、风险挑战明显增多,民营经济人士的价值观念和

[①] 习近平:《在民营企业座谈会上的讲话》,人民出版社2018年版,第7页。

利益诉求日趋多样，民营经济统战工作面临新形势新任务。2022年，中共中央办公厅印发《关于加强新时代民营经济统战工作的意见》，旨在进一步加强党对民营经济统战工作的领导，更好把民营经济人士的智慧和力量凝聚到实现中华民族伟大复兴的目标任务上来。

一、健全民营经济人士思想政治工作的价值意蕴

思想政治工作是一切工作的生命线。中国共产党历来高度重视思想政治工作，始终把统一思想摆在重要位置，并将其作为一项全局性、基础性工作和生命线工程加以推进。发展民营经济，要坚持政治引领，凝聚思想共识，牢牢抓住思想政治工作这条生命线，为民营经济发展保驾护航。

（一）有助于提高民营企业的凝聚力

思想政治教育为国家的发展和进步提供精神动力，同样地，民营企业的思想政治教育也为其健康持续稳定发展提供源源不断的精神动力。一个拥有灵魂的企业才能在商海中立于不败之地，才能走得长远。加强民营企业的思想政治教育能够增强企业的向心力和凝聚力，增强民营企业职工的归属感和荣誉感，究其原因是把国家的方针政策与公司经营发展方向和员工切身利益结合在

一起是民营企业思想政治教育工作的内在要求。[①]

一方面，思想政治工作的本质就是为人民提供精神上的引领。通过紧紧团结和依靠职工群众，坚持以人为本，以职工的切实利益为出发点，按照劳动合同规范依法维护职工的合法权益，并且通过物质奖励和精神支持相结合，充分调动员工的奉献精神和工作热情。另一方面，思想政治工作是充分调动人民的积极性的有效手段。民营企业通过广泛地开展民主管理活动，充分尊重职工地位，认真征求和听取广大干部职工关于民营企业生产经营、管理制度等方面的有关意见，充分挖掘广大职工群众的创新性和聪明才智。依靠民营企业全体成员的共同努力经营和管理民营企业，保证职工切实享有和使用对于民营企业的民主管理权利，让职工直接参与民营企业的生产管理决策，进一步强化广大职工的主体意识，增强民营企业职工的归属感，从而为民营企业内部的凝聚力提升增添动力。因此，是否拥有良好的企业凝聚力是民营企业能否持续健康稳定发展的制胜点，也是能否顺利开展民营企业思想政治教育工作的关键所在。

（二）有助于提高民营企业的竞争力

加强民营企业思想政治工作，对于提升企业的核心竞争力，加强企业的文化"软实力"建设，集聚企业职工的向心力和凝聚

[①] 参见赵艳波：《加强新时代民营企业思想政治工作研究的意义》，《学习月刊》2019年第2期。

力，推进企业创新发展，都具有重要的意义。

首先，思想政治工作是发挥党组织政治核心作用的重要保证。民营企业思想政治工作是党建工作的重要组成部分，是企业的政治优势和鲜明特征。作为民营企业凝神聚力的"撬杆"，思想政治工作是建党、强党、兴党的生命线，起着四两拨千斤的作用，直接影响着企业党组织的领导核心和政治核心作用的发挥。其次，思想政治工作是推动企业深化改革发展的精神动力。在经济增速换挡、经济结构优化、新旧动能转换的关键时期，民营企业面临市场竞争加剧、职工收入压力加大、新经济模式与传统管理模式的碰撞等诸多问题。只有做好思想政治工作，解除职工思想上的困惑和疑虑，稳定职工队伍，最大限度地调动职工群众的积极性、创造性，才能从根本上解决这些新问题。

此外，思想政治工作是打造企业核心竞争力的重要文化载体。打造民营企业核心竞争力，必须培育民营企业文化。根植在企业文化中的使命感、归属感、凝聚力和向心力等集体力量才是推动企业不断前行的力量源泉。建设企业文化、塑造企业精神，离不开思想政治工作的推动。用思想政治工作凝心聚力，弘扬主旋律，用文化熏陶人，用精神塑造人，才能将各种有利因素汇聚到实现民营企业改革发展稳定的各项任务上。最后，思想政治工作是实现经济建设任务的中心环节和政治保证。要想保障民营企业的工作健康顺利进行，就必须始终坚持将思想政治工作作为企业发展的指导思想。为此，在民营企业生产过程中，要不断对已有的管理制度进行完善，要应用思想政治工作不断检验管理中存在的问题和不足，采用针对性的措施让企业职工树立正确的人生观和价值观，不断提高职工的进取心，获得归属感和荣誉感，进而促进民营企业的持续发展。

二、民营经济人士思想政治工作的主要障碍

民营经济人士的最终目的是追求利润最大化，企业所有的生产经营活动也都是围绕着这一最终目的组织开展的，因此，民营经济人士的思想政治工作也存在着一些问题，主要表现为以下三个方面：

（一）民营经济人士对思想政治教育工作认识不足

随着近年来国家政策对民营经济发展的大力鼓舞、支持和引导，民营企业也如同雨后春笋般快速生长，企业员工数量剧增，民营企业职工教育背景落差大、政治素养偏低和流动性较大等问题显著。同时，员工的流动性较大，这给要求稳定性的思政教育工作带来了巨大的阻力，同时也大大降低了民营经济人士的思想政治教育工作的效果。除此之外，民营经济人士思想道德水平的高低在很大程度上决定其在企业生产经营过程中能否为企业发挥聪明才智和进行爱岗奉献。部分民营企业很难控制员工的出发点与心态，受教育程度较低的民营企业职工大多仅仅抱着打工挣钱

的心态在企业工作，对企业缺乏信任和归属感，只注重个人利益，在工作中法律意识淡薄，如认为企业的思想政治工作与自己毫不相干，并没有认真学习思想政治教育内容，在企业生产过程中忽视安全问题进行违规操作等。

（二）民营经济人士思想政治工作组织机构不健全

民营经济人士思想政治教育工作的组织机构不健全一方面表现为民营企业中没有相关的政工人员进行思政队伍的组织建设，不能组成一支行而有效的专业政工队伍。[①]并且民营企业员工的思政专业能力普遍较低，思政工作也难以得到及时和高质量的处理。民营企业应建立良好的组织机构，为加强民营企业的思想政治教育工作进行有效分工、分组和协调合作，在民营企业的管理工作中进行分工协作，在各自职责范围内开展思想政治工作，明确协调好公司内部成员的工作关系，让各个部门的人员各司其职，明白自己的责任，做好上传下达的对接工作。另一方面，许多民营企业缺少与思想政治教育工作相匹配的激励机制，不能充分调动员工的主动性和创造性，破坏了企业内部的员工学习思想政治的有利环境，从而不能够及时运用思想政治理论指导工作解决企业发展过程中实际遇到的问题。

---

① 参见唐凤仪：《民营企业文化建设与思想政治教育工作的结合途径探讨》，《企业改革与管理》2019年第7期。

（三）民营经济人士思想政治工作机制不完善

良好的工作机制能够增加思想政治教育工作的灵活性和有效性，能够帮助民营经济人士创建出一套系统的符合自身组织构成特征的处理体系。由于我国民营经济人士的思想政治教育工作开展比较缓慢，关于思想政治教育工作的实践经验和理论成果还都具有局限性，加上民营企业领导者不重视企业的思想政治教育工作，没有提供足够的人力和物力进行体制改革，所以目前大部分民营企业还没有一套行之有效的工作机制。一方面是缺少明确的目标责任机制，只是简单地对民营经济人士进行价值观和国家方针政策的教育；另一方面是缺少合理规范的决策机制，民营企业在运行过程中经常存在高度集权、管理混乱、任人唯亲等问题，况且领导者在作决策时时常缺少必要的约束和监督，导致企业决策的科学性和合理性难以保证。

三、健全民营经济人士思想政治建设机制的路径

健全民营经济人士思想政治建设机制包括积极稳妥做好在民营经济代表人士先进分子中发展党员工作。深入开展理想信念教育和社会主义核心价值观教育。教育引导民营经济人士中的党员坚定理想信念，发挥先锋模范作用，坚决执行党的理论和路线方针政策，积极探索创新民营经济领域党建工作方式等。

（一）坚持党建引领，协同联动加强民营经济人士思想政治建设

习近平总书记指出："加强新时代统一战线工作，根本在于坚持党的领导，形成全党上下一齐动手、有关方面协同联动的工作局面。"[①]党的领导是中国特色社会主义制度的本质特征和最大优势，党建引领是实现民营经济健康发展的重要保证。在民营企业中充分发挥党组织作用，有利于维护广大职工的合法权益，有利于扩大党的群众基础，有利于民营经济人士有序参与政治和建言献策。坚持党建引领，协同联动加强民营经济统战工作应坚持党管人才原则，创新基层党建工作，夯实党执政的组织基础，发挥工商联桥梁纽带和助手作用。

各级党组织要根据民营经济人士的成长规律、成才特点，遵循发现人才、提拔人才、扩大人才原则，有计划、有步骤地分批次吸纳民营经济人士加入党组织。要壮大民营企业党员队伍，培育党的政策的宣传人、企业职工的贴心人、干事创业的带头人。要创造民营经济人士敢想敢干、敢于创新创业、脚踏实地做实业的条件，紧密结合国家发展战略，促进产业结构升级改造，为中国从制造业大国到制造业强国的转变贡献力量。

---

① 《习近平在中央统战工作会议上强调　促进海内外中华儿女团结奋斗　为中华民族伟大复兴汇聚伟力》，《人民日报》2022年7月31日。

（二）培根铸魂，深入开展民营经济人士理想信念教育

教育引导民营经济人士更加紧密地团结在党的周围，任何时候都与党同心同德，始终成为党长期执政必须团结和依靠的重要力量，是新时代民营经济统战工作的重要政治任务。加强民营经济人士思想政治建设，就是要从不同的价值观中凝聚共识，从多样的利益诉求中寻求最大公约数，画出最大同心圆。

一方面，要深化理想信念教育。习近平总书记指出："理想信念是解决好世界观、人生观、价值观的'总开关'，只有坚定理想信念，才能站稳立场不动摇，才能确保方向不偏移。"[①] 要创新教育形式，依托主题教育示范基地，引导民营经济人士深刻认识世情、国情、党情，寻根思源、坚定信心，坚定地与中国共产党想在一起、站在一起、干在一起，共担使命，携手向前，为全面建设社会主义现代化国家、实现中华民族伟大复兴贡献力量。另一方面，要深入开展社会主义核心价值观教育。社会主义核心价值观教育要结合民营经济人士的职业特点、行业特色、成长环境、教育背景，走心入脑、持久发力、久久为功。要用社会主义核心价值观引领社会思潮，凝聚社会共识，不断增强凝聚力和向心力，增进民营经济人士对中国共产党和中国特色社会主义的政治认同、思想认同、理论认同、情感认同；要用社会主义核心

---

① 习近平：《在党的群众路线教育实践活动第一批总结暨第二批部署会议上的讲话》，《党建研究》2014年第2期。

价值观凝心聚力、鼓舞斗志，使民营经济人士在奋发有为中践行初心使命，不断增进对中国共产党领导和中国特色社会主义的认同，汇聚起做好新时代统战工作的强大合力。

（三）表彰先进，发挥民营经济榜样人士示范引领作用

一方面，民营企业中的党员要发挥先锋模范作用，要建立健全党内活动制度，坚持"三会一课"制度，规范党员行为，严格党内管理。开展丰富多彩的党建活动，加强学习，提高党员的思想政治素质和业务素质。在民营企业中工作的共产党员，不要忘记自己的党员身份，不能把一名共产党员混同于一个普通的"打工仔"，民营经济是社会主义市场经济的组成部分，在民营企业工作同样是为建设社会主义市场经济作贡献。

另一方面，要选树不同历史时期特别是改革开放以来民营企业家中的优秀模范人物，弘扬他们爱国爱党、服务社会、帮扶乡亲、干事创业、诚信守法的先进典型事迹，发扬他们的家国情怀，以及致富不忘桑梓、先富不忘后富、致力于共同富裕的精神。充分发挥民营企业中的党员力量，通过模范带动、榜样力量，增强民营经济人士的政治自觉、思想自觉、行动自觉。广泛宣传党中央"两个毫不动摇"等一系列关于民营经济发展的大政方针，广泛宣传不断优化的营商环境、稳中向好的经济发展态势，积极引导民营企业家汲取奋进力量，坚定他们对推动经济社会高质量发展的信心。

第二节　引导民营经济人士弘扬企业家精神

推进中国式现代化建设，离不开民营经济的高质量发展；建设现代化强国，不仅需要一大批世界一流企业作硬核保障，更需要彰显时代特色和民族文化的企业家精神作软实力支撑。企业家精神犹如源头活水，在推动经济高质量发展、调整产业结构、激发市场主体活力等方面起着重要作用。

一、什么是企业家精神

企业家精神在传统西方经济学中，被定义为企业家组织建立和经营管理企业的综合才能，它被视为一种重要而特殊的无形生产要素。同时也有国外学者认为企业家精神就是从事创新性的破坏、是具有实践性的革新行为、在不确定的情况下具有主观能动性并敢于冒险勇于创造和承担风险的素质等。关于企业家精神的内涵特质，习近平总书记将其概括为五个方面：爱国、创新、诚信、社会责任和国际视野。[①]

（一）爱国是根本要求

习近平总书记指出："企业营销无国界，企业家有祖国。"[②]

[①] 参见《习近平著作选读》第2卷，人民出版社2023年版，第321页。
[②] 《习近平著作选读》第2卷，人民出版社2023年版，第321页。

利于国者爱之，害于国者恶之。中国企业家是一个具有强烈民族意识和爱国情怀的集群，这种爱国情和强国志，不仅来源于中华优秀传统文化的滋养，也是企业与国家作为一个命运共同体的客观需要。从主观方面来看，中国自古以来，无论是家庭教育还是学校教育都重视爱国情怀的培养，秉持家国同构的理念。古有顾炎武的"天下兴亡，匹夫有责"，近代有林则徐的"苟利国家生死以，岂因祸福避趋之"。从客观方面来看，企业与国家同呼吸，共命运。企业家发挥作用需要稳定的环境和良好的秩序，正如亚当·斯密所言，国家具有保护本土社会安全，保持国家独立不受压迫、人民大众不受欺辱等职能。因此，企业的发展离不开国家的稳定和强大，国家的发展离不开企业的繁荣和昌盛。由此可见，爱国不但是民族精神的传统，也是企业谋得发展的客观需要。

（二）创新是核心要求

习近平总书记提出，"企业家要做创新发展的探索者、组织者、引领者。"[①]如果说关于企业家精神的探讨是一个长久且热门的话题，那么关于创新精神的探讨则属于热门中的热门。一些西方学者认为创新是创造性破坏，熊彼特在其创造的《经济发展理论》一书中指出，企业家是生产要素重新组合的创新者。德鲁克

---

① 《习近平著作选读》第2卷，人民出版社2023年版，第322页。

将创新精神明确界定为企业家精神，认为企业家精神就是创造出新颖而与众不同的东西，改变价值。中国学者陈锦江认为，企业家拥有很强的创造性。毫无疑问，他们都强调并且承认了创新在企业家精神中的重要地位。"创新"一词内涵丰富，涉及范围广，主要包括技术创新、制度创新、管理模式创新等方面。我国正面临着世界百年未有之大变局的挑战等，首先要解决的就是"卡脖子"的技术问题，实现技术创新。

（三）诚信、社会责任是基本要求

诚实守信是企业家获取经济效益的立身之本，是赢得企业声誉的最好名片，同时企业家要勇于承担社会责任、解决社会问题、推动社会进步。企业家承担责任是与生俱来的价值要求，也是企业家们孜孜以求的价值理想。彼德·德鲁克认为，21世纪企业责任的内涵是行善赚钱，是实现商业价值与社会价值的双统一。在中华人民共和国成立初期，企业家的主要责任是助力国家满足人民日益增长的物质文化需要。现如今，企业家的主要责任则是助力国家解决发展不平衡、不充分的问题，更好满足人民的多样化需要。新时代企业家精神具有鲜明的时代民族特色和国际水准；肩负国家与民族的使命感和时代责任感，能为国为民分忧，顺应时代的潮流和发展，勇于拼搏，为社会积累财富，为人民创造就业的机会，促进国家经济发展。

（四）国际视野是现实必然要求

国际视野是企业家精神的新时代要求，是提升世界竞争力的重要条件。企业家是时代的弄潮儿和奋斗者，具有敏锐的国际市场思维和国际视野是企业的制胜武器，能够洞察国际市场先机，灵活运用全方位策略应对国际市场环境，面临国际上的各种挑战与机遇，在大风险大挑战中洞察商机、低调务实、埋头苦干的同时，也要抬头向前看，提高社会效益增强企业竞争力，以为实现国民价值增值为初心，关注国际市场环境和行业的变化，做企业的带头人和领路人。中国企业家要有心怀祖国、放眼世界、立足于民族之林的气魄；要有民族伟大复兴的战略全局，把握全球市场发展的动态和需求的能力；要有通晓国际规则、开拓国际市场和提升企业国际事务的能力，以及提升抵抗国际市场的压力和风险的能力，能带动中国企业在全球市场竞争中开拓出更宽更广的市场领域；具备一流的技术人才、管理队伍和企业文化，要有大德天下的世界大情怀，自己的为人处世要遵守国家的道德规范，要有道德底线，心怀善举。企业能走多远，取决于企业家的世界大格局和心怀世界的大情怀。

二、为什么要弘扬企业家精神

培育和弘扬企业家精神是新时代经济实践和经济理论的重要

内容。企业家精神是与整个市场机制运行紧密关联的，是现代经济发展最重要的生产要素。[1]企业家精神是随着新航路开辟和工业革命代表的市场经济兴起而出现的，是随着现代经济发展而不断演化成熟的。企业家精神就是将生产要素组织起来融入社会化大生产的关键因素，形成创造力和生产力，决定着每个企业的发展态势。

（一）进入新发展阶段，需要弘扬企业家精神

在新时代新征程上，面对国际经济环境变化，世界百年未有之大变局加速演进；着眼于我国进入新发展阶段，贯彻新发展理念，构建新发展格局的现实需要，发展民营经济这一最活跃、最富有创造力、最具竞争力的市场主体是时代所趋。干事创业，需要强大的精神激励，弘扬企业家精神正是发展民营经济的关键一环，是培养具有内在驱动力的优秀企业家的活力源泉。党的二十大报告中提出要"完善中国特色现代企业制度，弘扬企业家精神，加快建设世界一流企业"[2]。在推进中国式现代化的新征程上，弘扬企业家精神将成为持续增强我国经济创新点和竞争力的重要着力点。

（二）推进高质量发展，需要弘扬企业家精神

党的二十大报告中提出，高质量发展是全面建设社会主义现

---

[1] 参见肖晋：《大力弘扬优秀企业家精神》，《人民日报》2023年10月10日。
[2]《习近平著作选读》第1卷，人民出版社2023年版，第24页。

代化国家的首要任务。在新时代新征程上，在我国经济转型发展的关键时期，企业家是推动高质量发展的生力军，企业家精神是促使其焕发出源源不断活力的信念，从而在推动技术进步、转化创新成果等方面发挥着不可替代的作用。一方面，以创新为核心的企业家精神激励着企业家做创新发展的探索者、组织者和引领者，不断建立自主创新的体制机制，不断提升产品质量和生产效率，不断引发产品创新、产业创新、业态创新，从而以高水平创新推动高质量发展。另一方面，企业家精神蕴含着敢为人先的品质，企业家始终是走在改革前列的排头兵，对改革促发展有着深刻的认识和体会，并以昂扬的精神状态高效落实各项改革任务，为高质量发展注入强劲动能。

（三）加快高水平对外开放，需要弘扬企业家精神

2020年，习近平总书记在广东考察时强调："大家要深刻领会党中央战略意图，在构建新发展格局这个主战场中选准自己的定位，发扬企业家精神，推动企业发展更上一层楼，为国家作出更大贡献。"[①]当前，我国正在发力构建以国内大循环为主体、国内国际双循环相互促进的新发展格局，新的时代呼吁广大企业加入到补齐供应链短板，连接断点，打通产业链、供应链堵点当中，把产业链、供应链重组方向和新发展格局对接。大力弘扬企

---

① 《习近平在广东考察时强调 以更大魄力在更高起点上推进改革开放 在全面建设社会主义现代化国家新征程中走在全国前列创造新的辉煌》，《人民日报》2020年10月16日。

业家精神，培育更多世界一流企业，一方面，有助于实现有效供给、优质供给和高端供给，形成需求牵引供给、供给创造需求的更高水平动态平衡。另一方面，能够进一步促使企业深度参与国际分工，促进国内国际市场畅通融合，提升国内市场与国际市场的对接度和统一性。

（四）全面建设社会主义现代化国家，需要弘扬企业家精神

全面建设社会主义现代化国家，必须有一批能够体现国家实力和国际竞争力、引领全球科技和行业产业发展的世界一流企业做支撑。培育具有全球竞争力的世界一流企业，是新时代新征程上赋予企业的神圣使命，充分弘扬企业家精神、发挥企业家作用，是建设世界一流企业的重要条件。首先，具有全球视野的企业家精神有助于企业着眼于国际市场，根据自身在国际市场提供优质产品、精品工程、优秀服务的能力和水平，从而让国际市场感受到中国企业的魅力。其次，具有创新意识的企业家精神有助于企业加大基础创新投入力度，以先进技术引领国际市场的发展方向，在国际市场赢得竞争的优势地位，勇立国际市场的发展潮头。此外，高水平对外开放有助于我国的企业积极对标国际一流企业，打造核心竞争优势，向跨国企业看齐，做深做实做细技术开发工作，形成具有世界水平的知识产权，争取在世界同行中的话语权。

三、如何弘扬企业家精神

企业家是民营经济发展的领头雁、制动器,是企业成长的带头人、主心骨,是市场经济活动的主体,他们的能力、格局、气度对民营企业的发展壮大、行稳致远具有非常重要的作用。民营企业家在改革开放大潮中脱颖而出、奋勇争先,带领企业战胜困难,从地方走向全国,从全国走向世界,促进了中国经济的快速增长,创造了中国经济的灿烂辉煌。民营企业家强则民营企业强,民营经济稳则中国经济更稳。当前,要大力弘扬企业家精神,着力提高民营经济人士的爱国忠诚度、社会贡献度、经营诚信度、创新示范度、风尚引领度,为经济社会发展积蓄强大能量。

(一)弘扬企业家精神,需从制度和法律上落实对民营企业家的平等对待

从政策和舆论上鼓励支持民营经济和民营企业发展壮大,要依法保护民营企业产权和企业家权益,全面梳理修订涉企法律法规政策,持续破除影响平等准入的壁垒;要完善公平竞争制度,反对地方保护和行政垄断,为民营企业开辟更多空间;要加强中小微企业管理服务,支持中小微企业和个体工商户发展;要强化知识产权保护,营造各类所有制企业竞相发展的良好环境;要强化契约精神,有效治理恶意拖欠账款和逃废债行为;还要通过深

化重点领域改革，来优化民营经济发展环境、激发市场活力和发展内生动力。

（二）弘扬企业家精神，各级领导干部需从政治高度深刻认识做好新时代民营经济统战工作的重要意义

坚持信任、团结、服务、引导、教育的方针，引导民营经济人士完整准确理解"两个毫不动摇"，加强思想政治引领，引导民营企业和民营企业家正确理解党中央关于"两个毫不动摇""两个健康"的方针政策，消除顾虑，放下包袱，大胆发展。此外，各级领导干部在实践中还需把亲清政商关系落到实处。要光明磊落同企业交往，了解企业家的所思所想、所困所惑，涉企政策制定要多听企业家的意见和建议，同时要坚决防止权钱交易、商业贿赂等问题损害政商关系和营商环境；要更多地提供优质公共服务，支持企业家以恒心办恒业，扎根中国市场，深耕中国市场。

（三）弘扬企业家精神，需关心爱护企业家，建立改革创新容错机制

一方面，要坚持严管和厚爱相结合，在政治上、思想上、工作上、生活上真诚关爱，注重事业上感召、待遇上保障、心理上关怀，推动党中央有关政策落地实施，坚定企业家信心，稳定企业家预期，保障企业家人才健康成长、心无旁骛干事创业；另一方面，要建立容错机制，鼓励探索创新，支持担当作为，允许试

错，宽容失误，营造尊重企业家价值、鼓励企业家创新、发挥企业家作用的舆论氛围。此外，要大力宣传民营企业家的先进事迹和突出贡献，营造尊重企业家价值、鼓励企业家创新、发挥企业家作用的浓厚社会氛围。

（四）弘扬企业家精神，民营企业家需加强和重视自我学习、自我教育、自我提升

在维护保证营商环境的同时，广大非公有制经济人士要认识到，非公有制经济要健康发展的前提是非公有制经济人士要健康成长。要筑牢依法合规经营底线，弘扬优秀企业家精神，做爱国敬业、守法经营、创业创新、回报社会的典范。新一代的青年民营企业家更要继承和发扬老一辈人艰苦奋斗、敢闯敢干、聚焦实业、做精主业的精神，努力把企业做强做优。有能力、有条件的民营企业需加强自主创新，在推进科技自立自强和科技成果转化中发挥更大作用，为构建新发展格局、推动高质量发展作出更大贡献。

（五）弘扬企业家精神，需要植根于中华优秀传统文化

文化对人的影响潜移默化。植根于中国大地5000多年的传统文化，底蕴深厚，影响深远。生在中国的企业家不可避免地受到传统文化的影响，特别是企业家精神的形成离不开传统文化的滋养。如果说中华优秀传统文化是培育企业家精神的重要因

素，那么传统文化中的儒家思想则是培育企业家精神的核心因素。儒家文化强调的"修身、齐家、治国、平天下"正是对企业家的个人修养与社会治理之间关系的生动论述，为培育企业家精神提供了契机。儒商作为一个特殊的商业人群，随着对儒家思想的继承和商品经济的发展而来，主张以义为上，义利兼顾，认为做生意和做人一样要有社会责任感，不能只顾眼前利益、损失长远利益，不能只顾自己利益、不顾他人利益。发挥中华优秀传统文化的引领作用要做到以下两要：一要坚定文化自信。中华文化源远流长，博大精深，我们作为传统文化的继承者和践行者，理应有底气自信。习近平总书记多次强调要坚持文化自信，增强文化软实力，建设文化强国。二是要积极继承和弘扬中华优秀传统文化，企业的发展离不开文化的建设。新时代培育企业家精神要加强文化的宣传，将传统文化与现代文化相结合，培育符合新时代要求、具有新内涵的企业家精神，增强传统文化的时效性和实效力，形成良好的社会文化氛围，培育优秀的企业家品质。

面对新形势，在新时代新征程上，唯有认识企业家精神、弘扬企业家精神、践行企业家精神，让企业家精神成为民营经济的领航灯，才能加快培育更多世界一流企业，以民营经济的蓬勃发展照亮中国式现代化道路，为实现中华民族伟大复兴贡献民营经济力量。

第三节　加强民营经济代表人士队伍建设

加强民营经济代表人士队伍建设主要包括优化民营经济代表人士队伍结构，健全选人机制，兼顾不同地区、行业和规模企业，适当向战略性新兴产业、高技术产业、先进制造业、现代服务业、现代农业等领域倾斜。规范政治安排，完善相关综合评价体系，稳妥做好推荐优秀民营经济人士作为各级人大代表候选人、政协委员人选工作，发挥工商联在民营经济人士有序政治参与中的主渠道作用。支持民营经济代表人士在国际经济活动和经济组织中发挥更大作用。

一、优化民营经济代表人士队伍结构

加强新时代民营经济统战工作，把民营经济人士团结好、引导好，必须在广大民营经济人士中选拔培养一支高素质、有担当的民营经济代表人士队伍。塑造高素质民营经济代表人士队伍是一项重大系统工程，要坚持党管人才原则，遵循民营经济人士成长规律，以提高素质、优化结构、发挥作用为目标，进一步增强党对民营经济人士的领导力和凝聚力。

（一）健全选人机制，扩大选人视野

要健全选人机制，扩大选人视野。拓展人才发现渠道，优化

民营经济代表人士队伍结构,培养壮大坚定不移跟党走、一心一意谋发展的民营经济人士队伍。要加强教育培养,做好民营经济代表人士队伍建设规划,形成规范化常态化教育培养体系,充分发挥非公有制经济人士优秀中国特色社会主义事业建设者表彰的激励作用,加强以弘扬中华优秀传统文化、优秀企业家精神为主要内容的教育培训。要规范政治安排,坚持思想政治强、行业代表性强、参政议政能力强、社会信誉好的选人用人标准,完善民营经济代表人士综合评价体系,稳妥做好推荐优秀民营企业家作为各级人大、政协常委会组成人员入选工作,引导民营经济代表人士强化履职尽责意识。

(二)严把用人关口,突出机制作用

要严把用人关口,突出机制作用。一方面,要进一步发挥民营经济统战工作协调机制平台作用,及时关注民营经济人士发展动态,加强与民营企业家的常态化联系,定期走访调研、谈心谈话,及时收集相关企业生产经营中遇到的困难和问题,并提供相应的帮助。另一方面,要完善民营经济代表人士综合评价体系,严把人选政治关和遵纪守法关,进一步树立科学、正确、鲜明的导向,引导民营经济人士树立牢固的政治意识,遵规守纪、诚实守信,争做合格的中国特色社会主义事业建设者。建立履职考核机制和动态调整机制,围绕思想政治表现、行业代表性、参政议政、履行社会责任、遵纪守法等,对企业家执委进行履职评价,

在换届、届中调整时作为重要参考。

（三）建立体制机制，激发工作主动

建立健全相关体制机制，不仅可以为民营经济统战工作提供制度保障、工作保障，还可以提高其运行效率，甚至激发民营经济人士干事创业的主动性、积极性。一方面，要建立健全统战工作领导小组工作运行机制，形成大统战工作格局，实现"统战工作是全党的工作，必须全党重视，大家共同来做"的思想主张。另一方面，要建立健全政企沟通协商制度。习近平总书记提出的亲清政商关系，对领导干部和民营经济人士都有要求。所谓"亲"，对领导干部而言，就是要积极作为、靠前服务，真心实意支持民营经济发展；所谓"清"，对领导干部而言，就是同民营企业家交往要清白、纯洁，不能有贪心私心，不能以权谋私，不能搞权钱交易。因此，构建亲清政商关系不仅指党政部门及领导干部，而且还包括民营经济人士。

（四）加强教育培训，提升行业认知

完善民营经济人士专题培训和学习研讨机制，进一步加大教育培训力度。完善民营中小微企业培训制度，构建多领域多层次、线上线下相结合的培训体系。加强对民营经济人士的梯次培养，建立健全年轻一代民营经济人士传帮带辅导制度，推动事业新老交接和有序传承。同时，应把学习成果转化为坚定理想

信念、提升能力素质的实际成效，转化为做大做强实体、推动民营经济高质量发展的具体行动，坚定不移听党话、感党恩、跟党走，进一步增强发展信心，主动融入地方经济社会发展大局，在市场经济大海中勇立潮头、勇担高质量发展重任。

二、完善民营经济人士综合评价机制

开展民营经济代表人士综合评价工作，是做好民营经济代表人士推荐使用和重要批评表彰的基础性工作，是入选资格审查的重要关口，对于新时代建设一支高素质民营经济代表人士队伍，引导广大民营经济人士做爱国敬业、守法经营、创业创新、回报社会的典范，推动构建新型政商关系，推动民营经济高质量发展，巩固党执政的群众基础和社会基础，具有重要意义。

（一）加强领导，形成做好综合评价工作的强大合力

一是加强组织领导。综合评价工作是一项政治性、政策性很强的工作，涉及面广、对象特殊、社会敏感，必须统一思想，加强组织领导。要建立统战部门牵头、相关部门参与的民营经济代表人士综合评价工作领导组织协调机构，明确部门工作责任，形成综合评价的综合协调机制和工作合力。要通过综合评价、评价结果运用，在广大民营经济人士中树立科学、正确、鲜明的导

向，引导他们做合格的中国特色社会主义事业建设者。二是要明确责任，统筹推进。形成统战部要充分发挥牵头主抓、指导跟进评价工作、及时协调工作中出现的问题，各评价单位要主动配合、通力协作、相互支持的工作机制。

（二）加大宣传教育和培训力度，为综合评价工作营造良好氛围

一是加强学习培训，把民营经济代表人士综合评价知识纳入各级党委、政府和相关部门学习贯彻习近平总书记在民营企业座谈会上的讲话、对新时代民营经济统战工作的指示精神和民营经济统战工作会议精神以及各级党委关于民营经济发展方面出台的政策措施的重要内容，不断提高各级领导干部对民营经济代表人士综合评价工作重要性、必要性的认识，形成评价的合力。二是将民营经济代表人士综合评价工作纳入统战干部培训学习的内容，不断提高统战干部的政策水平和把握民营经济代表人士综合评价业务工作能力。三是加强对民营经济人士的培训教育力度。教育引导民营经济人士用习近平新时代中国特色社会主义思想武装头脑、指导实践，在政治立场、政治方向、政治原则、政治道路上同党中央保持高度一致，始终做政治上的明白人。引导民营经济人士增强自律意识，筑牢思想道德防线，严格规范自身言行，培养健康生活情趣，塑造良好公众形象。筑牢依法合规经营底线，倡导重信誉、守信用、讲信义，不断提升民营经济人士的

法治修养和道德水准。

（三）建立完善综合评价的统筹协调机制

一是在现有综合评价体系的基础上，及时了解民营经济代表人士特别是年轻一代的反映和诉求，把握其思想动态，加快搭建教育实践平台，广泛开展经常性教育，开启过程性监测。二是建立综合评价联席会议制度，定期召开综合评价工作座谈会议，及时通报评价结果，研究分析评价结果运用情况和存在的问题，妥善化解因评价结果不符合推荐民营经济代表人士思想情绪的办法措施，更好地指导服务企业发展和民营经济人士健康成长。三是认真落实领导干部联系服务民营企业和民营经济人士制度。通过落实教育引导、政策宣传、帮助解决存在的问题和困难等工作措施，构建亲清新型政商关系，引导民营经济人士增强自律意识，筑牢思想道德防线，严格规范自身言行，培养健康生活情趣，塑造良好公众形象，建设一支高素质、有担当的民营经济代表人士队伍。

（四）建立开展民营经济代表人士综合评价工作的长效机制

民营经济代表人士综合评价工作是一项动态性工作，不是一项短期行为，要融入党委、政府、统战部门、民营经济政府各职能部门和民营企业的日常工作和管理体系中，形成民营经济规范有效的运行机制，在引导民营经济人士健康成长和民营经济健康发展中不断发挥长效作用。

（五）要建立推进综合评价的配套制度

一是建立完善民营经济代表人士综合评价联席会议制度。根据评价需要定期不定期召开联席会议，开展工作交流，对评价单位领导和工作人员开展业务培训，通报评价结果及其评价结果运用情况，提高评价单位参与评价的工作积极性。二是建立评价结果应用制度。确保评价结果成为民营经济代表人士各种政治安排和各种评选表彰活动的依据和前置条件，成为政府各部门对民营企业进行资质、民营企业年检、资源配置以及各种评审评价的重要参考。三是建立民营经济人士综合评价台账。以评价工作中采集的民营经济代表人士数据为基础，建立民营经济人士的档案台账，保证各种档案信息的完整、准确，处理好保守秘密和有效利用的关系。四是建立相应的服务制度。利用综合评价工作中反馈的情况和掌握的第一手材料，有针对性地开展服务企业工作，切实解决当地民营经济人士成长、民营企业发展中存在的困难与问题。同时，利用评价体系为非公经济人士树立科学、正确、鲜明的导向，开展对民营经济人士的思想政治工作，引导他们做合格的中国特色社会主义事业建设者。

三、发挥民营经济人士在国际经济活动中的作用

民营经济作为推进中国式现代化的生力军,推动全面建成社会主义现代化强国的重要力量,其国际竞争力是构成国家国际竞争力、影响力的重要基石。中国人民大学国家发展与战略研究院教授刘瑞明提出:"从历史经验事实考察,企业不仅是现代经济体系的重要组成部分,而且也是适应经济全球化新趋势、增强国际竞争力的关键要素。一个国家要想在激烈的国际经济竞争中拥有一席之地,就必须依靠高素质、高效能、竞争力强的企业。"[①]

(一)鼓励民营经济人士擦亮中国制造

中国市场化改革使得民营经济经过激烈的国内外市场竞争,不断蜕变,成为众多行业的主力军。例如,福建晋江的陈埭镇就是晋江制造的一个典范。陈埭镇是一座典型的以运动鞋业为主导的专业镇,涌现了安踏、361度、乔丹、特步等众多"国际品牌",被誉为"中国鞋都",是晋江经验的一个缩影。从改革开放之初的家庭作坊起步,从无到有,发展壮大,涌现出众多行业龙头企业。2022年,面对国内外市场的多重冲击,晋江纺织、鞋服产业逆势增长,鞋服产业产值首次突破3000亿元规模,纺织行业产值

---

① 刘瑞明、亢延锟:《企业的力量:"大分流"视野下的世界一流企业构建》,《人文杂志》2018年第3期。

持续保持超千亿元规模。2022年,安踏体育用品有限公司收入达到536.51亿元,在中国运动鞋服市场的年度企业收入排名中拔得头筹。因此,要鼓励民营经济人士加强自身企业的品牌建设,提升中国制造的美誉度。

(二)倡导民营经济人士讲好中国故事

过去40年,中国从支持民营企业发展、深化商事制度改革,到打破行政性垄断、防止市场垄断,着力破除体制机制障碍,为各种经济成分提供公平的市场竞争机会,民营企业不断从改革开放政策中增强获得感。当前民营经济发展面临的问题是成长中的烦恼。要以鲜活事例反映发展大势,说明当前民营经济发展遇到的问题,成因是多方面的,是多重矛盾作用的结果。一方面,要讲党和政府不断优化民营经济发展环境,大力支持民营企业改革发展,让民营企业真正增强获得感的故事。另一方面,也要讲好民营企业变压力为动力,聚焦实业、做精主业,提高经营能力、管理水平,不断增强在市场中搏击本领、壮大成长的故事。通过民营企业家成长的故事说明,发展中的困难和前进中的问题一定能在发展中得到解决。因此,要积极探索开展民营经济故事宣传,通过更多有情节、有情感、有温度、有思想的中国故事,做好对中国道路、中国逻辑、中国精神的解读,是新时代新征程民营经济人士的重要任务。

（三）支持民营经济人士拓展海外业务

利用国际市场、人力资源、技术变革等，积极参与国际市场的经营与合作是民营企业国际化的重要突破口。扩大对外开放带来的机遇和具有共商共建共享理念的"一带一路"建设，为民营企业国际化发展提供了广阔的国际市场和全球性的发展空间。我国民营经济人士应当努力开拓国际市场和认清国际形势，把握市场的开发机会并掌握市场的主动权，扩大产品、服务、技术范围，在满足国内市场需求的同时，积极开拓国际市场实现新的发展。一方面，要秉承创新、协调、绿色、开放、共享的新发展理念，从人类可持续发展角度深挖发展空间。正如习近平总书记所说，"我们要践行绿色发展的新理念，倡导绿色、低碳、循环、可持续的生产生活方式，加强生态环保合作，建设生态文明"[1]。另一方面，要加强民营企业国际化在地理位置空间上的直接扩大。民营经济人士要充分利用发展空间的增大，解决国内产能过剩、技术更新受困、产品销路有限等直接现实的问题。

---

[1] 《习近平谈治国理政》第2卷，外文出版社2017年版，第513页。

第十章
民营经济大省的使命担当
——浙江民营经济发展经验启示

浙江作为民营经济大省，是我国民营经济的重要发源地之一，其发展水平在全国处于领先地位，在应对内外部发展压力之下，持续推动民营经济高质量发展，体现出在推动高质量发展、深化改革创新、推进国际化战略、促进社会建设、引领新发展格局等方面的担当，为全国其他省市发展民营经济探索出一条行之有效、可供借鉴的路径。习近平同志在浙江工作期间就曾指出，"民营经济是浙江的活力所在，是浙江的品牌，是改革开放的先行者，是市场经济发展的佼佼者"[1]。浙江历届党委、政府牢记习近平同志的嘱托，高度重视民营经济发展问题。特别是党的十八大以来，浙江持续推动民营经济发展，不断在政策环境、创新驱动、要素集聚、人才团队和国际化发展上为企业提供坚实、全面的保障支持，着力提升民营企业发展质量，引导民营经济不断走向更广阔的舞台。以民营经济为鲜明特色，浙江已实现从"经济大省"向"经

---

[1] 习近平：《民营经济是浙江活力之所在》，《政策瞭望》2003年第3期。

济强省"的跃升。[①]2022年，浙江省地区生产总值达到77715亿元；城乡居民人均可支配收入分别为71268元和37565元，连续22年和38年居全国各省（区）首位。[②]浙江民营经济发展的实践和经验对全国发展民营经济、推动实现中国式现代化具有重要启示。

第一节　浙江民营经济基本情况

民营经济作为浙江经济最大的特色优势，是浙江发展的一张"金名片"，更是推动浙江经济的主力军。改革开放以来，浙江民营经济的发展推陈出新，实现从无到有、从小到大、从大到强的跨越，在推动经济高质量发展、促进企业创新和稳定社会保障等方面发挥了重要作用。特别是近年来，面对复杂多变的国内外环境，叠加新冠疫情的严重冲击，浙江民营企业和个体经济积极作出应对，努力将危机化为机遇，继续保持了稳定发展。在册经营主体数从2002年的200.9万户到2023年8月突破1000万户。民营经济增加值从2016年的30810亿元增加到2022年的52070亿元，规模扩大50%以上。民营经济占GDP的比重从2016年的65.2%提高至2022年的67.0%左右，比重逐年稳步提升。2022年，规模以上工业中民营企业数量突破5万家，占比为92.2%；增加值突破

[①] 参见王志凯、何冲、王雪帆：《新时代浙江民营经济的创新路径与高质量发展》，《浙江大学学报（人文社会科学版）》2022年第8期。

[②] 数据来源：浙江省统计局、国家统计局浙江调查总队发布的《2022年浙江省国民经济和社会发展统计公报》。

1.5万亿，占比为70.3%；增长5.2%，增速比规模以上工业高1.0个百分点，对规模以上工业增加值的增长贡献率为83.2%。①全国工商联发布的"2023中国民营企业500强"榜单中，超1/5的企业来自浙江，已经连续25年居于全国首位。②在浙江，民营经济主体达967万户，占浙江市场经营主体的96.69%，平均7个人就有1户市场经营主体、19个人就有1家企业。2022年，浙江民营经济贡献了全省67%的生产总值、71.7%的税收、82.6%的出口、87.5%的就业和92.5%的企业数量。根据《中国民营经济（浙江）高质量发展指数报告（2022）》，2022年浙江新增营业收入5亿元以上的民营企业为465家，总量达到1387家，取得新增数量与累计总量"双第一"的成绩③；2022年浙江新增专精"小巨人"企业601家，累计入选企业达1068家，新增数量与累计入选数量均居于全国第一。④

一、产业结构持续升级

民营经济在产业结构的优化中发挥了重要作用，以传统制造

---

① 数据来源：浙江省统计局、国家统计局浙江调查总队发布的《2022年浙江省国民经济和社会发展统计公报》。
② 数据来源：中国经济信息社联合浙江省工商业联合会、中国建设银行浙江省分行发布的《中国民营经济（浙江）高质量发展指数报告（2022）》。
③ 数据来源：浙江省工商联发布的《2022浙江省上规模民营企业调研分析报告》。
④ 数据来源：中国中小企业发展促进中心、中国信息通信研究院、中国工业互联网研究院编制发布的《专精特新中小企业发展报告（2022年）》。

业为主的民营企业逐渐向高新技术产业、服务业等方向转型。①在规模以上工业中,民营企业的增加值占比不断提高,增速也逐年提升。在服务业中,民营企业的营业收入增长速度也高于整体水平,浙江民营经济正在逐步向高质量、高附加值方向转型升级。改革开放之初的浙江,工业与服务业在浙江经济中的主导作用较弱,产业结构以传统农业为主。1978年,浙江农业占GDP的比重为38.1%,农业劳动力占全社会劳动力的比重高达74.8%。随着民营经济三次产业结构的持续优化,浙江经济的结构也不断呈现"三二一"的产业结构特征。浙江民营经济增加值三次产业占比从2012年的7.5∶54.3∶38.2升级为2020年5.0∶47.0∶48.0。2022年,浙江省三次产业结构为3.0∶42.7∶54.3②,由此可见,产业比重逐渐上升的第三产业成为民营经济乃至浙江经济的主导产业。

浙江的民营经济在产业结构的升级中扮演了重要角色。随着浙江民营经济从传统领域向新兴领域的拓展,浙江的经济结构也由原来的"低小散"逐步向"高精尖"跨越。③2020年,信息传输、软件和信息技术服务业,金融业中的民营经济增加值比2019年分别增长19.4%和14.4%,大大快于第三产业和全省民营经济的发

---

① 参见郭敬生:《论民营经济高质量发展:价值、遵循、机遇和路径》,《经济问题》2019年第3期。
② 参见赵静:《浙江省第十四次党代会以来经济社会发展成就之民营经济篇》,《统计科学与实践》2022年第5期。
③ 参见胡锡琴、寇熙正、曹羽茂:《包容性增长视域下民营经济竞争力研究——基于四川、浙江的对比分析》,《经济体制改革》2019年第4期。

展。高技术、战略性新兴、装备等制造业增加值中民营经济占比分别为64.8%、68.9%和76.2%，均大幅高于2012年。农林牧渔业其他服务业增加值中的民营经济占比超90%，民营工业增加值占全部工业比重的73.7%。2022年，民间投资占全部固定资产投资的56.4%，对增长贡献近五成，且民间投资覆盖至国民经济的多个领域。[①] 随着数字化转型，民营企业成为浙江数字经济新产业、新业态、新模式的主要贡献者，持续推动传统制造业从生产型制造向服务型制造转换。

二、创新能力不断增强

近年来，浙江民营企业创新能力显著提升。越来越多的民营企业开始注重技术创新和研发，加大科技投入，提高产品技术含量和竞争力。[②] 同时，政府也出台了一系列扶持政策，鼓励民营企业加强技术创新和转型升级。这些措施进一步激发了民营企业的创新活力，推动了浙江经济的持续发展。越来越多的中小民营企业重视加强创新、研发的投入。2021年，浙江民营企业用于科学研究与试验发展经费占比、人员投入占全社会的比重分别为

---

① 参见赵静：《浙江省第十四次党代会以来经济社会发展成就之民营经济篇》，《统计科学与实践》2022年第5期。

② 参见王娟：《民营经济金名片　体制机制强优势》，《统计科学与实践》2021年第8期。

64.0%、75.7%[①];2021年,规模以上工业企业中,有研发费用支出的民营企业为3.4万家,占规模以上工业中有研发费用支出企业数的89.8%。民营企业研发费用比2020年增长31.9%,增速比规模以上工业高1.4个百分点;研发费用相当于营业收入的比例为3.0%,较2020年提高0.2个百分点;全省规模以上服务业民营企业中,有研发费用支出的企业为2230家,占18.2%,比重比2020年提高1.0个百分点,研发费用增长29.8%。[②]

民营企业作为科技创新主力军的作用日益凸显。根据《2022年度浙江高新技术企业创新能力百强评价报告》,浙江500强高企大多数是民营企业,且其规模优势、技术优势、品牌优势愈发突出。根据2023年发布的《民营经济驱动产业集群高质量发展研究报告》,2022年浙江全省民营高新技术企业达到3.3万家,占全省总数的92.3%。以杭州的未来科技城为例,阿里巴巴作为科技城的"锚"企业,凭借自身优势吸引了大量人才、金融等创新资源汇聚于此,形成了以特色小镇、科技孵化器为载体的创新创业生态。[③]民营经济的专利产出占比不断提升。根据省市场监管局发布的浙江省专利百强企业名单,以新华三、阿里巴巴为代表的浙江民营企业数量占比超过七成,且多集中于数字经济、生命健康

---

① 《民营经济助力共同富裕 改革赋能推动高质量发展——党的十八大以来浙江经济社会发展成就系列分析之二》,浙江省统计局官网,2022年9月16日。

② 参见赵静:《浙江省第十四次党代会以来经济社会发展成就之民营经济篇》,《统计科学与实践》2022年第5期。

③ 参见潘家栋:《锚企业驱动科技新城发展的机制研究》,《治理研究》2018年第6期。

和新材料等领域。在2023年全国百强产业集群榜单上，浙江以17个产业集群的数量位居全国第二。

三、数字化水平显著提升

21世纪以来，浙江牢牢地抓住信息经济、互联网经济和数字经济的发展机遇，将"两化深度融合"作为促进产业数字化的重要路径，推动信息技术在制造业中的应用，以"机器换人"建立无人工厂，以"企业上云"推动企业数字化转型，以"未来工厂"引领工业互联网建设。浙江的民营经济牢牢抓住机遇，布局研发大数据、物联网、区块链、人工智能等前沿技术，探索平台经济、绿色经济发展的新业态、新模式，成为企业数字化转型、数据价值化的主力军。因此，民营企业纷纷开展数字化转型，并依托数字化技术开展产业融合，形成了诸多新业态。《中国民营经济（浙江）高质量发展指数报告（2022）》显示，2021年浙江民营企业200强中有158家企业制定了数字化转型战略规划。2020年，浙江上云企业数量达到40万家。据《浙江省云计算大数据产业发展报告（2022年）》显示，截至2022年6月底，浙江累计上云企业已达49.9万家，上云企业总数和工信部全国企业上云典型案例入选数量居全国第一。[①]

[①] 数据来源：2022年世界互联网大会乌镇峰会期间发布的《2022年浙江省云计算大数据产业发展报告》。

此外，民营企业积极利用数字技术促进产业融合。在制造业领域，浙江民营企业积极建设数字化平台，推动数据的集成、共享和分析，以提高决策效率和协同能力，包括建立企业资源计划（ERP）、客户关系管理（CRM）等数字化管理系统，以及开发垂直领域数字化平台等。同时通过数字技术加强产业链上下游企业的协同和整合，实现产业链优化和升级，提高整体效率和降低成本。服务业领域，民营企业按照现代服务业的理念指导商业实践，如加快第一产业和第三产业的融合发展，开展直播电商、无人电商等新业态。2021年浙江专利百强企业中，其半数以上的发明专利属于数字经济领域，而民营企业占百强企业的七成。[①]此外，民营企业逐渐重视利用数据的合法合规利用，以数据驱动自身的内部管理、商业营销、研发生产。

四、对外开放水平不断提高

浙江民营企业的对外开放水平也在不断提高。民营企业货物出口额逐年增长，占全省货物出口总额的比重逐年提高。同时，越来越多的民营企业开始走向国际市场，通过跨国经营、合作等方式拓展国际发展空间。这不仅提高了浙江民营企业的国际竞争

---

① 数据来源：浙江省市场监管局发布的《2021浙江省专利创造百强企业名单》。

力，也为浙江经济的国际化发展提供了有力支撑。①

民营经济是浙江外贸进出口的主力，众多民营企业凭借其机制灵活、管理理念先进、品牌建设领先和国际化了解程度高等优势，在外贸业务中抢占了较大的市场份额。2021年，民营企业货物出口2.46万亿元，进口6814亿元，分别占全省总额的81.6%和60.3%，且占比呈现逐年上升趋势。2022年，浙江民营企业进出口增长16.9%，占全省的78.3%，比重提升2.5个百分点，拉动全省进出口增长12.8个百分点。②

浙江民营企业在国际竞争中积极抢占话语权，以技术创新和标准制定作为关键点不断扩展业务范围。近年来，全球500强企业中的"浙商"数量逐年攀升，背后是浙江民营企业善于通过反向收购业务相关的国际企业获取相关技术专利、实现品牌国际化、扩大市场份额等战略目标。自2008年金融危机以来，浙江民营企业抓住机遇掀起多轮海外并购，如吉利收购沃尔沃、均胜电子收购普瑞、万向收购美国A123等。2015年，浙江企业海外并购135起，并购数量居于全国第一。吉利、均胜等企业"蛇吞象"式的反向收购业务体现了浙江优秀民营企业敏锐的嗅觉、前瞻的眼光和务实的态度，是实现"地瓜经济"高水平走出去闯天下与高质量引进来强浙江有机统一的典范。同时，浙江企业积极参与

---

① 参见金台临：《全面对外开放背景下加快民营企业国际化发展研究——以民营经济发达地区浙江台州为例》，《行政与法》2019年第9期。

② 数据来源：浙江省统计局、国家统计局浙江调查总队发布的《2022年浙江省国民经济和社会发展统计公报》。

国际标准的制定，抢占国际话语权。中控科技集团深耕自动化、信息化技术，以自主创新抢占全球工业自动化领域话语权。2007年，中控科技集团成功发布了IEC 61784-2实时以太网标准，这是我国工业自动化领域第一个拥有自主知识产权的国际标准。这十年来，杭州高新区（滨江）积极鼓励企业开展自主创新，掌握标准制定话语权，不仅制定了数百项国家标准，还参与制定了39项国际标准。

五、社会贡献不断增加

民营经济在社会建设方面发挥了重要的作用，在税收贡献、解决就业、公共服务、共同富裕等方面都有亮眼的表现[1]，为浙江的经济和社会发展作出了积极的贡献。

首先，民营经济是浙江贡献税收、吸纳就业的主力军。据《中国民营经济（浙江）高质量发展指数报告（2022）》，民营经济贡献了浙江约73.4%的税收和87.5%的就业机会。1978年，浙江仅有2086户个体户，而截至2022年8月，浙江已经拥有576万户个体户，约900万个市场主体。

其次，民营经济是养老、教育、卫生等公共服务事业的重要贡献者。《2021中国民营企业社会责任100强榜单》中，浙江在全

---

[1] 参见肖红军、阳镇：《中国企业社会责任40年：历史演进、逻辑演化与未来展望》，《经济学家》2018年第11期。

国各地区民营企业社会责任指数综合排名中高居榜首,浙商企业独占17席。[①]以民营车企吉利控股为例,其不仅积极承担员工社保,还为员工及其家属购买涵盖意外和疾病身故、重大疾病等商业保险。

最后,民营经济是山海协作、共同富裕的落实者。浙商是浙江对口帮扶西部欠发达地区的重要执行者,为帮扶地提供了大量的产业资源和就业机会。2020年,阿里巴巴成立了数字乡村与区域经济发展事业部,并依托自身强大的商业资源和科技力量助力乡村振兴、共同富裕。阿里巴巴以"农村淘宝""直播带货"和"数字乡村"为抓手,助力落后地区产业发展和乡村治理。此外,在疫情防控、抢险救灾等过程中,浙商群体主导的基金会也积极伸出援助之手。

六、营商环境持续优化

营商环境是民营经济赖以生存和发展的基础和土壤。[②]为了支持民营企业的发展,浙江政府在营商环境方面也做出了积极努力。通过简化审批流程、减税降费、优化服务等方式,不断改善民营企业的经营环境。同时,还出台了一系列扶持政策,鼓励民

---

① 数据来源:全国工商联发布的《中国民营企业社会责任报告(2021)》。
② 参见史亚洲:《民营经济高质量发展的营商环境问题研究》,《人文杂志》2019年第9期。

营企业加强技术创新、转型升级、人才培养等方面的工作，进一步提高了民营企业的竞争力和发展潜力。围绕党中央、国务院关于全面深化改革的决策部署，浙江先后提出"最多跑一次""整体智治""增值式服务"等理念，深入推进"放管服"改革。[①]一方面通过服务事项和服务内容的简化，将与企业生产生活关系最紧密的领域和事项的办事流程进行缩减、优化，提升服务能力。另一方面，结合浙江互联网发展优势，采用"互联网+政务服务"发展政务大数据，让数据流动减少人的跑动，提升服务效率。[②]

浙江以数字化改革为切入口，构建高效廉洁的政务环境。浙江自2016年推行"最多跑一次"改革以来，全力推进"一窗受理、集成服务"的模式，努力破解"信息孤岛、数据共享"等难题。以"最多跑一次"改革为重点，引发营商环境相关领域改革的连锁效应，推动商事登记制度、地方资本市场和要素市场化配置等方面的改革，建立市场准入负面清单，破除制约经济社会发展的制度障碍，加快建设服务型政府，最大限度地释放改革红利。在企业投资项目审批方面，针对部门多、环节多、周期长等问题，建立专项推进制度压缩流程和时间，推进企业投资便利化改革；在市场准入领域，针对"办照容易办证难""准入不准营"等问题，简化办事流程和要求，推进市场准入便利化改革。"最多跑一

[①] 参见何圣东、杨大鹏：《数字政府建设的内涵及路径——基于浙江"最多跑一次"改革的经验分析》，《浙江学刊》2018年第5期。

[②] 参见陈宏彩：《数字化改革与整体智治》，中共中央党校出版社2021年版，第5页。

次"从目标理念成为现实，围绕企业最迫切的需求进行改革，切实提升群众和企业的获得感，积极构建高效廉洁的政务环境。深化"放管服"改革，印发《浙江省营商环境优化提升行动方案》，推进行政备案规范管理改革试点，全面实施行政许可事项清单管理。开展"无证明化"改革，打造"办事不求人"省。实施投资便利化改革，数字赋能提升投资审批效率。

在2022年国家网信办发布的《数字中国发展报告》中，浙江数字化综合发展水平位居第一位，并在数字政府、数字社会和数字化发展环境等维度位居第一。据复旦大学移动与治理实验室发布的《中国地方政府数据开放报告（2022）》显示，浙江位居全国第二位，其中准备度和数据层指数持续保持第一位。在2022年度省级政府和重点城市一体化政务服务能力（政务服务"好差评"）调查评估中，浙江居于全国前列[①]，在全国工商联"万家民营企业评营商环境"调查中，浙江连续3年居全国首位。2023年，浙江省委、省政府又提出推进营商环境优化提升"一号改革工程"，努力打造"最优政务环境""最优法治环境""最优市场环境""最优经济生态环境"和"最优人文环境"，为企业提供增值服务，为民营经济的良性运行和发展提供系统性支撑。

---

① 数据来源：国家行政学院电子政务研究中心发布的《省级政府和重点城市一体化政务服务能力评估报告（2022）》。

第二节　浙江民营经济发展历程

浙江民营经济的发展之所以能够取得上述成就，与改革开放以来的持续探索、攻坚克难、勇于创新紧密关联。可以说，浙江民营经济伴随着改革开放不断成长，从"草根"成长为"参天大树"，创造了一个又一个的"浙江奇迹"，成为创业就业的主要领域、技术创新的重要主体、国家税收的重要来源，为社会主义市场经济发展、政府职能转变、农村富余劳动力转移、国际市场开拓等发挥了重要作用，已经成为推动浙江经济社会高质量发展过程中不可或缺的力量。[①]

一、民营经济发展起步期（20世纪70年代末到90年代初期）

浙江民营经济产生于改革开放初期。20世纪70年代末到90年代初期的浙江面临着自然资源贫瘠，又缺乏政策、技术、人才和外资的发展困境，浙江人民"自下而上"的市场化探索成为中国市场经济的"弄潮儿"。"草根创业"开始兴起，全国个体经济从业人员从1978年的14万人快速增加到1992年的2467.7万人，私营企业第一次被纳入官方统计数据，达到13.9万户。民营经济

---

① 参见郭占恒：《从"民营经济发展新飞跃"看"民营企业是自己人"》，《浙江经济》2022年第5期。

的壮大是浙江经济崛起的重要因素，而浙江的GDP总量也由1978年的124亿元增加至1991年的1089亿元，位居全国第六位，年均增长12.2%，奠定了浙江在全国的经济地位。

从企业家精神培育的角度来看，这一阶段呈现的最大特点是民间提炼出的"四千精神"，即"走遍千山万水，说尽千言万语，想尽千方百计，吃尽千辛万苦"，都反映了这一阶段浙江民营企业家披荆斩棘、创新拼搏的奋斗精神。"四千精神"孕育于"村村点火、户户冒烟"的农村工业化、"前店后厂"的个体工商户和异军突起的乡镇企业实践中，也指引着浙江人民谋发展、聚资源，以"劳动密集型"加工业为主导的遍布全省、辐射全国的块状经济，在市场化、工业化和国际化中行稳致远。一方面，"想尽千方百计，吃尽千辛万苦"体现了浙江人民不畏艰辛、实干巧干的创业精神。在社会物质财富极度匮乏、总体科学技术水平低下的环境中，浙江民营企业穷则思变谋发展。"白天当老板，晚上睡地板"的温州个体户开启了自下而上的市场经济探索。为了解决资金问题，刚刚推行家庭联产承包责任制的台州人民选择"聚沙成塔"，以个人资金合股创立公司。为了解决技术问题，绍兴、萧山、慈溪一带的乡镇企业从国有企业、高等院校聘请"星期日工程师""大学生技术员"。另一方面，"走遍千山万水，说尽千言万语"体现了浙江人民善于经商、胸怀天下的开拓精神。浙江人民凭借过硬的百工手艺、诚信的经营作风和灵活的商业策略让浙江民营经济从弱到强。浙江人手艺好、善推销、好闯荡，"拨浪鼓摇出大市场"和"走街串巷"的货郎模式拉开了义乌、永康一带商贸发展的历史序幕。依托产业优势和市场需求，浙江自发形成了诸多专业化市场，并建立起遍布全省辐射全国的经销网络。浙江民营经济不仅立足浙江、服务全国，还建立起遍布全球的商业网络，无论是在欧美发达国家还是在东南亚等发展中国家，浙江商人都敏锐地抓住商机、开展业务。

从市场发展角度来看，这一阶段最显著的特征就是"前店后厂"模式和"温州模式"。改革开放初期，伴随家庭联产承包责任制的推进和深入，1979年国家开始放宽农副产品自由上市和自由运销的政策，对城市商品流通体制进行"一少三多"改革，该政策初步搞活了城乡商品流通环节，在国有商业渠道之外，集体和个体商业也有了较大发展，相继出现了联营商店、小商品批发市场、农工商联合企业等多种经营形式，尤其在东南沿海区域出现了"马路市场"，如台州、温州、义乌等地方。然而，在这一阶段，由于农村家庭工业和乡镇企业的基础条件薄弱、技术水平低，总体市场经营产品普遍为中低档商品，主要销往农村市场，经营个体工商户主要以"前店后厂"或"自产自销"模式为主。

从企业发展角度来看，这一阶段最典型的组织形态是个体工商户。从1978年改革开放之后，《关于对原工商业者的若干具体政策的规定》和《进一步做好城镇劳动就业工作》等文件中都明确指出要"鼓励和扶植城镇个体经济"。浙江温州姑娘章华妹获得了改革开放以后、新中国成立以后第一张个体工商营业执照。此后一大批企业家在各个领域诞生，第一类是政经合一的村级带头人，典型代表是浙江东阳横店村的徐文荣书记，作为村级组织的党支部书记同时又是企业的法人代表，兼具地方行政治理和经营赢利的双重职责。第二类是社队作坊或小工厂的厂长，典型代表如浙江萧山万向节总厂的鲁冠球、浙江海盐衬衫总厂的步鑫生等人，形成了较大规模的"乡镇企业"，通过产权改制后实现企业发展自主权的激发进而快速成长。第三类是个体劳动者，典型代表有浙江温州生产或贸易从业者的"温州八大王"，这类人出身于社会最底层的拾荒者、失地农民或"坏分子"家庭，具备草根创业的特征，同时因为鲜明的私人资本特征，遭到激烈的公共争论，受到了最大限度的制度性打击。不同类型的个体工商户在浙江的各个角落遍地开花，出现了各类专业市场，像五金、纽扣、电器，这样的专业市场开始蓬勃发展，民营经济的发展可谓盛极一时，到1992年浙江省个体工商户的数量为112.4万户。

从技术进步的角度来看，这一阶段的主要特征是"手艺能人"，该阶段民营经济获得一定的合法地位，其技术总体较为落后，早期以手工劳动为主到后期才部分采用机械化设备。由于早期技术研究和开发部门都是国有的，民营企业难以通过计划配给或市场交易获取相关技术。如何获取技术问题呢，民营企业这一阶段的技术进步主要通过亲戚、朋友等关系，从国有企业和正规部门那里获得最初的技术支持。在20世纪80年代中期以前，技术人员周末兼职更多的是以私下交易为主，直到1988年，党中央开始放宽国营企业或科研机构科技人员利用业余时间做技术指导的限制，提出"允许技术干部兼职"，"星期日工程师"现象十分活跃，尤其是在广东、上海、江苏、浙江、福建等沿海一带。而正是这部分技术人员支持早期民营企业走过了最缺乏技术的发展时期，民营经济发展就是受益于"星期日工程师"发展的典型。

二、民营经济发展成长期（20世纪90年代初期至21世纪10年代初期）

随着1992年以后社会主义市场经济体制改革的深入，民营企业迎来了更大的发展空间，浙江民营经济进入成长期。民营企业开始以正规化发展为目标，不断提升自身的能力，民营经济发展的成就也受到了市场和社会的双重认可。20世纪90年代以来，浙江民营企业逐步从传统的手工业作坊和家庭为单位的"夫妻"店向现代企业转型。部分大型民营企业通过探索现代公司管理制度，聘请职业经理人，破除家族企业发展的制约。以吉利、万象为代表的浙江民营企业通过优化公司治理结构、重组并购等方式转变发展模式，通过强化研发、品牌建设、行业专注深耕等方式提升产品的附加值和企业竞争力，成功转危为机、做大做强。民营企业沿着"个转企、小升规、规上市"的发展路径不断壮大，2012年浙江拥有246家上市公司，排名全国第二位。浙江GDP由

1991年的1089亿元增至2010年的27227亿元，稳居全国第四位；浙江人均GDP增至51110元，居全国第四位。

从企业家精神培育的角度来看，这一阶段呈现的最大特点是"新四千精神"。为适应转型升级发展的需要，浙江在"四千精神"的基础上提炼了以"千方百计提升品牌，千方百计拓展市场，千方百计自主创新，千方百计改善管理"为内涵的"新四千精神"。"新四千精神"孕育于浙江民营企业凤凰涅槃、浴火重生的实践，也指引着浙江民营经济从"低小散"的块状经济向"高精尖"的现代化产业集群的跨越式发展，实现从小到大的蜕变。"千方百计改善管理，千方百计自主创新"是浙江民营企业在社会主义市场经济体制改革的大背景下探索总结出来的，有助于壮大自身实力、提升技术含量，解决民营经济规模小、产业层次与技术含量偏低的问题。"千方百计提升品牌，千方百计拓展市场"，浙江民营企业走全国布局或跨国经营的路子，塑造"浙商"品牌，逐步实现了从生产加工型企业向大规模品牌生产集团的转变，发展成为国内领先或具有国际水准的企业。自2001年中国加入世界贸易组织以来，浙江民营经济牢牢抓住经济全球化的趋势，发扬"走遍千山万水，说尽千言万语"的"四千精神"，建立了遍布全球的浙商网络。如今，浙商在海外的布局不再是低层次、碎片化的输出，而是组织一批能代表浙江制造水平的产业，以产业链上下游抱团、集聚的形态共同"走出去"。"新四千精神"的应运而生体现了民营经济高质量发展的具体路径和要求。

从市场发展的角度来看，这一阶段最显著的特征是块状集聚。民营企业依托专业市场不断做大，形成各类规模可观的专业市场，专业市场凭借其低交易费用和规模经济优势为区域经济发展提供较强的助推力。历经10多年发展，专业市场形成了三种主要类型：一是产业推动型，部分地区企业受地方商业氛围熏陶和历史传统沿袭等影响形成一定产业集聚，如绍兴的轻纺城。二是市场诱导型，由市场交易量的扩大带动本地产业发展，从而实现产业和商业的互动式发展，如义乌的小商品城。三是需求衍生型，由市场需求引致从而带动相关产业的发展，促使专业市场的进一步提升，如南浔建材市场。该阶段专业市场的经营者主要以公司式中间商或公司代理商作为发展主体，其产品主要以中小城市和发达城镇目标消费群为主；随着专业市场发展进入成熟时期，其凭借完备的商场式环境和服务，通过举行展销会、订货会、恳谈会或洽谈会等形式，不断提升专业市场的影响力和辐射面。而随着现代化通信技术和信息传播的逐步推进，其专业市场信息集聚及交易成本功能弱化，与此同时，交通运输方式进步大大降低商品运输成本，其专业市场地理集聚优势弱化，为此，后期专业市场结合外部环境变化不断转型发展。经过十几年的发展，浙江产业集群开始遍地开花，出现了"一县一业""一乡一品"的特色格局。

从企业发展的角度来看，这一阶段典型的企业形态是现代企业。浙江民营企业在不断尝试摸索适合中国现状的现代企业制度，从乡镇企业、个体工商户出发，大量民营企业在社会主义市场经济体制不断完善和经济全球化深入发展的新形势下，开辟民营企业可持续发展崭新天地，加快构建现代企业制度、促进家族企业向现代企业转变成为民营企业发展的必然趋势。浙江现代民营企业经过多年的快速发展，形成了积累效应，已从量的积累进入以企业全面转型和提升为核心任务的质的提高阶段。针对融资的制度障碍、产权机制的缺失、法人治理结构的失灵、产品结构链不完整、产业处于分工体系下游等问题，浙江民营企业积极实施全方位的战略转型、建立以人力资本为主体的产权机制、实施业务链的综合平衡和"业务流程"制度、建立有效的融资机制、培育现代企业文化价值理念和制度体系等，不断提高企业的管理水平和运营效率，进而提升企业竞争优势，保障企业的可持续发展。

从技术进步的角度来看，这一阶段的主要创新模式是引进仿造。随着早期民营企业完成一定的技术积累，为加快业务运转效率、提高产品质量，采取技术引进方式加速产品创新活动，如1990年左右温州民营企业通过购买较为先进的机器设备、新工艺和其他技术诀窍等，快速做大其市场份额。早期技术引进普遍存在重引进、轻消化吸收的现象。据调查统计显示，当时技术引进主要以硬技术为主，其引进的分布：关键设备占49.3%、单项设备占29.5%、成套设备占25.7%、专利购买占7.2%、许可证贸易占6%、其他占4.2%；能够消化吸收引进技术的企业占31.5%，其消费吸收经费投入相比引进费用为1：9.5。与此同时，技术引进还存在以下特点：大企业、中外合资企业依靠国外技术，而中小企业以国内技术为主。在这一过程中，不少民营企业的技术引进是通过跨国并购方式得以实现的，到2010年民营企业对外投资平均增速为65.9%，而国有企业对外投资增速为63.6%；浙江民营企业对外直接投资金额占全省的90%以上。这一时期，民营企业在技术引进方面以获取核心关键性技术和核心人才为主，并且不论是大型民营企业还是中小民营企业在技术引进方面仍更多以国外技术为主。由于仿造能力较强，引进技术的国产化程度很高、进度很快。

三、民营经济发展转型期（21世纪10年代初期至今）

进入互联网时代，民营经济凭风而起，进入了高质量发展阶段。浙江积极推进民营企业的数字化，因此在数字经济的发展上领跑全国，成为全国第一批数字经济创新发展试验区，涌现出了最大的网购平台、最活跃的快递企业、市场占有率最高的云服务企业和短视频直播领军企业等，这里面遍布了各种民营企业的身影。首先，在线上线下融合的互联网时代，以阿里巴巴为代表的互联网企业牢记以创新提升竞争力，以新产品、新技术掌握市场主动权，在消费、金融等领域推出一系列新业态、新模式。浙江的大众创业、万众创新成效显著。其次，在"腾笼换鸟、机器换人、空间换地、电商换市"的政策号召下，浙江的民营经济也纷纷以互联网为载体"上云用数赋智"，开展数字化转型，抢抓新一轮产业变革的机遇。在"大众创业、万众创新"的浙江，6000万的人口培育了900多万户的市场主体，逐步形成由阿里系、海归系、高校系和浙商系的浙江创新创业"新四军"，市场主体发展日益繁荣。2022年，浙江的GDP达7.77万亿元，是1978年的628倍，其中民营经济占比约67%。2022年底境内上市公司655家，位居全国第二，43家入选中国企业500强，9家入选世界企业500强，企业总体实力不断提升。

从企业家精神培育的角度来看，这一阶段提炼出了新时代"浙商精神"，强调要弘扬坚韧不拔的创业精神、敢为人先的创新精神、兴业报国的担当精神、开放大气的合作精神、诚信守法的法治精神、追求卓越的奋斗精神。新时代"浙商精神"体现了浙江民营经济在"互联网+"的风口下抢抓机遇、创新驱动、全民参与的精神风貌。党的十八大以来，党中央相继提出供给侧结构性改革、"大众创业、万众创新"和培育"企业家精神"，以应对新常态时期的经济下行压力。作为经济大省和民营经济强省的浙江也敏锐地意识到要抓住新一轮信息技术革命和产业变革的契机，以"创新驱动"替代原来的"要素驱动"。结合浙江红船精神的文化特质，新时代"浙商精神"指引着浙江民营经济从大到强、从大到优，不断走向更广阔的舞台。

从市场发展的角度来看，这一阶段最显著的特征是数字经济。浙江持续优化数字经济发展环境,推动民营经济在数字化时代不断提升竞争优势。2014年,浙江省提出了发展信息经济,并将其放在发展七大万亿级产业的首位。2017年,正式将数字经济确立为"一号工程",提出数字经济总量和核心产业增加值双倍增的目标。同年,世界互联网大会在中国浙江乌镇举办,这为浙江数字经济的发展提供了重要的推动力。到了2021年,浙江启动了数字化改革,打造数字变革高地,系统协同推动数字经济发展,并在2022年召开数字经济高质量发展大会,进一步强调了数字经济发展的重要性,提出打造数字经济"一号工程"升级版。2023年,浙江的"新春第一会"作出了战略布局,以更大力度实施数字经济创新提质"一号发展工程",明确数字经济发展往高攀升、向新进军、以融提效的目标。浙江的数字经济里面遍布了各种民营企业的身影,在数字产业化方面,通信与计算机、软件和电子服务等5个超千亿的产业集群在浙江遍布发展,电子商务、云计算、大数据和数字安防等产业集群也在全球发挥影响力;而在产业数字化方面,浙江传统产业转型特色鲜明,纺织服装、机械制造等传统产业借助数字技术的应用,实现了质量变革和效率变革。

从企业发展的角度来看,这一阶段典型的企业形态是平台企业。平台企业是浙江民营经济发展的新方向,是现代企业组织的新形态。从平台企业发展演进的脉络来看,浙江平台经济发展主要经历了三个阶段。第一阶段是以"连接传播"为主要特征的平台起步期,利用互联网技术帮助大量、快速的链接与传播,主要场景是社交和信息传递。第二阶段是以"交易撮合"为主要特征的平台发展期，利用数字技术降低交易成本，帮助供需双方进行实时、多元、精准的撮合匹配，主要场景包括商品、服务、创新等。第三阶段是以"数智管理"为主要特征的平台转型期，利用数智融合行业的技术与重构的协同机制进行全价值链跨环节的要素管理、资源调度、赋能升级，主要场景包括产业生态圈升级、大规模个性化、C2M。经过十几年的发展，浙江平台企业数量快速增加，涌现出阿里巴巴、网易、蚂蚁集团和蘑菇街等平台企业，分布在不同的领域，涵盖了新闻资讯、电子商务、旅游出行、本地生活服务、在线教育、互联网金融、医疗健康等领域。在新兴的工业互联网领域，浙江已经培育省级工业互联网平台285家，上云企业数量达到47万家。同时，规模以上工业全员劳动生产率也达到了25.0万元/人，在过去五年中提高了29.4%。

从技术进步的角度来看，这一阶段的主要创新模式是自主创新。民营企业成为自主创新的主力军，我国65%的发明专利、75%以上的技术创新、80%以上的新产品开发来自以民营企业为主体的中小企业。浙江民营企业把创新作为企业发展的第一驱动力，不断提高科技成果转化率，提升整体综合竞争力。据《2022年浙江省民营企业100强》，2022年度民营企业百强中母公司下属高新技术企业有563个，科技型中小企业有182个，新产品销售收入达8941.00亿元，新产品出口达477.85亿美元；主导或参与国际标准389项、国家标准2441项、行业标准2184项、团体标准1209项；获品字标企业26家。阿里巴巴、吉利汽车、蚂蚁集团和网易集团位列2022浙江民营企业研发投入100强榜单前四位，并进入全国民营企业研发投入十强榜单，加大研发费用用于科技人才引进、前沿科技布局、科技业务发展以及高校"产学研"合作等，不断提升企业自主创新水平。

第三节 浙江民营经济发展经验及启示

浙江在推动民营经济高质量发展的过程中，牢记习近平同志"民营经济在富民强省的建设中功不可没、居功至伟"[①]的殷切期盼，持续发挥企业主体地位，做好引导和环境塑造，推动吉利汽车、阿里巴巴、万向集团等一大批民营企业实现跨越式发展。在"八八战略"指引下，浙江民营企业已经成为推进实现共同富裕先行和现代化先行省建设中的重要力量。浙江民营经济发展的经验告诉我们，只有在坚持服务型政府建设、注重创新驱动、坚持国际化发展、弘扬企业家精神等方面做好工作，才能推动民营经济高质量发展。

---

① 周景洛、梁玉骥：《推动浙江民营经济新飞跃——专访浙江省委书记习近平》，《台声》2005年第8期。

一、加快服务型政府建设、持续优化营商环境是民营经济高质量发展的根本保障

浙江持续营造民营企业多元化发展的良好氛围、打造一流营商环境，助力企业积极投身经营创新，在扩展战略版图中提供了坚实的保障。从"四张清单一张网"改革，以简化企业行政审批事项为目标提升政府行政效能，到"最多跑一次"改革，强化数据赋能政府服务能力提升、着力优化企业办事体验，再到"整体智治"，着重强调政府所有部门的数据贯通和应用，并不断向社会释放数字红利，在改革推进的过程中不断优化数字化时代政府与市场的关系边界。进入2023年，浙江在"三个一号工程"中布局了营商环境优化提升"一号改革工程"，以经济体制改革出发破解企业发展中的壁垒、优化企业成长环境，要求进一步从管理型政府向服务型政府转变，尊重企业发展主动权和选择权，塑造良好的企业发展生态。政府有为侧重体现在营商环境的创造与改善上，使政府与市场的关系得以科学化，紧扣"两个健康"工作主题，引导民营经济走上或回归"诚信、守法、爱国、敬业"的正确轨道上来，在推动民营经济高质量发展过程中发挥了根本保障作用。

由此可见，民营经济发展环境的关键在于持续建设数字化服务型政府，在政府与市场边界上找到"平衡点"，不断优化营商环境。具体而言，政府需要强化问题导向，挖掘企业需求，通

过优化审批流程、提升办事效率为民营企业营造良好环境，增强企业获得感。持续优化亲清政商关系，鼓励领导干部与企业家在法律道德底线内正常交往，既以强化服务意识实现"亲"，又以规范化、制度化建设实现"清"，做到亲而有规矩、清而有作为。在政策制定中要敏锐把握创新主体的差异化需求，针对不同类型、不同阶段的企业制定差异化政策，真正打通创新全链条各个环节的堵点、难点，让惠企政策真正落到实处。

二、引导民营企业加大研发投入、持续提升创新能力是实现民营经济高质量发展的核心引擎

浙江较早认识到企业创新需要久久为功，持续鼓励、引导民营企业加大研发投入、开展自主创新。根据浙江省工商联发布的"2022浙江民营企业研发投入100强报告"，以企业2021年度的研发费用为标准排序，研发投入100强民营企业的研发费用总额为2044亿元，与上年榜单企业相比，研发费用总额增长了44.65%，营收总额同比增长22.6%，100强企业净利润总额为3708亿元。高强度的研发投入背后集聚了大量高端技术人才，浙江研发投入100强企业拥有研发人员总数23.85万，较上年增长13.1%。截至2021年底，共拥有国内有效专利12.59万件。[1] 29家民营企业参与

---

[1] 参见《2022浙江研发投入百强民企实现营收总额5.81万亿元》，光明网，2022年8月17日。

了国家重点实验室、国家工程研究中心、领域类国家科技创新中心等高层次科技创新基地建设。13家民营企业关键核心技术来自自主研发与研制，80家来自自主开发与研制、产学研合作、引进技术或人才等模式。

由此可见，积极发挥民营企业的创新先行军作用，关键是要突破技术"卡脖子"问题。民营企业是科技创新主体的第一方阵，通过持续激发龙头企业的创新主体作用，布局关键核心技术的攻关，突破"卡脖子"技术瓶颈，带动区域产业整体提质增效。引导企业加大创新研发投入，加大对高新技术企业进行税费减免、科技奖补力度，以各种产业政策助力民营企业参与新能源、数字经济等国家发展战略的落实，优化金融机构信贷结构，拓宽科技型民营企业的融资渠道。强化龙头辐射带动作用，鼓励行业龙头企业建设研发中心、孵化中心，积极参与行业产业大脑建设，促进前沿科技成果的转化落地与大规模商业化应用。构建良好的"产学研"一体化模式，推动民营企业与重点高校、省级实验室等科研院所的合作，以市场需求为导向，打造创新联合体。

三、支持民营企业国际化发展、支撑双循环新发展格局是民营经济高质量发展的重要路径

浙江鼓励民营企业跨地区跨国经营，实现高水平"走出去"闯天下与高水平"引进来"强浙江的有机统一。习近平同志在浙

江期间提出的"地瓜理论",指导浙江民营企业"跳出浙江发展浙江",不断发展壮大"浙江人经济"。浙江民营企业跨国经营起步早、发展快,特别是"走出去"战略实施以来,以吉利汽车、均胜电子为代表的浙江民营企业抓住经济全球化及国际分工机遇,通过对外直接投资和跨国并购,创新市场和资源"两头在外"的高增长模式,不断发展壮大富有浙江特色的"地瓜经济"。在此背景下,浙江民营企业抓住国际化发展机遇快速成长,不断提升国际竞争力。2022年,浙江民营企业进出口增长16.9%,占全省78.3%,比重提升2.5个百分点,拉动全省进出口增长12.8个百分点。如今,浙商在海外的布局不再是低层次、碎片化的输出,而是组织一批能代表浙江制造水平的产业,以产业链上下游抱团、集聚的形态共同"走出去"。在与"一带一路"沿线国家的商贸合作中,众多浙商抓住机遇、创业创新闯世界,成就了"一带一路"建设中一道亮丽的"浙商风景"。浙江民营企业的对外直接投资主要以制造业企业为主,对外直接投资主要分为两大阶段两种类型:一是早期以万向集团为代表的制造业对外直接投资融入全球产业链;二是以吉利为代表的通过对外直接投资和跨国并购实现制造业的全球化进程。浙江民营企业的国际化进程,不仅提升了浙江民营经济的知名度,而且成为浙江确保产业链供应链稳定的基础,是被实践证明了的民营经济高质量发展的重要路径。

由此可见,民营企业是开放的重要主体,以民营企业国际化发展支撑建设双循环发展格局是实现民营经济高质量发展的重要路径。坚持"两个毫不动摇"的原则,就是要鼓励和允许民营企业更多地参与到全方位多元化的开放发展中,不断提高企业国际竞争力。强化企业作为开放主体的地位作用,重视对外贸易和对外直接投资的同时,要重视品牌塑造和差异化的市场营销,向高附加值区域进行业务延伸。重视标准规则国际化,民营企业在跨国经营过程中,要重视国外专利的申请和自身知识产权的合理保护,要积极参与全球行业标准和相关规则的制定。企业家要积极扩展国际视野,民营企业既要有全球战略眼光,积极主动参与全球产业转移过程中的对外直接投资或跨国并购,又要重视跨国经营过程中的风险管理,把握机遇不断发展壮大。

四、传承发扬"四千精神"、不断激发干事创业热情是民营经济高质量发展的内生动力

浙江企业家在成长的过程中形成了独特的企业家精神,形成了"走遍千山万水,说尽千言万语,想尽千方百计,吃尽千辛万苦"的"四千精神",后续在环境变化之后演化形成了"新四千精神"和新时代"浙商精神",是企业家精神在外部环境变化过程中不断适应的结果。"四千精神"厚植于浙江民营企业的发展历程,激励着浙江人民在社会物质财富匮乏、总体科学技术水平低下、计划经济烙印影响深厚的背景条件下艰苦创业、锐意进取,

不断激发企业家干事创业的热情，成为民营经济高质量发展的内生动力。同时，浙江政府也长期重视鼓励、保护企业创新创业，浙江政府始终重视培育企业家精神，2020年2月1日正式推出《浙江省民营企业发展促进条例》，成为全国第一部促进民营企业发展的省级地方性法规，致力于破解制约浙江省民营经济发展的困难和问题。在产权保护方面，浙江先后出台了《关于完善产权保护制度依法保护产权的实施意见》和《关于新形势下加快知识产权强省建设的实施意见》，有效保护企业家的财产安全和创新权益。一系列的政策举措，其核心在于为企业发展树立信心、建立保障，而非代替企业去作决定，通过激发民营企业内生动力而实现高质量发展。

由此可见，以"四千精神"为代表的浙商精神反映了浙江企业家披荆斩棘、筚路蓝缕的创新精神，是民营经济高质量发展的内生动力。持续弘扬传承"四千精神"，需要政府、企业和社会多元主体共同参与。民营企业家要以"四千精神"增强内功、增强创造能力，助力构建新发展格局，努力推动高质量发展。以企业家精神建设为核心，持续激发企业家干事创业的激情，将企业家内在的创新动力与外部环境的持续优化有机结合，帮助企业提振信心，释放创业创新潜能，推动浙江民营经济走向更广阔的舞台。

后　记

改革开放40多年来，我国经济创造了持续高速增长的奇迹，这其中，民营经济的历史贡献不可磨灭。回顾改革开放历程，我国民营经济从小到大、从弱到强，不断发展壮大，有力地推动着经济社会发展；通过科技创新赋能高质量发展，成为保障民生、促进创新、推动高质量发展的生力军。同时，在国际环境复杂严峻、国内经济下行压力加大的背景下，民营企业发展韧性持续显现，成为稳发展、拓新局的重要力量。

党的十八大以来，习近平总书记对民营经济发展高度重视，就民营经济发展作出一系列重要论述，强调"民营经济是我国经济制度的内在要素，民营企业和民营企业家是我们自己人""要优化民营企业发展环境，破除制约民营企业公平参与市场竞争的制度障碍，依法维护民营企业产权和企业家权益，从制度和法律上把对国企民企平等对待的要求落下来，鼓励和支持民营经济和民营企业发展壮大，提振市场预期和信心"。这些重要论述，是习近平经济思想的重要内容，为当前和今后如何做好民营经济工作、促进民营经济发展壮大指明了前进方向、提供了根本遵循。

后 记

为深化新时代新征程下民营经济发展研究，全面认识和把握民营经济的地位及作用，着力推进民营经济实现高质量发展，根据中共中央党校（国家行政学院）的工作部署和有关要求，我们开展了相关课题的研究，并在内部进行了多次研讨。应中央党校出版集团邀请，我们组织中共中央党校（国家行政学院）中国式现代化研究中心、马克思主义学院、经济学教研部和天津市委党校（天津行政学院）、浙江省委党校（浙江行政学院）、贵州省委党校（贵州行政学院）的专家编写了本书。

本书由中共中央党校（国家行政学院）中国式现代化研究中心主任张占斌教授牵头组织研究，中国式现代化研究中心副主任黄锟教授等参与研究讨论和分工写作，经济学教研部政府经济管理研究室副主任汪彬副教授协助进行联系和组织，并负责全书的统稿工作。具体分工如下：第一章：黄锟、吉伟伦、陈天骄；第二章：樊继达、庞凯；第三章：郭贝贝；第四章：高立菲；第五章：王学凯；第六章：毕照卿；第七章：郭贝贝；第八章：宋喜林；第九章：汪彬；第十章：胡重明；前言、后记：张占斌。

我们在研究讨论中，认真组织学习领会习近平总书记关于民营经济发展的相关重要论述精神，回顾马克思主义经典作家对此问题的认识，总结党和国家围绕民营经济发展百年探索的经验教训，吸收了理论界、学术界的相关研究结果，并以召开座谈会等方式了解了中央有关部委和地方政府对此方面的理解看法，也走访调研了一些大中小微型民营企业的想法和建议。但是由于水平有限，可能还有不足，欢迎读者批评指正。中央党校出版集团的领导和任丽娜主任为本书出版做出大量而细致的工作，是本书高质量及时出版的重要保障。在此，一并表示感谢。

本书编写组
2024年4月